本刊获得浙江敦和慈善基金会资助

东方哲学与文化

第六辑

徐小跃　主编

Eastern Philosophy
and Culture

中国社会科学出版社

图书在版编目(CIP)数据

东方哲学与文化. 第六辑 / 徐小跃主编 . —北京：中国社会科学出版社，2022. 7

ISBN 978 - 7 - 5227 - 0816 - 4

Ⅰ. ①东… Ⅱ. ①徐… Ⅲ. ①东方学—丛刊 Ⅳ. ①K107. 8 - 55

中国版本图书馆 CIP 数据核字(2022)第 172056 号

出 版 人　赵剑英
责任编辑　郝玉明
责任校对　谢　静
责任印制　王　超

出　　版　中国社会科学出版社
社　　址　北京鼓楼西大街甲 158 号
邮　　编　100720
网　　址　http://www.csspw.cn
发 行 部　010 - 84083685
门 市 部　010 - 84029450
经　　销　新华书店及其他书店

印　　刷　北京君升印刷有限公司
装　　订　廊坊市广阳区广增装订厂
版　　次　2022 年 7 月第 1 版
印　　次　2022 年 7 月第 1 次印刷

开　　本　710 × 1000　1/16
印　　张　15. 75
字　　数　228 千字
定　　价　86. 00 元

凡购买中国社会科学出版社图书，如有质量问题请与本社营销中心联系调换
电话：010 - 84083683

《东方哲学与文化》编委会

目　　录

卷首语

彰显哲学本质，发挥文化功能

徐小跃

《东方哲学与文化》已出版数期，许多中外文化学者在此刊上发表了不少高见和新见，为推动东方哲学与文化事业的发展作出了积极的贡献。

哲学与文化是人类思想的最精深的汇集。哲学是时代精神的精华，文化是社会人生的雨露。如何让在《东方哲学与文化》期刊上的每一篇文章都能准确而又深刻地彰显出不同时期、不同流派、不同哲学家的哲学之思，都能准确而深刻地发挥出不同时期、不同流派、不同形式的文化之能应该是我们的期盼。而要做到这一点，对哲学的本质和文化的功能必须做到真正的了解和掌握。

一

奢望给哲学下一个适用于所有哲学思想的明确的定义是不可能的事情，但对哲学本质的规定，对哲学精神的概括则又是一切能够被称为哲学的必备之前提。哲学的本质是探求真理和本真，哲学的精神是反思和批判。

无论是西方还是东方，无论是古代还是当代，作为哲学思想，它一定是“爱智慧”的。当然对于热爱之对象的“智慧”，在古今中外哲学史上会有着不同的界定和理解。西方可能更侧重于将“智慧”理解为能够被称为宇宙万物背后最实在，最真实的根源性和根据性存在者。至于这个存在者的质料和形式是什么，那是由不同的哲学形态所决定的。它的基本的价值取向是向着对“形而上者”的追求。观念、概念、知识、认识、思想于是成为哲学动作的对象。这也才有了哲学的“反思”精神。所以也就有了对哲学的这一精神特性一些通俗的表述：所谓“反思”就是对认识的认识、对思想的思想。我曾给它一更加概括性的表述：“思思”。而我们东方，尤其是中国可能更侧重于将“智慧”理解为能够被称为天地万物，尤其是作为天地万物之“尤”的人最实在、最真实的根源性和根据性存在者。所以这一“智慧”一定是指向人的心性、人的生命，一句话，指向人的性命之常、性命之真。于是“尽心知性”“存心养性”“明心见性”“心斋缮性”“安身立命”构成了中国哲学的热忱追求的对象。“明道”“弘德”“穷理”成为中国哲学的“反思”的特殊表现形式。这是一种对德性的知晓、对德性的存养、对德性的光明、对德性的致思。如果说西方哲学采取了“思思”的形式，那么中国哲学则采取了“思德”的形式。

二

无论是“思思”也好，还是“思德”也好，这种被称为“爱智慧”的哲学，其本质一定是要落实到对“根”、对“一”的探讨和追问。作为对“形而上者”之“道”的探寻尽管在中西哲学中有着不同的途径，如果借用中国哲学的术语来说，在西方哲学中“形而上者”的“道”与“形而下者”的“器”，“天道”与“人道”在思维方式上是“分离”的，而在中国哲学中此两者在思维方式上是“合一”的，但是，我们应该明白的是哲学之所以为哲学，那一定是对事物统一性的“本质”进行探寻的学问。即便你采用了严格意义上的西方人对哲学的定义，在东方的思想中、在中国的思想中存在着大量同样的学问。实际上我在这里想表达的意思是，对于中国文化中有没有哲学这样一个问题的讨论实属多余。

我们的任务不是去论证中国有没有哲学，而是揭示和研究出通过中国哲学的形式来彰显哲学的共同本质以及中国哲学的自身特点。老子的“道”显然具有西方哲学中所谓“存在”“本体”“始基”“第一性原理”等意味，当然如果简单将老子之“道”等同于这些而看不到老子哲学以及整个中国哲学的人性生命、社会政治、世道人心、人道法天、道法自然、天人合一之本身的特色所在，那本身就不符合哲学的精神。哲学的这个精神就叫作“批判”。丧失了这一点就无法展开哲学问题的探讨。

哲学是批判性的智慧。这种智慧是对问题和思想之前提和范围所实施的审视和反思，它被表述为“澄清前提”与“划定范围”。哲学的批判性思维绝对不等于简单的否定和打倒，也不是简单的总结和归纳。这些都属于“外部反思”的范畴，与具有“内部反思”性质的批判性思维不是一回事。真正的哲学的批判性思维才叫作“内部反思”，唯有这种思维才可称为哲学的智慧。东方哲学、中国哲学的发生、发展都有着自己具体的而不同于西方的“时空”背景，它们就如同西方哲学有着它们的“前提”与“范围”一样，也有着自身的“前提”与“范围”，所以在探讨和研究不同的哲学时当然也需要哲学本身的批判精神给予支撑。

三

文化是一个更加宽泛的概念。我始终认为，要研究好东方文化，尤其是中国传统文化，对中国传统思想中形成的特殊的“文”这个概念一定要有清晰的了解。更值得注意的是，在中国传统思想文化中，“文”这个词以及与“文”相连而构成的“文明”“人文”概念则又跟“文明以止”和“人文化成”观念形成某种内在的关联性。在学术性、理论上弄清楚这些问题是非常重要的。

“文化”之“文”重在找到事物本存的“条理”“纹理”并将“它”有条不紊地呈现出来、表现出来、展现出来。反过来说，

“文”的作用就是不要使事物发生混乱不清的情况。“交错”“杂交”“结合”“混合”要出现一个“美丽”的结果，一个非常重要的前提就是不能够出现“错乱”“混乱”“杂乱”的情况，否则就与“文”，就与“明”之本义相背了。“物相杂，故曰文”（《周易·系辞下》），“五色成文而不乱”（《礼记·乐记》），“文，错画也，象交文”（《说文解字》），“错而画之，乃成文也”（《说文解字》王筠注），此之谓也。

也就是说，“文”的本义及其功用体现在将不同的交错的事物有条不紊地描画出来、组合起来，此其一；将不同事物的文理交错开来，即各显其文理，以示区分不同的对象，此其二。所以也才有了“天文”“地文”与“人文”的区分。而作为物质与精神成果总和的“文明”之任务正是要展示不同内容与形式的“文”之属性及其样态。通俗地说，“文明”一定包括了“天文”“地文”“人文”这一“天地人”之“三才”！

“文”是“纹理”“文理”“条理”；“明”是光明、明亮、向阳、朝上；“化”是生化、变化、成化。所以“文明”“文化”“人文”都有其共同的功能和作用，那就是“装饰”“修饰”；“文明”“文化”“人文”都有其共同的方向和目标，那就是“美丽”“良善”“进步”。人类只有知道自觉而又自律地“归止”于“它”，才能够创造出有意义有价值的“人文世界”。“文明以止，人文也”（《周易·贲·彖传》），此之谓也。

天地本身有其“文理”“规律”；社会历史本身有其“文理”“规律”；人性生命本身在其“文理”“规律”，即有其成为自己的本质规定性。而要使它们显现和光明，而成为“天文”“地文”“人文”，那么就要靠作为“天地之德，阴阳之交，鬼神之会，五行之秀气也”，“天地之心也，五行之端也”（《礼记·礼运》），“最为天下贵也”（《荀子·王制》）的“人”去实现和完成。由此可知，人的优秀和高贵首先表现在“她”的使命和责任，而不在于你有比其他存在具有更多更大的什么“特权”，更不在于你可以任意以牺牲其他存在为代价去满足自己的需求。所谓“人文”的精神恰体现在这里！使命、责任、担当、给予、奉献、关爱、仁慈——而所有这一切都是要始终牢固地建立在对“对象”的“美丽”与“良善”。合乎此，才叫作“人”！而只有“此人”才能够创造出“文明的世界”“文明的天下”！

“文”表示有规律的装饰、有原则的装饰、有规则的装饰，且是有“限度”的装饰。这就是“止”“归止”所承担的任务。

“文”（文饰）是人的主动性的“良能”，是人的自主性的“良能”，是人的自觉性的“良能”；“止”（归止）是人的自律性的“良能”，是人的自制性的“良能”，是人的自控性的“良能”。人的主动性、人的自主性、人的自觉性、人的自律性、人的自制性、人的自控性都能体现在“人文”这个概念之中。也就是说，“人文”是人发挥着“她”的“良能”将“对象”进行文饰，但在文饰的过程中则又是严格按照“规则”“限度”来进行的，从而最终将“对象”之本来，应有之本性、属性而呈现和光明出来。在中国传统文化中，文化的功能是通过与此紧密相关的“文明”和“人文”两个概念共同实现的。

让我们以“彰显哲学本质”、以变革世界与“发挥文化功能”、以化成天下为己任，努力将《东方哲学与文化》办得越来越好！

老子以“领悟道纪”为旨归的生命哲学思想论析

——《道德经》第十四章的文化诠释

詹石窗

摘　要：如果追索一下中华传统文化就会发现：无论是儒家还是道家，向来是以生命的自我完善为学问目标的，尤其是道家学派的理论奠基人老子，更对生命问题有着独特的思考，具有深邃的生命意识和系统论说。老子以象征的手法启迪世人，躯体生命是有限的、暂时的，要使之实现永恒，就应该回归本真大道，这就叫作“归根复命”。其操作法度就是把握“道纪”，即以大道作为生命完善的纲纪，从而实现“天人合一”的境界。

关键词：归根复命；穷理尽性；道纪

作者简介：詹石窗，四川大学文科杰出教授、四川大学生命哲学研究中心主任（四川成都 610065）。

在世界近现代文化史上，叔本华（Arthur Schopenhauer）的“生存意志论”、尼采（Friedrich Wilhelm Nietzsche）的“权力意志论”、达尔文（Charles Robert Darwin）以及斯宾塞（Herbert Spencer）的“生命进化论”、居约（Arnold Henry Guyot）的“生命道德学说”都在生命哲学理论建构中占据重要地位。由于这些代表人物都在西方，学术界一般认为，生命哲学是形成于20世纪并且广泛传播于西方各国的哲学流派。

其实，如果追索一下中华传统文化就会发现：无论是儒家还是道家，向来都是以生命的自我完善为学问目标的，尤其是道家学派的理论奠基人老子更对生命问题有着独特的思考，并且具有深邃的生命意识和系统论说。生命从哪里来，又向哪里去？生命存在的意义何在？如何进行自我修养以升华生命之境界？这些都是老子《道德经》探究的基本问题。如何领悟老子《道德经》的生命哲学思想旨趣？站在不同角度将会有不同的理解、不同的发现。本文拟以《道德经》第十四章为切入点，展开文化诠释，以期对老子思想主张有新的领悟。

这一章，在“河上公章句”本中，名为“赞玄”①；在宋常星的《太上道德经讲义》里则名为“道纪”②。比较一下，可以发现：河上公看到的是“体道”的玄妙，而宋常星则更强调“道”的功用和生命修养的践履。

所谓“赞玄”，就是对大道玄妙的赞美。如何理解大道的玄妙呢？对此，晋代道教学者葛洪的《抱朴子内篇·畅玄》有一段解释：

> 玄者，自然之始祖，而万殊之大宗也。眇昧乎其深也，故称微焉。绵邈乎其远也，故称妙焉。其高则冠盖乎九霄，其旷则笼罩乎八隅。光乎日月，迅乎电驰。或倏烁而景逝，或飘滭而星流，或滉漾于渊澄，或氛霏而云浮。因兆类而为有，托潜寂而为无。沦大幽而下沉，凌辰极而上游。金石不能比其刚，

---

① （汉）河上公：《道德真经注》卷一，《道藏》，文物出版社、上海书店、天津古籍出版社1988年版，第12册，第4页。

② （清）宋常星：《太上道德经讲义》第十四章，《老子集成》卷九，宗教文化出版社2011年版，第149页。

湛露不能等其柔。方而不矩，圆而不规。来焉莫见，往焉莫追。①

其意思是讲："玄"乃大自然的祖先，宇宙事物之所以千变万化，就在于"玄"的作用，因此，"玄"就是宇宙万物的宗本。宇宙成形之前，混沌未分，幽深难知，那就叫作"微"；绵延遥远，所以称作"妙"，如果从感官感受物体的角度来比喻，那么"玄"的高度在九霄之外，而它的辽阔则可以把大千世界的八个极限都囊括在其中。它的"光"超过了日月，它的速度快过了闪电。当你发现它来的时候，刚一眨眼，它却马上消失了；当你感觉它像一股洪流奔泻的时候，它却如流星那样迅捷地隐没了。它好像碧波荡漾，又如朝霞夕岚，飘浮不定；它出现的时候虽然有征兆，可是当你要仔细察看的时候它却又沉寂而无踪。它像一个梦境，会让你感觉下沉到很深很深的地方，也会让你感觉飘浮到了九重天界之外；要论其刚硬，金石无法与它相比较；要论其柔软，露珠不能和它同排列；说它是方的，却不能以"矩"来测度；说它是圆的，也无法以"规"来度量。来的时候，你看不见；去的时候，你追不上。

葛洪这段话，把"玄"说得神乎其神。他以人的感官所能感知的各种事物作为参考系，进行描述，可以说极尽比喻之能事；他引入了众多的类比事物，却又否定了"道"与具体可感事物的相同特质，以此阐发"玄"乃超越感官的存在。葛洪对"玄"的奥妙作了最大限度的发挥，读过之后不免有"丈二金刚摸不着头脑"的感觉；不过，沿着他这个思路揣摩一下，或许有助于领会河上公为什么要用"赞玄"二字为章名的用意了。

宋常星用"道纪"作为章名，虽然只是直接采用了经文最后两个字，可是他却别有一番解释：

---

① 王明：《抱朴子内篇校释》，中华书局 1986 年版，第 1 页。

> 果能体天地之奥，穷造化之源，备事物之理，尽性情之妙，不须远求。自然道眼圆睁，而洞见道体，不劳勉力，自然心光发现，而照破娑婆。到此天地，唤得出寒潭之月，拿得住峻岭之云，其道纪之玄微，我能视而人不能视，我能听而人不能听，我能搏而人不能搏。希夷微妙，一而三，三而一，总是我身中之变化；执之有，归之无，无不是性中之道纪。①

按照宋常星的看法，如果能够体会天地的奥妙，穷尽事物造化的本源，认识事物存在的道理，明了性情的由来，就不需要到很远的地方去寻求“大道”。你回归了自我本真，自然而然地，就睁开了“道眼”，清晰地看见“大道”的体状。这时候，你不需要强作用力，就可以激发内在的光辉闪现，透射出宇宙的千姿百态。到了这步功夫，你就可以呼唤出体内寒潭映照着一轮明月，自由自在地捉拿高山峻岭上的烟云。何以如此？就在于把握了“道纪”的“玄微”。所以，我能看见的东西，别人却看不见；我能够听见的，别人却不能听见；我能够捕捉的，别人却不能捕捉。神奇奥妙，概括起来就是老子讲的“希”“夷”“微”。这三个字，是老子形容“大道”的状态，它们是一分为三、涵三为一的。这种混沌变化，就体现在自我身上，或有或无，变化无穷，都在“道纪”的囊括之中。所以，掌握“道纪”，乃修道的根本要义。

宋常星对本章内涵的概括，有一个重要特点，这就是从自我的性命中体悟，而不是向外去寻求。如何体悟呢？下面，分四个层次来解读。

一　“大道”的三个性状

老子《道德经》这一章的“落脚处”乃“道纪”。要体悟“道

① （清）宋常星：《太上道德经讲义》第十四章，《老子集成》卷九，第149页。

纪”，需要感通“大道”的奥妙，也就是明白其“玄而又玄”的特质。“玄”在哪里呢？老子一开始讲了三句话：

视之不见，名曰夷；
听之不闻，名曰希；
搏之不得，名曰微。[①]

人认识事物，要通过感官，其中最重要的是眼与耳。此外，手的触摸对于搞清楚事物的真相，也是不可忽略的。老子讲“道”，不告诉你，听到什么、看到什么、捕捉到什么，而是反过来说看不到什么、听不到什么，也捕捉不到什么。这三种状态，老子用了三个名词来形容，这就是“夷”“希”“微”，领悟这三个关键词的意涵，乃跨入《道德经》第十四章生命哲学理趣的第一通门径。

“夷”这个字“”[②]，在甲骨文中，像一个人弓着腰的样子，假借为尸体，本来表示被消灭的敌人；到了金文，字形发生比较大的变化，在躯体上绕了几圈，像是用绳子捆绑俘虏。有人说：夷，表示的是中原人用绳索捆绑俘获的外邦人。顾建平编的《图解字典》说，夷，像身带弓箭的人，表示以游牧打猎为生的少数民族，也就是所谓的“东夷”。[③] 此外，“夷”字表示被消灭，既然被消灭，就不存在了。因此，它包含从“有”到“无”的过程，这个过程的展示就是“变化”。基于这一点，宋常星作了别出心裁的解释，他说：

夷者，易也，即是大易之罔象。人之可见者色相，不可见者道也。惟不可见，所以为造化之枢纽，为品汇之根柢。若或

① 高明：《帛书老子校注》，中华书局 1996 年版，第 282 页。
② 参见刘钊等编《新甲骨文编》，福建人民出版社 2014 年版，第 473 页。
③ 参见顾建平编《图解字典》，东方出版中心 2008 年版，第 973 页。

可见，必有色相，岂能为天地之始乎？岂能为万物之母乎？故曰视之不见名曰夷。[①]

在宋常星看来，“夷”与《易经》的“易”字相通，恰如《易经》六十四卦的变化无穷，所以称作“罔象”，也就是辽阔无边，却又无形无象。人们能够看到的是外在的色相，至于“大道”并不是肉眼能够直接感知的。正因为它不能直接感知，所以才成为宇宙造化的总枢纽、天下万物的本根。如果有色相，怎么能够成为天地的开始呢？怎么能够成为万物化生的祖母呢？宋常星解读有两个要点。一是指出“夷”就是虚空无色相，二是强调无色相的存在才是根本。因此，人们修道绝不能沉迷于色相的世界。至此，可能有人会问：离开了色相，全然无像，岂不是也无法见“道”吗？对此，宋常星作出回答，他说：

虽然，道无形象，人不可见，若能内观其心，心无其心，外观其形，形无其形，物我两忘，内外皆空，其道则见矣。[②]

意思是讲，道虽然没有形象，一般人见不着它。不过，这并不等于无法感通“大道”，关键在于心态。宋常星以为应该用“观”法，这个“观”包括内观与外观。所谓“内观”就是止观自己的心，简称为“观心”。观的目的并不是要自始至终存于心，而是要达到观心而无心。至于“外观”就是选择某物作为一种止观的对象，止观的目的也不是要着于物，而是要观物忘物，做到心中“无物”，从而达到“外物”与自我都忘记，由内而外，空空荡荡，一片虚无。真正做到了这一点，“大道”也就可以直觉和感通了。

老子从视觉入手，先讲“夷”，继而讲“希”。什么是“希”呢？这个字在甲骨文和金文里皆未见，篆书“𢁐”的写法，上面是

① （清）宋常星：《太上道德经讲义》第十四章，《老子集成》第九卷，第150页。
② （清）宋常星：《太上道德经讲义》第十四章，《老子集成》第九卷，第150页。

个“爻”字，表征丝线交错而有纹路，底下是个“巾”字，连起来表示手工纺织的布帛。这种布帛并不是一般人所能享用的，而是专供帝王的，特别少有而珍贵，所以《尔雅·释诂》谓“希”者为“罕”，也就是稀罕。老子说“听之不闻名曰希”，这里的“听”是主体发出的动作，而“闻”所要表述的则是效果。主体用耳来听，却“不闻”，也就是听不到，未产生预期的效果，这就叫作“希声”。就物理学的角度看，凡物体发出声音，在一定的距离中是可以听得见的，因为声波在空气层里振动传递，最终可以进入人耳，从而让人感受到响声。大道与一般的物体不同，就在于它无形、无声，因此也就“听之不闻”了。然而，妙就妙在这个“听之不闻”，因为不闻外在的声响，所以能够体悟到性命的内在“真闻”。无心于“闻”，寂静心定，反而能够感通天、地、人三界的大妙所在；无心于听，就能听于十方，这就是通达大道的心法。

老子从人们的眼耳器官出发，来阐发“夷”和“希”，紧接着又从手的触觉角度，进一步形容“大道”的特质，说“搏之不得名曰微”。什么叫作“搏”？在甲骨文中，“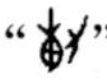”[1] 像线绕于纺砖上，表示抓住并捆绑。后来应用广泛，凡手的捕捉都称作“搏”。许慎《说文解字》解释为：“搏，索持也。一曰至也，从手尃声。”[2] 这里的“索”是个会意字，表示用绳子把木头束起来，“持”就是抓住。而“至”本来表示飞鸟从高处下达于地上，故而有“接触”的意思。“搏”这个字是提手旁，它提醒我们可以从手的触觉来领悟“大道”的质量。然而，老子开了一个门径，却又很快关闭，他否定了触摸所能够达到的效果，这就是“不得”，没有能够触摸到任何东西。意思是讲，“大道”也是不能通过具体的触觉来感知的，这就叫作“微”。微这个字“”[3] 在甲骨文里，像一个老人拄着枴杖、行走十分缓慢的样子。许慎《说文解字》称“微，隐

① 刘钊等编：《新甲骨文编》，第 192 页。

② （汉）许慎撰，陶生魁点校：《说文解字点校本》，中华书局 2020 年版，第 393 页。

③ 刘钊等编：《新甲骨文编》，第 103 页。

行也”[1]，也就是看不见的行动，所以有“隐微”的说法。老子用“微”来形容“大道”的性状，旨在表征其“捕捉”不到的意义。对此，宋常星这样解释：

> 微者，太无虚妙之谓。大而无外，小而无内，充周而不可穷，微妙而不可见。若使可以手执者，皆是有象之物。既有形象，岂能御役阴阳，出入造化乎？故曰搏之不得名曰微。[2]

行文中的“太无”出自《文子·精诚》篇，表示空旷而畅通，没有任何遮挡，所以非常神妙。说它“大”，真是大到无边无界；说它“小”，真是小到没有界限分别。它运动不息，周而复始，永远不会穷尽；那样地神奇却不可见。既然如此，当然是不能通过触觉来感知了，因为能够用手去触碰感知的东西都是有形有象的存在。既然是有形有象，怎么能驾驭阴阳，出入于造化之中呢？老子正是从这种不能触碰而感知的角度来阐述“道”的形状，所以才用“微”来概括。反过来说，什么叫作“微”？就在于“大道”的无触碰性。

“大道”既然不能触碰，捉摸不定，岂不是没有任何意义吗？——有人可能会产生这样的疑惑。其实，老子以“微”来形容大道，乃是要破除修行者的执着心。因为修行而感通“大道”，首先必须破除“有”，做到“一尘不染，一法不立”，自然可以小中见大，无中生有，霎时间，内气运转，一点灵光闪现，所谓“于无声处见此天地心”[3] 是也！

二　“三者”混而为一

老子讲了“大道”的“夷”“希”“微”的基本特质之后，接着阐述“三者”的关系，他说：

---

① （汉）许慎撰，陶生魁点校：《说文解字点校本》，第62页。
② （清）宋常星：《太上道德经讲义》第十四章，《老子集成》第九卷，第150页。
③ （明）凌云翰：《柘轩集》卷三，清《武林往哲遗著》本。

此三者不可致诘，
故混而为一。[①]

这里的“诘”就是“问”的意思。而“致”是达到极尽的意思。“不可致诘”就是无法一直深究下去。老子阐发“大道”的“夷”“希”“微”三大性状，只是从不同侧面说。就“理”的诠释而言，可以有三个不同状态的陈述，但就“大道”整体而言，这又是无法细分的，所以说“混而为一”。所谓“混”就是浑然一体。就“大道”的整体把握来讲，夷就是希，希就是微，而微也是夷，三者即一，一者即三，涵三为一，妙用无穷。因为宇宙鸿蒙，尚未分化阴阳的时候，“大道”的本体是没有处所、没有形状，所有外在感觉器官都无法直接感知，它像云朵出于山洞，捉拿不得；又像月亮映照于水潭，摸索不得。

既然混融而不可分别，老子为什么又进行多层面的阐述呢？关于这个问题，元代的道教学者邓锜是从自我性命修养角度予以解释的，他指出：

穷理尽性以至于命，故立戒则积精，积精则穷理。由戒则入定，入定则全气，全气则尽性。由定则入慧，入慧则全神，全神则以至于命。三者混而为一，故不可以致诘。[②]

第一句话出自《周易·说卦》。其本来意思是说：穷究天下万物的原理，彻底洞明人类的心体自性，以达到“命”的根本所在，从而实现天人合一的境地。如何理解这个“命”字？在甲骨文中，“命”原写作“令”，像一个人跪在地上等候上天的启示。到了金文中，加了个“口”，这个“口”并不是作为讲话、吃饭用的人体

① 高明：《帛书老子校注》，第283页。
② （元）邓锜：《道德真经三解》卷一，《道藏》，第12册，第193页。

器官之“口”，而是器皿的形象，先民们注重宗教精神生活，为了与上苍神明感通，就在宗教祈祷礼仪的实施过程中安置器皿，表示神谕，因此早先所谓“命”其实是天命。先民们朴素地以为：有了上天神明的灵性导入，才有动物的生命。由此看来，“命”既有本原的意义，也有肉体存在的意义。所谓“天命”，就是从本原的意义上讲的，所谓“生命”则是从肉体有形的意义上讲的。《论语·尧曰》篇说“不知命，无以为君子”①，这便是讲君子应该领悟神明的启示了达天命。北宋王安石在注《老子》第十六章时说：“命者，自无始以来，未尝生，未尝死也。”② 既然无生无死，就不是具体有形的生命，而是天命，即大道赋予的恒久之命。在道教中，所谓“命”既有天命的意义，也有躯体生命的意义。从修道立场看，躯体生命是有限的、暂时的，要使之实现永恒，就应该回归天命，老子《道德经》把这个叫作“归根复命”③，由此实现了“天人合一”。邓锜引用了《周易·说卦》的这句话，在于指明修道的目标，让暂时存在的躯体生命回归于永恒的天命。

如何实现这种回归呢？邓锜引入了佛教的“戒定慧”三学。他指出：确立了戒律并且守戒修行，才能养精蓄锐；精神充足，才能探索宇宙万物存在的义理。因为守戒，才能使神安稳，这就叫作“入定”；达到“入定”的状态，内气才能充满；只有内气充满了，才能了达本性；再说，“入定”能够生慧，以慧养神则神全；全神贯注了，才能通天达地，与大道相合。这就是“三者混而为一”。不难看出，邓锜把老子的“夷、希、微”与“戒、定、慧”对应起来，阐述了“持戒知夷”“静定明希”“以慧通微”的修道步骤。邓锜的这些解释虽然对《道德经》原文作了许多引申，但基本把握了老子关于“夷、希、微”的生命哲学道体论的大旨，对于领悟老子经文的实质还是有启发的。

---

① （宋）朱熹：《大学章句》，《四书章句集注》，中华书局1983年版，第195页。

② （宋）王安石著，容肇祖辑：《王安石老子注辑本》，中华书局1979年版，第22页。

③ （魏）王弼注，楼宇烈校释：《老子道德经注校释》，中华书局2008年版，第35页。

三　修道的“惚恍”感受

修道是一种心法。不论从动功入手，还是从静功入手，都应该调心，把追逐外界纷纷扰扰的本心收回到腔子里，这时候就会有恍惚变化的特殊感通。对此，老子描述说：

> 其上不皎，
> 其下不昧。
> 绳绳兮不可名，
> 复归于无物。
> 是谓无状之状，
> 无物之象，
> 是谓惚恍。
> 迎之不见其首，
> 随之不见其后。①

这一小段，老子用了“上下”的概念。本来，作为化生宇宙万物生命的本体，“大道”是无边无界、无始无终的，何来的“上下”呢？显然，这是对修道内心感受的描述。由于躯体生命出于天命，天命来自“道命”，人实施心法而修道，就是接通天线、开启了宇宙的总信息库，所以能够在内心灵魂深处产生一种可大可小的“法象”。当其大时，就不知几千万里，无从考察；当其小时，就能够感受其上下的立体存在；如果我们确认“道”的大象是无边无际的，那么“道”的“小象”就会随着个体精神的贯注而发生变化，因为人心就像一个湖泊，静定时那湖泊就如明镜那样发光，映照出“大道”的一些侧面，有了“皦”与“昧”的感知，“皦”是洁白、明亮的意思；“昧”是昏暗的意思。初看上去，心镜所映照的

① 高明：《帛书老子校注》，第284—288页。

上头形象是洁白、明亮的，而下头形象却是昏暗的。然而，很快发生变化，刹那间上头的光就暗淡起来，而下头的光却由暗淡而转为明亮，如此隐隐约约、似明非明、似暗非暗，这就叫作“其上不皦，其下不昧”。值得注意的是，老子使用“不”字来否定某种物象的存在，但否定的前提是肯定。所以，“不皦”其实包含了“皦”，而“不昧”也包含了“昧”，这让人的脑海里出现了明暗的变化与对比，在这种天然的对比中感知“大道”浑浑冥冥的样态。

老子接着说：“绳绳兮不可名，复归于无物。”[①] 此处双声叠韵，绳读作 mǐn，本指可以无限接续延长的索带，也就是所谓“绳子”，后来引申之，形容事物状态的宏大而连绵不断；老子经文用的是后一种词义，作为形容词而不是名词，大道在心镜里闪现出来，那么宏大，不可名状，让人似乎回归到了宇宙的初始状态，那是天地未形的空洞状态，无间无断，所以用“绳绳兮”来形容。句子中间一个“兮”字，虽然是虚词，没有实际意义，但它的出现，造成了停顿，留下了想象的空间，激发了灵感的产生，推动了阅读接受过程中的感知叠加，由此我们不难领略到那种无状之状、无象之象，不知它从哪里来，又向哪里去，这就是“惚恍”，捉摸不定。为了进一步强调这种“惚恍”的状态，老子补充了两句：“迎之不见其首，随之不见其后。”[②] 这两句让人感觉有位贵宾从前门进来了，你迎接上去，却看不见他的头脑；一阵风吹过来，你以为那贵宾又要走了，连忙奔跑追赶，却已经看不到他的身影，“大道”就是这样的处无定处，稍纵即逝。

四　领悟道纪

老子为什么要描述修道体验时的这种变幻莫测的形象呢？那就是要启迪人们从有象进入无象。细想人之生命躯体，本自“无”中

① 高明：《帛书老子校注》，第 284 页。
② 高明：《帛书老子校注》，第 288 页。

来，还要回到“无”中去，任何有形的东西都会消灭，金山、银山、国色天香，最终都是泡影，所以修道者就不能执着于有形、有物，如果执着，就是生存于幻觉之中，不但自迷，而且还会迷人。

为了避免陷入“自迷”与“迷人”，老子在此章的最后说：

> 执古之道，
> 以御今之有。
> 能知古始，
> 是谓道纪。①

这几句话出现了两个时间概念，即“古”与“今”。所谓“古”就是无数先人口口相传的遥远年代；而“今”意味着抬头向明确对象说话，表示现时、当下。“执古之道”的“执”是把握的意思，“以御今之有”的“御”，本指人握辔行于道中，也就是驾驶车马，后来引申为治理。

如何理解“执古之道，以御今之有”这句话的意思？初看起来，老子似乎是要用旧法来裁决新事，其实不然。道家学派确实有“托古言道”的特点，但他们讲的“古”并非守旧，反对创新。关于这个问题，我们先得看看“古之道”的确切内涵。

“扫叶山房”丛书收有题名吕岩撰的《道德经释义》，该书对“古之道”是这样解释的：

> 古之道者，以身合天，以德合天，以心合天，三者既合，是为真道。②

按照吕岩的解释，“古之道”的特点是“三合”。所谓“以身合天”讲的是人体行为要合天时，一年四季，春夏秋冬，周而复始，温度

① 高明：《帛书老子校注》，第288页。

② 《道德经仙家内解》，青羊宫排印本，无印行年代，第54页。

变化，冷暖交替，冷的时候多穿衣，热的时候少穿衣，这就是顺应天时节律；“以德合天”讲的是人间的伦常规范也应该符合天地阴阳法则，而“以心合天”讲的是人的情绪思虑也要与日月合其明，开闭有常。吕岩认为，做到了“三合”，就算是达于“真道”的境地。由此看来，“古之道”并不是说唯有古的东西才是好的，才是要遵循的自然之道、生命之道、生存之道，其所强调的是“天人合一”的生命哲学根本法则。

与“古之道”相互对应的是“今之有”。所谓“今之有”简单讲就是当下的各种存在，包括万物之色相，人世间的各种作为。“执古之道，以御今之有”就是以古之道为标准来治理当今的各种乱象。由于“古之道”的生命哲学核心精神是“天人合一”，要“御今之有”就是按照“天人合一”的法则办事，避免强作乱为，由“有为”进入“无为”。对此，宋常星有一段解释：

> 人能返观自性，不着声色，不执有无，前念不起，后念不续，念念不有，离一切色相，则无状之状，无象之象，自然万法混而为一……执道而行，御今之有，则身无不修，家无不齐，国无不治，天下无不平矣。此正是以其有而体其无，体其无而用有之妙处也。①

宋常星指出，修养生命大道的人能够从纷繁复杂的外在世界回归自我本性，不执着于声色，不停滞于有，也排除了无，心中没有任何念想，到了这步田地，万物、万法没有区别，波平如镜。如此，则所谓修身、齐家、治国、平天下，便自然而然地实现了。

老子强调以“古之道”来御“今之有”，并非偶然，而是有客观的历史原因的。老子当时看到了天下纷乱，假仁假义，欺诈盛行，离“古之道”已经相当远了，世间的生活，违背天性，也就没

---

① （清）宋常星：《太上道德经讲义》第十四章，《老子集成》第九卷，第151—152页。

有生命之“道性”。要治理这种乱象，只能回归纯朴的品德，而这种品德在社会上丢失已经相当久了，所以老子告诫人们要回头看看“古始”的情况。吕洞宾说：体会“古始”，恰“如天之清，如日之升，如月之恒，如松柏之茂，如南山之寿”①。可见，所谓“古始”就是自然本真的状态，一切运转有序，正如织布的“纲纪”，清清楚楚，一目了然，所谓大道至简，正体现在“道纪”二字，以“大道”为纲纪，生活就靠谱，生命就有存在的根据；否则就乱而无序。老子告诫人们从“古始”的生活去寻求“道纪”，在今天依然具有深刻的现实意义。“道纪”的理论表明：第一，天下万物都是有秩序的，遵循自然秩序，这是自我生命管理与社会生命管理的基本精神；第二，解决问题的办法要从根本入手，抓住根本，就能势如破竹；第三，“道纪”是一种规范，这种规范是合于天道的、自然形成的，而不是强迫的作为。牢记这三点，我相信生活就会更轻松，也更有活力！

① 《道德经仙家内解》，第55页。

道教文昌帝君科仪的历史考察

张泽洪　杨姗姗

摘　要：文昌帝君是道教尊奉的司禄主文运之神，在中国民间社会有着长期的影响。道教致力于文昌帝君信仰的建构，从而产生祭祀文昌神的斋醮科仪。本文通过道教文昌帝君科仪产生的历史考察，认为道教内含丰富的文昌帝君科仪，是表达乃至实践文昌帝君信仰的仪式活动，文昌帝君信仰与仪式是中华礼乐文化的重要内容。

关键词：道教；文昌帝君；文昌章；文昌科仪

作者简介：张泽洪，四川大学道教与宗教文化研究所教授、博士生导师；杨姗姗，广西财经学院副教授、四川大学道教与宗教文化研究所博士生（四川成都610065）。

在人类宗教发展的历史进程中，信仰与仪式始终是宗教的两个重要范畴。各种宗教都有对神灵的信仰，而表达乃至实践信仰的行动就是仪式。道教的文昌帝君最初是蜀中民间尊奉的梓潼神，此神在历史上灵异昭著而影响日增。① 唐代梓潼神受到帝王的敕封，南

① 关于道教文昌帝君信仰的形成，参见张泽洪《论道教的文昌帝君》，《中国文化研究》2005 年第 3 期。

宋时期梓潼神的神格发生变化，成为司禄主文治科第之神。① 道教祭祀文昌的斋醮科仪，是因应社会上的文昌帝君信仰而产生。文昌科仪是道教专门祭祀文昌帝君的仪式，具有祈求文昌神保佑士人禄籍功名的特点。本文考察历史上道教文昌帝君的信仰与仪式，从文昌帝君信仰与仪式的侧面加深对中华礼乐文化的认识。

一　中古史上文昌帝君科仪的源流

南北朝时期蜀中的梓潼神，以其灵异的神格而受到士人的崇拜。我们考察道教祭祀文昌帝君科仪的源流，至少可以追溯到唐代民间对文昌神的祭祀，唐大中年间文士孙樵在梓潼七曲山祭祀梓潼神，是史籍中所见民间梓潼神信仰的可靠资料。唐孙樵《祭梓潼神君文》说：

> 大中十八年七月九日，乡贡进士孙樵，再拜献辞张君灵座之前：樵实顽民，不知鬼神，凡过祠庙，不笑即唾。今于张君，信有灵云。……今过祠宇，其敢默去？觞酒豆脯，捧拜庭下。神其歆此。②

唐宣宗大中九年（855），孙樵登进士第，官至中书舍人。此祭文可知孙樵于会昌五年（845）、大中四年（850）、大中十八年（864），三次经过巴蜀古道旁的七曲山梓潼庙。这篇大中十八年祈

---

① 美国学者祁泰履（Terry F. Kleeman）《文昌祀的扩张》，侧重研究梓潼神从不出名的蜀地小神，演变为普遍尊奉的文神的历史。参见 Terry F. Kleeman, "The Expansion of the Wen-Ch' ang Cult", in Patricia Buckley Ebrey and Peter N. Gregory, eds., *Religions and Society in T' ang and Sung China*, Honolulu: University of Hawaii Press, 1993, pp. 45 – 73。美国学者韩森（Valerie Hansen）著《中世纪中国神灵的变化》，其中列举有梓潼帝君专节，讨论了宋代地方神的区域化现象。参见 Valerie Hansen, *Changing Gods in Medieval China*, 1127 – 1276, Princeton: Princeton University Press, 1990, p. 256。

② （唐）孙樵：《孙可之集》卷九，《影印文渊阁四库全书》，台北：台湾商务印书馆 1986 年版，第 1083 册，第 90—91 页。

求梓潼神保佑之祭文，反映往来于蜀中的士人经过七曲山梓潼神庙时，已有祭祀梓潼神祈求保佑科举文运的习俗，这大致说明唐代社会祭祀文昌神的仪式已经形成。

其实早在唐代道教的斋醮科仪中，道教斋醮供祀的神灵之中已有文昌神。唐代道教南斗灯仪供奉的诸多神灵，就有大圣南斗天枢度厄文昌炼魂真君。唐代道经《南斗延寿灯仪》说："臣众等志心皈命天节宫大圣南斗天枢度厄文昌炼魂真君诸灵官。……谨依科式，建立坛场，备香花灯烛之仪，归命天节宫大圣南斗天枢度厄文昌炼魂真君。"① 南斗六星中第五星天枢度厄文昌炼魂真君，被赋予主管度厄炼魂的神职。唐杜光庭《道门科范大全集》卷五十三《南北二斗同醮仪》称："若厄难相凌，魂神不守者，请天枢度厄炼魂君为禳镇之。"② 唐杜光庭《道门科范大全集》卷五十四《南北二斗同醮宝灯仪》说："臣众等至心皈命南斗第五天枢度厄文昌炼魂真君、斗中神仙和诸灵官。"③

南宋蒋叔舆《无上黄箓大斋立成仪》卷三十八《圣真班次门》斋坛圣位，左列第二班醮位祭祀的神灵，有"南斗天枢度厄文昌炼魂真君"④。五代宋初道经《太上说南斗六司延寿度人妙经》，有保佑延寿长命的南斗六天符，其第五符为：南斗第五天枢度厄文昌炼魂真君。⑤ 宋路时中《无上玄元三天玉堂大法》卷十二《福寿增崇品》，告斗灯幡符有"天枢度厄文昌炼魂真君之符"⑥。《中兴礼书》卷一三一载：绍兴十八年（1148）五月，南宋都城临安太一宫神位有南斗天枢度厄文昌炼魂真君，是太一宫东廊九十八位神灵之一。⑦《中兴礼书》是南宋礼部太常寺编修的

---

① 《道藏》，文物出版社、上海书店、天津古籍出版社1988年版，第3册，第566页。

② 《道藏》，第31册，第880页。

③ 《道藏》，第31册，第884页。

④ 《道藏》，第9册，第597页。

⑤ 《道藏》，第11册，第352页。

⑥ 《道藏》，第4册，第38页。

⑦ （宋）礼部太常寺纂修，（清）徐松辑：《中兴礼书》，载《续修四库全书》编委会编《续修四库全书》，上海古籍出版社2013年版，"史部"第822册，第468页。

礼制文献，于淳熙十一年（1184）八月撰写而成。此书记载南宋自高宗建炎元年至孝宗十一年历次郊祀、耕耤、登位等朝廷大典仪式。

南宋道教已将梓潼神与文昌神合而为一[①]，祭祀梓潼神的斋醮科仪，时人或称为文昌醮、梓潼醮。大致在宋代，蜀中道教已有文昌醮科仪。南宋魏了翁撰写的三首文昌醮词文，反映出蜀中民间祭祀文昌神的斋醮科仪的实况。其《文昌醮启坛词》称：

> 顺诗书礼乐以造士，尝粗知四术之崇；考德行道艺而兴贤，今复际三年之比。兹惟多士，各迪乃心，思皇盛旦之逢，期就季春之聘。然念道之将行有命，文之未丧在天；用穆卜于灵辰，将协陈于圭荐。仙科考式，具繙宝楱之文；秘馆延真，恭挹飙斿之驭。庶蒙鉴諟，嗣致宗祈。[②]

《代乡人设文昌醮启坛词》说：

> 时正孟陬，于四时而首序；日临上浃，属三日之先春。但惟泰长之初，光启汇征之兆。思皇多士，咸造在庭。仰瞻九列之崇，各厉四方之志。文昌六官之次，俨司禄之腾辉；太微五帝之庭，炯进贤之在望。醮陈伊始，降假是期。[③]

此文昌醮在立春前三日举行。

《四川文昌醮疏文》说：

---

① （明）倪岳《青溪漫稿》卷十一“梓潼帝君”条说：“至于文昌三星，殊与梓潼无干，今乃合而为一，诚出傅会。”（《影印文渊阁四库全书》，第1251册，第122页）此说反映一般历史论者的观点，确乎是道家的有意傅会。

② （宋）魏了翁：《鹤山集》卷九十九，《影印文渊阁四库全书》，第1173册，第444页。

③ （宋）魏了翁：《鹤山集》卷九十九，《影印文渊阁四库全书》，第1173册，第448页。

成都进士宋一鄂、黄仲振等过前进士魏某，言明年当科举之前一年，其日秋分，循旧比同四蜀之士，以道家者流有事于府北五里梓潼大神之别祠，愿得一言以励众志。①

据此《四川文昌醮疏文》，南宋川峡四路的蜀中文士，在成都府北五里的梓潼大神别祠，举行祭祀文昌帝君的仪式。魏了翁（1178—1237）是邛州蒲江人，作为蜀中知名文士的魏了翁，应邀三次为民间文昌醮会撰写科仪文书，折射反映蜀中盛行文昌醮的历史事实。南宋陈杰《陪蜀士文昌醮》诗曰："葳蕤桑梓翦为荒，翰墨横流坠绪茫。天北有星明武曲，江南无地托文昌。几时兴雨苏民望，何日乘云返帝乡。我少乞灵今不梦，倚观魁宿照词场。"② 传世的文昌醮科仪文书都出自蜀地，说明南宋时期蜀中文昌醮确乎较为盛行。

南宋文士阳枋《文昌醮灯牌》诗曰："牡丹枝上先春蕊，翠杏坛边未雨虹。知有文章光万丈，钟成佳气满黔中。"③ 阳枋是应邀为黔中文昌醮会书写此灯牌诗。阳枋（1187—1267），合州巴川（今重庆铜梁东南）人。南宋道教文昌醮的举行，按照科仪规制要布置斋醮坛场。仪式坛场布置的文昌醮灯牌，请著名文士撰写文字而存诸后世。

南宋文士姚勉为文昌法会写有《文昌醮宿建词语》《早朝词语》《午朝词语》《晚朝词语》《正醮词语》《又文昌醮词》六首，从文昌科仪词文的格式，说明此文昌醮有三朝仪的科格。其《文昌醮宿建词语》称：

---

① （宋）魏了翁：《鹤山集》卷九十九，《影印文渊阁四库全书》，第1173册，第452—453页。

② （宋）陈杰：《自堂存稿》卷三，傅璇琮、倪其心、许逸民等主编：《全宋诗》，北京大学出版社1998年版，第65册，第41131页。

③ （宋）阳枋：《字溪集》卷十一，《影印文渊阁四库全书》，第1183册，第423页。

> 大比兴贤，又值设科之岁；前期卜日，用严事帝之忱。恭按金科，肃陈宝醮，冀潜通于肸蠁，庶均被于祥厘。伏愿天鉴积诚，神钦宿戒。朱衣豫送，早标仙籍之姓名；紫诏鼎来，同夺亨衢之步武。①

姚勉（1216—1262），古天德乡（今江西宜丰县新庄镇）灵源村人。宝祐元年（1253）进士及第，先后授承事郎、秘书省正字、校书郎、节度判官、太子舍人、沂靖王府教授。姚勉的仕宦经历不在蜀中，则可知为江南地区举行的文昌醮会。

元代文士袁桷受邀撰写道教斋醮词文较多，其中也包括两首梓潼醮的斋词。袁桷《梓潼青词》说：

> 阳春布德，诞开震夙之辰；天运兴文，允协亨嘉之会。四方来贺，万神唱恭。恭惟道合希夷，气超混沌。扬灵西蜀，通肸蠁於妙庭；佐治中州，职铨衡于帝所。维桂籍固严于取与，而芸编复验其勤劳。至道无私，积善有庆。某学拘铅椠，业保簪裳。教子未能，企世科之必复；传家有托，守先训以丕承。庸展素忱，式陈薄荐。伏愿祥光纷郁，梵气开通。孔盖翠旌，览德辉于九土；虎符龙券，锡庆泽于一门。②

袁桷《梓潼醮斋文》说："受色笔梦寐之中，睟容有赫；厕金榜铨衡之际，嘉兆密符。允怀一经，教子之心，适值大比，兴贤之岁。虽登崇有数，难以预祈；然神化无方，终期默运。"③ 袁桷为庆元鄞县（今属浙江）人，20岁以茂才异等举为丽泽书院山长。为翰

① （宋）姚勉：《雪坡集》卷四十七，《影印文渊阁四库全书》第1184册，第333页。

② （元）袁桷：《清容居士集》卷四十四，《影印文渊阁四库全书》，第1203册，第587页。

③ （元）袁桷：《清容居士集》卷四十四，《影印文渊阁四库全书》，第1203册，第587页。

林国史院检阅官，升应奉翰林文字，同知制诰兼国史院编修官。袁桷撰写的梓潼醮青词、斋文，也是元代社会兴建梓潼醮的例证。

唐宋道教已形成二十七等斋、四十二等醮的科仪格式，宋代文昌醮已列为道教醮法之一。宋吕元素《道门定制》卷六列举道教的二十二种醮，其中文昌祈禄醮用于“祈祷功名，延致爵禄”①。民间相传梓潼真君司桂籍，是主人间科第的神灵，这是社会上梓潼醮举建的根本原因。明周思得《上清灵宝济度大成金书》卷二十二《礼成醮谢门》，收录有《梓潼帝君设醮科》的科仪文本。《梓潼帝君设醮科》说：“九天开化文昌宏仁帝君，自元命之流形，原生民而易俗，稽古至力，推奉真心，宁亲知报于劬劳，幽婚盖全于偶合。”② 清陈仲远《广成仪制》收录的《文昌正朝全集》科本，反映清代文昌帝君信仰仍然盛行。此科仪用于道教的醮、斋、求名、祈嗣等，《文昌正朝全集》求名称：“桂籍名登，仙香枝折。曰文曰武，志愿遂乎生平；为仕为宦，爵秩膺乎天眷。一门胥庆，百世其昌。”③ 科仪在祈请“九天开化主宰无上不骄乐天帝七曲文昌梓潼宏仁帝君”等文昌神灵之后说：“臣闻九天开化，七曲彰灵，应天机于先后，注禄籍于爵嗣。示灵梦于峰顶，修妙道于盘陀。文昌举斡，衍至道于儒宗；化笔飞鸾，彰厥灵于斯世。名称三教，统摄一如，凡有祈求，必蒙昭佑。”④《文昌正朝全集》是骈文体的科仪本，显示科仪撰写者陈仲远较高的道学水平。

宋代是民间信仰道教化的重要时期，中国社会有影响的梓潼、关帝、妈祖、吴夲等民间俗神，都被道教吸纳进神仙体系。巴蜀民间崇奉的梓潼神张亚子，遂成为道教尊崇的梓潼真君、梓潼帝君。为促使这一民间俗神的转化，道教对梓潼神进行了神学化的理论改造。道门在宫观设立崇奉梓潼帝君的神殿、神像，编撰祭祀梓潼帝

① 《道藏》，第 31 册，第 713 页。

② （明）周思得：《上清灵宝济度大成金书》卷二十二《藏外道书》，巴蜀书社 1992 年版，第 16 册，第 798 页。

③ 《藏外道书》，第 15 册，第 303 页。

④ 《藏外道书》，第 15 册，第 306—307 页。

君的斋醮科仪。通过梓潼神信仰与仪式的道教化改造，建构起道教的梓潼帝君信仰体系。

二　上章与授箓仪式中的文昌科仪

道教斋醮是因事立仪，随时定制，历代俱有撰修。如明周思得《上清灵宝济度大成金书》卷二十二《礼成醮谢门》的梓潼帝君设醮科、东岳设醮科、天妃醮科、灵官醮科等，就是随宋代以后民间神祇的道教化，为新吸纳的民间俗神而设的醮仪。道教科仪文书称梓潼神的名号有梓潼真君、文昌梓潼帝君、九天司禄梓潼帝君、九天元皇梓潼灵应天君、九天开化文昌帝君、九天开化文昌大帝、九天开化文昌梓潼帝君、九天开化主宰梓潼元皇帝君、九天开化主宰文昌梓潼道君、七曲文昌梓潼宏仁帝君。

道教的上章仪式主要用于消灾度厄，向神灵奏章以乞恩求福。早期正一道的上章，长期行用于道教斋醮法坛，是影响甚为深远的祀神仪式。唐宋道教斋醮仪式中的文昌章，是道教崇拜文昌帝君科仪的章文。唐杜光庭《道门科范大全集》八十七卷，其中卷二十至卷二十四，收录的科仪经本为《文昌注禄拜章道场仪》。杜光庭《道门科范大全集》卷二十《文昌注禄拜章道场仪》清旦行道，《道门科范大全集》卷二十一《文昌注禄道场仪》临午行道，《道门科范大全集》卷二十二《文昌注禄道场仪》晚朝行道，《道门科范大全集》卷二十三《文昌注禄拜章道场仪》祝神行道，《道门科范大全集》卷二十四《文昌注禄拜章道场仪》散坛行道。可知唐代文昌注禄拜章道场仪三朝行道，具有完备的斋醮科仪格式。

唐杜光庭《道门科范大全集》卷二十三《文昌注禄拜章道场仪》上启七曲山司禄主者：

> 臣闻神不可测，扩睿智以无方；民莫能明，运威灵而接物。仰惟水府之真宰，宅乃七曲之秀峰，紫闺高照于潼江，行

宫普遍于列郡。云行雨施，雷厉风飞，英灵鉴烛以无遗，睿泽霶流而不息。布穹苍之化育，握祸福之枢机，无感弗通，有祈必应。①

据此科仪文书，唐代各郡已普遍兴建梓潼行宫，文昌帝君信仰的盛行使文昌科仪得以产生。

杜光庭《道门科范大全集》卷二十四《文昌注禄拜章道场仪》散坛行道称：

醮官某确守儒业，愿赴科名，幸灵宝垂修奉之规，仙箓著关宣之式。敬伸愚悃，严建斋坛，忏洗罪愆而身器昭明，伫降高真而心神飞越。大则法天象地，小则酌水献花，讽玉笈之云章，诵宝函之凤篆。②

从科仪词文可知，道教的《文昌注禄拜章道场仪》，是为士人科举考试祈求功名所用。文昌章用于文士祈禄，有其特定的宗教功能。唐代道经《太上济度章赦》卷上《文昌祈禄章》说：

臣切惟登崇俊良，拔擢材彦，一则阙于运限，二则系于修为，傥祖宗之积累未陈，与今昔之过愆尤厚，既乖践履，难就功名，自非帝造之维持，曷副民情之愿望？谨为拜章一通，上闻三天，伏望大慈曲垂惠泽，特降敕命，行下三界合属玄曹，为某人禳谢星缠，和平运气，赦除障累，纪录善功，增注勋名，光荣宗祖。③

宋吕元素《道门定制》卷一《文昌章》说：

① 《道藏》，第31册，第809页。
② 《道藏》，第31册，第811页。
③ 《道藏》，第5册，第822—823页。

> 但进士某等，即日稽首列词。伏念素以百官子孙，生长浮俗，因缘幸会，得遇道化，天地与之。盖载师父，示以训提，学礼学诗，为儒为士。五常要道，多昧于修行；三纲大伦，宁无于违犯。功轻毫末，过累丘山，日往月来，积瑕未涤，渊冰是惧，首谢无阶。但以家本读书，业当应举，情由暗昧，智行不圆，旦暮虽勤，亨衢尚壅，身名未遂，责望益深，不有请祈，曷伸志愿。……窃闻元始出教，演二十七品斋科，流布人间，广行善诱，方便弘济，接引不遗，能使枯朽之质，道生成之宜；顽钝之资，发睿明之操。缘恃至恩，妄希亨变，诣臣自诉，求乞表章。①

章文声称是为进士祈告所撰写。明周思得《上清灵宝济度大成金书》卷三十八《章法格式门》，收录的上章文书有《文昌祈禄章》。② 其文字大致沿袭《道门定制》卷一的《文昌章》。

明代是正一道科仪兴盛时期，为适应文昌帝君崇拜的社会风尚，正一道专门制作出文昌授箓仪，为科举考试士人授文昌箓。士人赴龙虎山接受文昌宝箓，是明代正一道授箓内容之一。明代道经《高上大洞文昌司禄紫阳宝箓》卷上载：

> 某贯居住奉道信士某词称：本命某年某月某日某时建生，上属北斗某星君主照，即日虔诚恭诣度师教主天师大真人门下，拜受《高上大洞文昌司禄紫阳宝箓》一部，皈身佩奉。誓以钦崇正教，律己修身，增益才华，开明鉴识，断除魔障，斥逐邪妖，显擢科名，进登禄位。受佩之后，不敢轻泄玄文，怨咎道师。如负盟言，一依文昌上宫科法律令。③

① 《道藏》，第31册，第667—668页。

② 《藏外道书》，第17册，第539页。

③ 《道藏》，第28册，第503页。

《高上大洞文昌司禄紫阳宝箓》卷中载：

据某贯居住奉道信士某词称：本命某年月日时建生，上属北斗某星君主照，即日虔诚恭诣度师教主天师大真人门下，拜受《高上大洞文昌司禄紫阳宝箓》一部，皈身佩奉。誓以崇敬帝真，遵依科戒，进修文业。积习善功，悟太上之玄机；消除魔障，登文昌之贵籍。显达科名，济世安人，保身利物。有违科约，以身谢天地水三官，一如玄科律令！①

明代道经《高上大洞文昌司禄紫阳宝箓》卷下载：

据某贯居住奉道信士某词称：本命某年月日时建生，上属北斗某星君主照，即日虔诚恭诣度师教主天师大真人门下，拜受《高上大洞文昌司禄紫阳宝箓》一部，皈身佩奉行持，端冀开明真性，通悟本心，弗措于学问辨思，勿非于视听言动，进修德业，超益才华，名成而赞辅皇猷，禄遂则宣明正化，致君于唐虞之上，济民于成康之时，封及祖宗，泽垂后裔，誓勤修奉，永佐升平，如或背盟，一依九天主宰元降律令！②

明代编撰的这部道经，标志文昌神系臻于完成。该经的请箓法词表达受箓人的虔诚心愿，其内容确有文昌帝君信仰的特点。《高上大洞文昌司禄紫阳宝箓法词》说：

维某年月日，具乡贯居住奉道弟子某人本命某年月日时建生，上属北斗某星君主照，即日虔诚恭诣度师教主天师大真人门下，拜受《高上大洞文昌司禄紫阳宝箓》一部，敬奉修行。伏以玉箓琼书，实胚胎于太极；金台桂籍、悉隶属于文

---

① 《道藏》，第28册，第509页。

② 《道藏》，第28册，第515页。

昌。……天师门下据弟子某赍持质信诣道自陈，求受《高上大洞文昌司禄紫阳宝箓》一部，终身敬奉，及请真师宝讳符图经诀，依按修行，即日告盟天地，立誓三官，破券分环，依科传授，给付如后。①

按照龙虎山正一道授箓科仪，此文昌宝箓包括授予《箓一部上中下三卷》《盟真合同环券一封》《正一修真旨要节目》等。

明代正一道授箓的科仪仪格，经书称始三代为祖玄真三师，近三代为经籍度三师，此为正一道科仪推崇的六师。明代道经《太上正一延生保命箓》的请箓法词，称科仪的祖、玄、真三师玉讳为："祖师三天扶教辅元大法师正一冲玄神化静应显佑真君张道陵，玄师嗣师太清演教妙道真君张衡，真师系师太清昭化广德真君张鲁。"② 而《高上大洞文昌司禄紫阳宝箓》卷下祖、玄、真三师宝号为："祖师九天开化主宰慈应大帝大慈更生永命天尊，玄师天府掌水陆都转运使总桂禄二籍孚泽大帝，真师大成至圣文宣王文昌皇人九天玄圣道君。"③《高上大洞文昌司禄紫阳宝箓》卷下载经籍度三师法讳为：

经师上清三洞经箓南曹真士玉府上卿都天大法主嗣汉四十二代天师张正常，籍师上清三洞经箓太极执法真宰灵宝领教真人都天大法主嗣汉四十三代天师张宇初，度师上清三洞宝箓灵宝领教玄化真人南曹执法仙宰都天大法主嗣教四十四代天师张宇清。④

明代道经《太上玄天真武无上将军箓》的请箓法词，称科仪的经籍度三师法讳为：

① 《道藏》，第 28 册，第 520—521 页。
② 《道藏》，第 28 册，第 530—531 页。
③ 《道藏》，第 28 册，第 521 页。
④ 《道藏》，第 28 册，第 521 页。

> 经师上清三洞经箓南曹真士玉府上卿都天大法主嗣汉四十二代天师张正常，籍师上清三洞经箓太极执法真宰灵宝领教真人都天大法主嗣汉四十三代天师张守初，度师上清三洞宝箓灵宝领教玄化真人南曹执法仙宰都天大法主嗣教四十四代天师张宇清。①

明代道经《太上正一延生保命箓》的请箓法词，称科仪的经籍度三师法讳为：

> 经师上清三洞经箓南曹真士玉府上卿都天大法主嗣汉四十二代天师张正常，籍师上清三洞经箓太极执法真宰灵宝领教真人都天大法主嗣汉四十三代天师张宇初，度师上清三洞宝箓灵宝领教玄化真人南曹执法仙宰都天大法主嗣教四十四代天师张宇清。②

明代道经《太上正一解五音咒诅秘箓》的请箓法词，称科仪经、籍、度三师法讳为：

> 经师上清三洞经录南曹真士玉府上卿都天大法主嗣汉四十二代天师张正常，籍师领教真人都天大法主嗣汉四十三代天师张宇初。度师上清三洞宝箓灵宝领教玄化真人南曹执法仙宰都天大法主嗣教四十四代天师张宇清。③

明代道经《太上北极伏魔神咒杀鬼箓》的请箓法词，称科仪的经、籍、度三师法讳为：

---

① 《道藏》，第28册，第502页。
② 《道藏》，第28册，第530—531页。
③ 《道藏》，第28册，第533页。

经师上清三洞经箓南曹真士玉府上卿都天大法主嗣汉四十二代天师张正常，籍师上清三洞经箓太极执法真宰灵宝领教真人都天大法主嗣汉四十三代天师张宇初，度师上清三洞宝箓灵宝领教玄化真人南曹执法仙宰都天大法主嗣教四十四代天师张宇清。①

同时期正一道编撰的几部授箓科仪，其经、籍、度三师法讳皆为第四十二、四十三、四十四代天师。张宇清明成祖永乐八年（1410）嗣教，明宣宗宣德八年（1433）羽化，则可知这几部授箓科仪经书编撰于张宇清嗣教或其后。以上法箓都声称是在龙虎山天师真人门下拜受，各种法箓的请箓法词仪格大致相同。在大致同时期撰作的几部法箓中，唯独《高上大洞文昌司禄紫阳宝箓》有三卷的篇幅，其精心编制撰作显示正一道对文昌法箓的重视。

明代道经《高上大洞文昌司禄紫阳宝箓》卷上的《文昌天演谱系品》，建构出最完整的文昌神系统，包括三大系列的神祇，即圣官曹治八十一仙官、储佐列神、七曲凤凰诸山佐顺龙神四十五部。七曲凤凰诸山佐顺龙神四十五部，将蜀中数十位山神纳入文昌科仪祭祀体系之中。其文昌系神灵中，仅储佐列神中的真君就有："文昌上将真君，文昌次将真君，文昌贵相真君，文昌司命真君，文昌司禄真君，文昌司中真君，文昌司贵真君，文昌司文真君。"②龙虎山张天师正一道的文昌箓，可谓最为完整的文昌帝君神灵谱系。

结　语

唐宋道教处于兴盛发展时期，因此道教造出专司禄籍的文昌

① 《道藏》，第28册，第528页。
② 《道藏》，第28册，第506页。

神，以适应封建国家科举制度下士人的祈禳需求。至宋元明清时期，道教造作出各种文昌帝君科仪，以供士人阶层科举祈禄的需求。道教有内容丰富、格式完整的文昌心忏、文昌帝君三朝仪，科仪类别有上章仪式、文昌宝箓、文昌醮、梓潼帝君设醮科，清代陈仲远《广成仪制》有《文昌正朝全集》。时至今日，北京白云观、成都青羊宫、青城山等宫观，仍然在农历二月初三文昌帝君圣诞举建祭祀文昌神的《文昌正朝全集》科仪。江西龙虎山嗣汉天师府在“天师庙会”期间，启建“祈福迎祥敬天拜祖奏授宝箓（文昌）醮仪”。由此可见，道教的文昌帝君崇拜，有系统的文昌系神灵的建构，有内容丰富的文昌科仪，经过道教对民间神灵梓潼神的神学化改造，梓潼神的神性和神格已得到提升，成为普天下供祀的主文运的大神。从以上的讨论可知：文昌神信仰与仪式有着密切的关系，文昌神仪式属于信仰的物质形式和行为模式，文昌神信仰则属于对其神性神格的信奉接受。道教仪式是人与神交通的重要方式，是向神灵仙真的祷告和祈求，道教祭祀仪式的本质是神仙信仰。文昌科仪是道教神仙信仰的表现形式，通过历史上民间祭祀文昌神的仪式活动，我们对中国社会中文昌帝君信仰有了更深的认识。

刘惟永对老学的总结及其思想史意义

刘固盛

摘　要： 元代正一派道士刘惟永所编《道德真经集义大旨》和《道德真经集义》两书不仅保存了不少已经亡佚的老学文献信息，具有重要的文献价值，而且反映出刘惟永老学研究的特点，如重视道教修炼，认同以重玄为宗的老学传统，主张儒道释三教相通。刘惟永对《老子》的理解和诠释，既注意了道教的本位立场，又呈现出开放包容的学术胸怀，其老学思想代表了元代正一道在教义建构上的理论成就与思想高度。

关键词： 刘惟永；正一道；老学；思想

作者简介： 刘固盛，华中师范大学道家道教研究中心主任、教授（湖北武汉 430079）。

刘惟永为元代正一派道士，所编《道德真经集义大旨》和《道德真经集义》是正一派老学在元代的总结性成果。《道德真经集义大旨》3 卷存于世，《道德真经集义》卷帙浩大，今仅存 17 卷，至《老子》第十一章止。尽管如此，该著仍然具有很高的学术价值，《续修四库全书提要》称其“所取者，今多散佚，其可珍贵，自不待言。即其存者，亦可借以校订。而诸家姓氏，尤可资参证也”。《道德真经集义大旨》和《道德真经集义》不仅具有保存老学文献之功，从中亦可窥见以刘惟永为代表的正一派老学在元代呈现的思想特点。

一　作者成书与背景

关于刘惟永其人，严灵峰在《周秦汉魏诸子知见书目》中曾经提及：“刘惟永，字月屋，凝远大师，常德路玄妙观提点观事。丁易东校正，集七十八家之注解，削繁撷要，分章并列诸家原注，后附考异，多宋、元注家著述，未见旧志著录者甚多，宋、元佚诸赖其保存者不少。原稿三十一卷，丁易东死去之时候尚有三分之二未刻。大德三年，始刻成书，尚阙十四卷，疑已亡佚，首题：凝远大师，常德玄妙观提点观事，刘惟永集，前朝奉大夫，太府寺薄，兼枢密院编修，丁易东校正云云。”①《道德真经集义》原稿31卷，所集各家《老子》注极为详细。今存17卷，仅至《老子》第十一章，按照《老子》81章大致计算其篇幅，则可知今存部分应该不到17卷，现在的卷次乃后人重新析分而成。田小玲注意到该书是元代湘籍遗民丁易东及其徒弟喻清中两人与刘惟永合作辑而成，且书中的“石潭曰”条下的注，均为丁易东《老子解》遗文，这是正确的，但推测丁易东可能是《道德真经集义》的实际作者②，则缺乏证据，《道德真经集义》主要还是由刘惟永完成的，丁易东师徒只是起了辅助作用。关于丁易东，明代《常德府志》记载云：“丁易东，龙阳人，号石坛。登进士第，累官翰林院编修，入元耻事二姓，屡征不起，筑石坛精舍，教授生徒。捐己田以赡之。著《周易》传疏、咏梅花诗百余律，事闻于朝，

① 严灵峰：《周秦汉魏诸子知见书目》，台北：正中书局1977年版，第229页。
② 参见田小玲《湖湘老学研究》，博士学位论文，华中师范大学，2019年，第31页。

授以山长赐额沅阳书院。"[①] 丁易东为龙阳人（今属湖南汉寿）[②]，号石潭，进士及第，为翰林院编修，入元后，不仕二主，屡拒朝廷征召，后担任沅阳书院山长。《武陵县志》则载丁易东字汉臣，其易学著作为《周易象义》10 卷、《大衍索隐》3 卷。除了易学著作，丁易东还著有《老子解》等。[③] 喻清中则为丁易东的弟子，长沙人，宝庆府教授，亦注《老子》。[④]

《道德真经集义大旨》和《道德真经集义》是在元代佛、道两教发生冲突，由此导致焚毁道经事件出现的背景下编纂的。全真教自丘处机北上之后迅速发展，佛教古刹多为全真教徒所占。宪宗八年（1258），以全真教掌教张志敬为首的道士与燕京庆寿寺海云法师等展开辩论，结果道教论败，樊志应等 17 名道士被迫落发为僧，全真道占领的寺庙还于佛教徒百余家。《老子化胡经》等道经也被焚毁。[⑤] 关于道经被毁之事，喻清中在《道德真经集义》的序言中曾提及："钦惟天朝，尊崇圣教，扶植人纲，凡道家传会之文，秉畀炎火，惟《道德》一经岿然独存，炳炳行世，如日丽天，岂非天耶？郑卫黜而韶益尊，瓦砾穷而珠益见，天之意盖有在也。天既不晦斯道于昔，而复大显斯道于今，意欲是书家有而人得之。"[⑥] 他在《集义》的跋中又言："《道德经》五千言，注释百余家，真知

---

① （明）陈洪谟：《常德府志》卷十三《官守志》，明嘉靖刻本。"石坛"当作"石潭"。（元）刘惟永《道德真经集义大旨》跋："今得石潭丁编修以其家藏名贤之注，与惟永所藏之书合而为一，乃八十一章为三十一卷。"章鉴为丁易东《周易象义》所作序中称丁易东为"武陵丁石潭"，《影印文渊阁四库全书》，台北：台湾印书馆 1986 年版，第 21 册，第 475 页。

② 林忠军认为旧志记载有误，丁易东应为湖南武陵人。见林忠军《丁易东象数易学》，《周易研究》1998 年第 2 期。

③ 关于丁易东的《老子》注，（元）刘惟永《道德真经集义诸家姓氏》没有提及，但《道德真经集义》苏敬静跋云："一日，玄妙观提点刘月屋将石潭所作《老子解》示余，欲余复下注脚。"可知丁易东的老学著作为《老子解》。

④ （元）刘惟永：《道德真经集义诸家姓氏》中有，"喻清中，宝庆府教授，元乙酉作解。"

⑤ 参田小玲《湖湘老学研究》，博士学位论文，华中师范大学，2019 年，第 49 页。

⑥ （元）刘惟永：《道德真经集义大旨》，载熊铁基、陈红星主编《老子集成》第五卷，宗教文化出版社 2011 年版，第 404 页。

太上之心者谁欤？岁在至元壬午，道厄于时，经烬于火，惟五千言岿然，鲁灵光之独存，岂非天耶？”① 在道经遭厄的情况下，《道德经》于道教发展意义尤其重大，这也是刘惟永编纂《道德真经集义大旨》和《道德真经集义》的一个重要缘由。至于《道德真经集义》的编纂过程，刘惟永在《道德真经集义大旨》的跋中说：

> 昔吾老子流传《道德经》于世，玄理幽深，非特启教度人而已，累代明君鸿儒莫不笺注，研穷其妙，亘古今传之无穷。凡道家言者流，诵其正经，犹恐未明其旨，非参合诸家之注，岂能深造玄微哉？惟永抑尝探其秘蕴，莫尽其要，每专心致志搜罗百家之注，究诸妙义，欲编为《集义》，而与同志者共，今得石潭丁编修以其家藏名贤之注，与惟永所藏之书合而为一，乃八十一章为三十一卷。第绣梓之费浩大，非独力所能为，遂与徒弟赵以庄，刘以鉴持书遍往各路，叩诸仕宦君子及知音黄冠捐金，共成其美。今经一十余年，凡寝食之间未尝忘焉，经之营之，今已告成，每自披阅玩味，允谓精妙，玄之又玄者也。若帝王公侯遵之，则国治天下平；卿大夫守之，则忠君孝亲；士庶人佩之，则复归于淳朴；吾道体之，则超凡入圣。曰道曰德，先天地不见其始，后天地不见其终，其此经之谓乎？凡我同志受持者，幸毋忽。②

刘惟永深知《道德经》对于道教的重要性，并认为欲明了其中的玄言妙义，仅读经文是不够的，还必须参以历代各家注解。因此，刘惟永注意搜集《道德经》的各种注本，想要将各家注本的要义汇集起来，便于阅读研讨。恰逢他担任常德路玄妙观提点，结识了当地名士丁易东，丁易东家里亦藏有一些《老子》名注，为其所用，于

---

① （元）刘惟永：《道德真经集义大旨》，载熊铁基、陈红星主编《老子集成》第五卷，第423页。

② （元）刘惟永：《道德真经集义大旨》，载熊铁基、陈红星主编《老子集成》第五卷，第422页。

是编为《道德真经集义》31 卷，并带领几个徒弟到处募捐，前后历时十余年，到大德三年（1299）才得以问世。又据刘惟永《道德真经集义大旨》喻清中跋："己亥夏，仆冒暑访月屋，则所刊板工力尚欠三分之二，而石潭老已为古人矣。"[①] 喻清中于己亥即大德三年夏天去拜访刘惟永，得知《道德真经集义》的刻板尚只有三分之一，而此时协助刘惟永的丁易东已去世。这三分之一的刻板，极有可能就是今之存世的《老子》第一章至第十一章的集义 17 卷。而刘惟永在跋中提到的"今已告成"[②]，指《集义》的内容已编好，但还来不及全部刊刻出来。因此，《老子》第十二章以后的《集义》，应该是由于没有及时刊印而散佚了。当然，刘惟永对该书是十分重视的，不仅历尽辛苦进行编纂，而且指出，一书在手，治国修身之道无不具备，他希望教内教外有志修道弘道之士都来重视此书。

二　《道德真经集义》及《大旨》的文献价值

无论是《道德真经集义大旨》还是《道德真经集义》，都具有重要的文献价值。首先，两书保存了不少已经亡佚的宋元老学文献信息。据《道德真经集义诸家姓氏》，《集义》所采诸家全解 36 家，鸾笔 2 家，续补 4 家，其他集注中所引 8 家，从范应元《老子道德经古本集注》中引 26 家，旁证 5 家，共计 81 家。36 家全解为：

河上公。汉人，作注。

王辅嗣。魏人，讳弼，作注。

唐明皇。玄宗，大圣大明孝皇帝，开元癸亥御注并疏。

杜光庭。后蜀广德先生，天复辛酉作广圣义。

① （元）刘惟永：《道德真经集义大旨》，载熊铁基、陈红星主编《老子集成》第五卷，第 423 页。

② （元）刘惟永：《道德真经集义大旨》，载熊铁基、陈红星主编《老子集成》第五卷，第 422 页。

宋道君。徽宗，体神合道骏烈逊功圣文仁德宪慈显孝皇帝御注。

王介甫。宋太傅荆国文公，讳安石，字介甫，作注。

苏颖滨。宋太中大夫门下侍郎，讳辙，字子由，元符庚辰作注。

吕吉甫。宋观文殿学士醴泉观使，讳惠卿，作解。

陆农师。宋中大夫知亳州，讳佃，作解。

王元泽。宋龙图直学士左谏议大夫临川伯，讳雱，作解。

刘仲平。宋臣，作解。

刘巨济。宋职方郎中，讳泾，作解。

丞相新说。见八注中，不载其名。

刘骥。号清源子，绍兴丙寅作解。

赵实庵。冲真宝元大师，浮山玉虚观住持，赐紫字明举，讳道升，绍兴壬申作解。

邵若愚。号本来子，绍兴己卯作解。

王志然。号见独大师，乾道己丑作解。

程泰之。宋吏部尚书龙图阁学士文简公，讳大昌，乾道己丑作《易老通言》。

黄茂材。宋知荆门军事，淳熙甲午作解。

朱紫阳。宋太师徽国文公，讳熹，字元晦。庆元乙卯有《楚辞辩证》及《语录》。

詹秋圃。宋儒林，讳节，号漫叟，作解。

白玉蟾。号紫清老人，作解。

廖粹然。号希夷大师，作解。

陈碧虚。讳景元，号碧虚子，乙未造解。

谢图南。宋朝散大夫，号莲山天饴子，淳祐丙午作注。

林鬳斋。宋翰林学士，号竹溪，讳希逸，景定辛酉作口义。

范应元。南岳寿宁观主，号果山无隐斋谷神子，作解。

徐君约。宋鄂州诸军料院，讳权，景定壬戌解第一章。

薛庸斋。讳玄，大元河南路提学，作解。

休休庵。号蒙山绝牧史，名德异，至元戊寅作解。

牛妙传。通真大师，前成都府万寿宫知官提举，号澄明子，至元庚辰作或问。

褚伯秀。古杭道士，作解。

喻清中。宝庆府教授，元乙酉作解。

杨智仁。号无物子，至元丁亥作解。

胥六虚。讳元，一号六虚散人，至元辛卯作解。

李是从。特赐纯粹先生，号谷神子，造解，元贞乙未刻本。①

以上所录36家注解，今存世者仅河上公、王弼、唐玄宗、杜光庭、宋徽宗、陈景元、苏辙、吕惠卿、王雱、邵若愚、白玉蟾、朱熹、林希逸、范应元、释德异15家。其他诸家注解均已散佚，其中不少注家不见他书征引，仅见于《道德真经集义》的著录。从36家注者的身份来看，包括儒、道、释三教人士，而佛门人物德异之解，尤为难得。除了注家身份，大部分都标明了注解的时间，这对了解宋元老学发展的历史是很有意义的。例如碧虚子陈景元作《道德真经藏室纂微篇》，影响很大。但该注的成书时间，仅见于刘惟永的记载。乙未即宋仁宗至和二年（1055），明确了这一点，对考察陈景元老学对二程理学的影响，很有帮助。

其次，《集义》及《大旨》为全面了解宋元老学的状况提供了一些珍贵的资料。如从地域的角度看，刘惟永担任常德路玄妙观提点，丁易东为常德人，喻清中为长沙人，因此，他们三人与宋元时期的湖湘老学密切相关。丁易东与喻清中的《老子》注均佚，《集义》收录了丁易东的注文13条，喻清中的注文10条，从中可知两人解《老》的大致特点。如丁易东指出：

---

① （元）刘惟永：《道德真经集义大旨》，载熊铁基、陈红星主编《老子集成》第五卷，第396页。

《老子》之解多矣，以学儒者解之，多以儒之所谓道者言之，若程泰之、林竹溪之类是也。以学释者解之，多以释之所谓性者言之，如苏颖滨、本来子之类是也。皆不得其本意，盖儒者之所谓道，乃日用常行事物中之道，而老氏则以虚无自然者为道，岂可强以合之于儒？释氏之所谓性者，乃露倮倮、赤洒洒之性，老氏之所谓道者，乃形神俱妙之道，岂可强而合之于释？虽曰天下无二道，圣人无两心，然仁者见之谓之仁，智者见之谓之智，其所指地头则不可不明辨之也。盖老子专指虚无为道，而儒者则谓形而上者之道，不离乎形而下者之器，释氏专指真空为性，而不杂乎形气，而老子则欲形神俱妙而与道合真，此其所以不同也。若各据本教而言之，不惟失老子之宗指，亦自失其宗指矣。至于道家之解如白玉蟾之类，固是本色，然但一向好高而务简径，其辞多不可晓，反成郭象之注《庄子》焉。故今之为解，一以老子本教言之，庶不失老子之本意，又不敢如玉蟾辈好高而辞意不明焉。学者详之。①

此段文字很重要，是对宋代老学的一个总体评价。在宋代儒、道、释三教融合的思想背景下，以儒解《老》、以佛解《老》、以道教理论解《老》都是常见的现象，但丁易东指出了其中各自的不足。丁易东认为，尽管儒、道、释三教都讲道，但三教之道是存在差别的，儒家的道主要指日用常行之道，佛教的道表现为真如之性，道教则讲丹道，这些都和老子的形神俱妙之道不同。纵使如白玉蟾解《老》，虽然已经很高明了，但仍然存在词意不明的地方。丁易东强调，他本人注解《老子》，将尽量立足于《老子》的文本，以阐扬老子的真精神为要务。如解释《老子》首章“道可道，非常道”：

---

① （元）刘惟永：《道德真经集义》，载熊铁基、陈红星主编《老子集成》第五卷，第145—146页。

> 盖首一道字与下常道字，皆是言道之体，特可道之道字，则指世人所谓道而言之。若曰吾所谓道者，非世人可以指言之道也。若可指言之道，则非吾所谓自然之常道矣。所谓常者言其无物不有，无时不然，亘古亘今常存之道也。世俗之所谓道者，若夫子所谓小道，孟子之所谓道二之道也。盖儒者之所谓道，乃日用通行之道，而老子之所谓道，乃专指虚无自然者为道故也。①

认为“道可道，非常道”中第一个、第三个“道”字指的是本体之道，第二个“道”字则是一般意义上的道，这是很确切的。注文进而指出儒道之不同，孔孟之道就日用通行而言，老子之道则以虚无自然为特点。再看《老子》第六章注：

> 谷神不死，是谓玄牝。此段有两说。有以谷神为谷虚之生响若有神者，此以理言也。有以谷神为天谷之神，谓吾身之神居于天谷中者，此以气言也。虽若两说，其实一也。何则？虚中之神，此道也。天谷中之神，亦此道也。虚谷之神与吾身之神同出于道，安有异哉？玄牝二字，有以牝为物之所生而不见其所以生之者，故以玄言。盖因《列子》之引《黄帝书》谓此为天地之能生生者言之也。有以玄牝为吾身之玄牝者，即修养家所指者。是知以理言之，则空谷之有响，斯答寂然不动，感而遂通，而声之出者常在是。盖能生而不见其所以生也，故曰谷神不死，是谓玄牝。若以吾身之神居天谷者言之，则天谷之神所以不死者，以玄牝有以生之也。玄牝之门，是谓天地根。二说不同。以理言之，则程泰之之说是也。若以吾身之玄牝言之，则有以人之二肾为玄牝者，有以二肾之间为玄牝者，

---

① （元）刘惟永：《道德真经集义》，载熊铁基、陈红星主编《老子集成》第五卷，第190页。

> 有以口鼻为玄牝者，有以鼻二窍为玄牝者。要之二肾之间之说近之。口鼻乃玄牝出入之门，通乎天地之气者也。绵绵若存，用之不勤。以理言之，则绵绵若存者，天地之气生生不已，未尝间断，绵绵不绝，以其不绝，故曰绵绵若存，用之不勤。以不见其迹，故曰若存。用之不勤者，用之不劳也。若以人身之玄牝言之，则玄牝之门，天地之气往来乎鼻息之间，使之绵绵不绝，存若不存，息微气定则上通天谷，下通玄牝，而谷神常不死矣。用之不勤者，常宽舒而不当急迫勤劳也。[①]

从此注可以看出，丁易东解《老》，注意辨析诸家解释之异同与长处，其见颇为平实。对于本章的理解，正如丁注所言，历来存在两种解释，一种是从道体的角度，也即道生万物的根源意义上理解，另一种则是从养生的层面解释。两种注解都有其道理，特别是河上公注将“谷”释为“养”，“谷神”即“养神”，突出了老子的养生思想，契合了道教的教义，故在道教内部影响深远，对此，丁易东亦辨之甚详，其解值得重视。

如果说丁易东注《老》，颇注意儒道之不同，那么他的弟子喻清中则主张儒道之相通，同样看第六章注：

> 老氏一书，治国爱民，修心养性，服气炼神，精粗毕举，本末兼该。此章大概主于修养，当合儒道之书而互相发明之。自儒家之说言之，谷者，虚也；神者，虚中之神也。自道家之说言之，谷，天谷也；神者，一身之元神也。元神所住之宫，其空如谷而神居之，故谓之谷神，泥丸宫是也。神存则生，神去则死，谷神之所以不死者，由玄牝也。阳神为玄，阴息为牝，神气交感，自然成真。与道为一，而入于不死不生，故曰谷神不死，是谓玄牝。《黄帝阴符经》曰：口通五脏，出者重

① （元）刘惟永：《道德真经集义》，载熊铁基、陈红星主编《老子集成》第五卷，第298页。

浊之气属阴，谓之地根。鼻通六腑，出者轻清之气属阳，谓之天根。口鼻二者，阳神阴息，往来之门，故曰玄牝之门，是谓天地根。圣人运用此气于升降之顷，存炼此气于呼吸之间，绵绵续续，勿令间断，存者顺其自然而存之，神久自宁，息久自定，未尝至于勤劳迫促。故曰用之不勤。儒道之书，共归一揆，《列子》全引此章，指为黄帝曰，则老氏之言似有所自。或人谓人身中自有一窍，非口鼻也，非心肾也，非谷道也，其要未易言，俟与谈玄者商之。①

喻清中认为《老子》一书，内容博大，无所不包，而第六章或从道体言之，或从修炼言之，都是可以的，这一看法与丁易东一致，但喻解指出，儒家一般注意道体的性质与特点，道家则言具体的修炼，因此，理解此章，非但不能将儒道分开，而且要合儒道之学互相发明，方可全备。喻清中还指出，该章见于《列子》所引“黄帝曰”，说明老子学说对前代思想也是有所继承的，至于道教以丹道解释此章，更为玄远，可进一步商讨。

宋代湖湘之学兴起，理学盛行于湖南，但丁易东、喻清中作为儒家人物，从他们与道士刘惟永的交往合作以及注解《老子》的情况来看，其对道家道教是十分认同的。

又如，扶鸾作为一种古老的民间信仰，刘惟永也有所注意。《道德真经集义诸家姓氏》载有两家以鸾笔解《老》的作品，即张冲应的《老子解》和张灵应的《老子或问》。刘惟永记载：

张冲应，玉清上相，讳明道，宝祐癸丑造解。
张灵应。讳亚，宋封神文圣武孝德忠仁王，造或问。
已上两家，系鸾笔。②

---

① （元）刘惟永：《道德真经集义》，载熊铁基、陈红星主编《老子集成》第五卷，第295页。

② （元）刘惟永：《道德真经集义大旨》，载熊铁基、陈红星主编《老子集成》第五卷，第397页。

张冲应解成书于宝祐癸丑（1253），张灵应解未署时间。张冲应、张灵应均为鸾笔解《老》的托名，这也是扶乩惯用的方式。张冲应、张灵应是道教中的神仙人物，张冲应为玉清上相，张灵应即文昌帝君张亚，宋理宗封其为“神文圣武孝德忠仁王”。鸾笔解《老》在明清时期很盛行，但最迟在南宋已经出现。范应元《老子道德经古本集注》在第三十八章注中引用了张冲应的一条注文，说明张冲应注一问世便受到了关注。

刘惟永《集义》共引张冲应注文 23 条。从注文的情况看，其注在形式上是每章先列章旨，再释经文。先看章旨，如《老子》首章：

> 道者，自然之道，天至高而不知所覆，天道之自然。地至厚而不知所载，地道之自然。人参天地而立，有目能视，犹天之日月；有口能声，犹天之雷霆。吹之有风，呵之有雾，唾咳若雨露，聪觉犹神明，天道之自然，我有之矣。至于四体备具，犹四岳之盘固。灵骨冠顶，犹中岳之镇耸。血流脉运，犹江河之周流。地道之自然，我亦有之矣。诚能体天地自然之道，而进修之，则浊者清，凡者仙，而贤者圣矣。是以体道为《道经》之首章。①

第二章：

> 道先乎身而包乎天地也。人体此自然之道而行之，则神存精固，勿与物逐，不逞其才，不贪其名，畏益就损，因近惧远，则万祸潜消而身得其养矣。故养身所以次于体道之章，此河上公之释也。②

① （元）刘惟永：《道德真经集义》，载熊铁基、陈红星主编《老子集成》第五卷，第 147 页。

② （元）刘惟永：《道德真经集义》，载熊铁基、陈红星主编《老子集成》第五卷，第 191—192 页。

从中可见，其解秉承河上公注的宗旨，以体道修身为要。再看首章注释：

> 大道无形，生育天地。大道无名，长养万物。人不能体此自然之道，而尚经术政教之道，以希荣显利达之名，所谓道者，世所可得而道，非长久不可磨灭之道也。所谓名者，世所可得而名，非远久不可形容之名也。体其不可名之道，则为无名；体其可名之道，则为有名。无名则其道大，犹天覆地载，混然其初而人不知其覆载之原。有名则道小，犹万物萌拆，善善恶恶而各有所名。其善恶之根，是谓无名，天地之始，有名，万物之母也。人生天地间，以血肉为躯，心统五官，运乎此体，体道之际，有能即我无欲而静之中，以观不可道、不可名之妙，即有人欲而动之外，以观可道可名之徼，则我得其要而知夫人之所趣徼者矣。此人我有无之欲，同出于此心而异其名，同谓之玄也。我视无欲贵之为玄，人视有欲亦贵之为玄。观人有欲之玄，反观我无欲之玄，是为进修大道之要地，斯曰众妙之门。①

显然，这是以道教的方式解《老》。除了对河上公注的直接继承，注文对无欲、有欲进行了发挥，认为无欲、有欲是针对体道之人和世俗者两个不同的主体而言，以世俗者之有欲为参照，更能体现修道以至于清静无欲的可贵。又如第十章注：

> 魂属于肝，魄属于肺，魂以天之炁而为魂，魄以地之精而为魄。人有此身，包载其魂以营守其魄也，有能抱天地纯一之精炁，交感相生，不相乖离，则专气致柔而精化为炁，阴消阳长而魄宁魂清，寂然其中，神如婴孩，尘垢除涤，无所揉杂，

① （元）刘惟永：《道德真经集义》，载熊铁基、陈红星主编《老子集成》第五卷，第172页。

耳聪目明，所览玄矣，安有疵病其身哉？推而用之，以之治国，则属我之精，生民之炁，而爱民治国自有不可知之妙。反而行之，天门开辟则百窍不塞，而雌魄化为雄炁，雌魄不可得而乱。地户潜通则不言而化行，明白四达而道满天下，人有不可得而知。故曰生之畜之，谓之真炁既生，则加畜养之。又曰生而不有，谓炁生矣，不可有亏耗之失。又曰为而不恃，谓精化为炁，不可恃其已化而起彫害之心。又曰长而不宰，谓之生而必养之，养之而又加爱护之，毋容宰割其炁，以害其生。则其玄，我得之矣，是谓玄德。①

注文强调身国一体，而且将老子思想解释成了具体的修炼养生之术。这一注解特色，体现出从河上公注到《老子节解》以来的道教老学传统。此点张灵应的注解尤其突出。《集义》共引张灵应注文6条，试看其中的3条：

无名，天地之始。有名，万物之母。道本无名，以炁化而得名。炁出于无则无所可名，天清地宁，道从此始。炁结为有，则有所可名。枝叶种类，各宗其母。炁以化物，物以寓道，人也只是一物，原其始，守其母，这便是入道处。②

玄为天属阳，而为元气。牝为地属阴，而为元精。元气以子时而升，此一阳生也。由肾宫从左道流入五脏，卯时与精会于腹，入肝，是谓春阳分也。巳时至天门，鼻为出入之门，而升于顶，至午时降居右道，入骨络，复还肾宫。元精以午时而升降，此一阴生也。由命元从右道流入骨络，酉时与气会于背，入肺，是谓秋阴分也。亥时至地户，口为出入之门，而升于顶，至子时降居左道，入五脏，复还命元。精与气一升一

① （元）刘惟永：《道德真经集义》，载熊铁基、陈红星主编《老子集成》第五卷，第365—366页。

② （元）刘惟永：《道德真经集义》，载熊铁基、陈红星主编《老子集成》第五卷，第172页。

降，玄化交合，不亏不盈，则神居天谷，守卫此形，而后可以见调理不死之方。①

人身上精为辐，炁为毂。炁出于无，推动精辐，精结为有，相随运转。炁一升精便降，精一升炁便流转。相养不曾停住，这炁却不可自亏分毫，精亦不可自耗分毫。只要有无相用，悟此辐毂之用，这长生又何难之有？盖精属阴，法地数三十为三十辐。炁属阳，法天数二十五为一毂。辐不得毂如何转？精不得炁如何运？其用如此。②

此种解释完全可以视为《老子节解》的翻版。宋代老学包括道教老学一般反对以术数解《老》，但鸾笔释《老》，仍然保留了早期道教老学的一些特点。从张灵应与张冲应两注的具体情况来看，张灵应完全从修身之术的角度作解，张冲应则还关注治国，如第三章张冲应注：

老子出乎上古，其风淳俗厚，人皆质朴，日以无为，名利俱忘，声色不作，五神不乱。盖自上古降民改而皇，皇改而帝，帝改而王，官以鸟名，继以龙名，又继以王侯卿大夫，以美名之，则虚名日盛。而世所尚者行权之贤，是以比干争而死，夷齐不能争而隐。以激纷纭征战之苦，又自凿山耕海，钻石淘沙，良金美玉，惑之未已，奇珍怪宝，惑世愈甚。世所贵者罕获难得之货，是以虞氏怀玉而丧国，石氏藏宝而丧家，以成灭身倾德之祸。又自笙簧之淫声逆耳，子女之淫色迷目，异味逆口，异香逆鼻，异服逆身，神昏精乱，而以所欲之形状毕露。是以商亡以长夜之饮，陈破以后庭之曲，以起弑逆暴乱之阶，皆此三者之故也。故上古圣人所以治乎人者无他，不尚行

① （元）刘惟永：《道德真经集义》，载熊铁基、陈红星主编《老子集成》第五卷，第290—291页。

② （元）刘惟永：《道德真经集义》，载熊铁基、陈红星主编《老子集成》第五卷，第386页。

权之贤，不贵难得之货，不纵可欲之惑，则上行之而下效之，斯无以动人心之争、之盗、之乱者矣。故虚心下而不为三者之所拘，实腹运道而不为三者之所耗。弱其志而不尚、不贵、不欲，强其骨而常健、常康、常宁，人有以观我之无为，则自然无知无欲矣。或有知者欲尚其贤、欲贵其货、欲华其五鬼心鼻口耳身欲，亦不敢为也。故人皆为其所无为，而人无不治者矣。①

可以看出，张冲应近河上公注，张灵应注则更近《老子节解》。两注的遗文，对了解道教老学的发展是具有参考意义的。

至于其他所载，都各有价值。如范应元弟子褚伯秀有《南华真经义海纂微》传世，但对其《老子》注少有闻见，《集义》引录了11条褚伯秀的注文，从中可知褚伯秀老学的大致情况。再如休休庵名德异，作《直注道德经》，是元代佛门中人解《老》的代表。其书长期以来湮没无闻，直至2017年由闫永宁教授整理出来才得以面世，而《集义》所引，可以与之互校互证。

三 《道德真经集义》及《大旨》的思想特点

刘惟永虽然没有专门为《老子》作注，但从《道德真经集义大旨》收录的有关《老子》的图录、序跋、专论以及《道德真经集义》对历代诸家《老子》注文的摘取中，仍然可以看出他研究《老子》的宗旨及其思想倾向。《道德真经集义大旨》分为上、中、下3卷，上卷包括“图序”“诸家姓氏”“赞老子”“老子序说”，其中“老子序说”引司马迁《老子列传》，并收录葛仙翁序、唐明皇御制序、杜光庭序、苏颖滨序、赵实庵序、黄茂材序、谢图南序、喻清中序共计8篇。卷中引杜光庭、王雱、刘仲平、刘骥、赵

① （元）刘惟永：《道德真经集义》，载熊铁基、陈红星主编《老子集成》第五卷，第237页。

实庵5人所论老学宗旨。卷下收录程大昌通论老子思想的《意总》以及《道德真经集义》的序跋5篇，包括刘惟永本人的跋以及天师张与材的跋。在刘惟永看来，他所收录的上述资料，已经反映出《道德经》的大旨。而《道德真经集义》就是大旨的具体展开，至于大旨的主要特点，则体现在三个方面。

（一）重视道教修炼

在《道德真经集义大旨图序》中，刘惟永引录道教修炼图15幅，分别是“谷神图”、“三十辐图”、“得一图”、“道生一图”（两幅）、“出生入死图”、“道生德畜图”、“太虚肇一图”、“九天生神图”、“应心为用图”、“玄牝图”、“天门开阖守雌图”、“十有三生死图”、“十有三摄生无死图”、“道德阶梯之图”，每幅图均附有说明文字。这些图及文字是了解道教修炼的重要资料，也反映出刘惟永作《道德真经集义》的大旨是立足于道教立场的。试看“谷神图”的说明：

> 谷神者，五脏所藏之神也。解此义者甚多，或指玄牝以为心，或指谷神以为心，皆非也。要知神者即五脏之神，精不竭，炁不亏，则神有所养而不死，形之颜貌而有光矣。①

自河上公注从养生的角度解释《老子》第六章的“谷神”，在道教界影响深远。宋代以后，心性学盛行，以心性解《老》成为老学中的普遍现象，故而出现了把《老子》此章中的“谷神”“玄牝”都解为“心”的诠释，刘惟永则指出，此类注解都不正确，还是要把“神”释为“五脏之神”，以河上公注的解释为确。又看“道生一图”的说明文字：

---

① （元）刘惟永：《道德真经集义》，载熊铁基、陈红星主编《老子集成》第五卷，第392页。

天之所以列三辰，命万物，皆有道也。道无终始而生于玄乡，按二十八宿，子当虚宿，一炁反于黄宫，复而后散，散而后生，万物皆受命于此也。故虚无是道，道生于虚无。以天论之，虚在玄乡窈冥之地，道生一也。二十八舍有虚宿焉，十二宫分有宝瓶焉，言统元气也。《素问》以在天为玄，在地为牝，在人为道，以雷复于震故也。①

《老子》第四十二章提出了“道生一”的重要命题，集中体现了老子以道为根本的宇宙论，而上述文字则反映出道教将宇宙论与具体修炼相结合的特点。结合前面关于张冲应、张灵应解《老》思想的分析，可以看出刘惟永的《集义》，保持了自河上公注、《想尔注》到《老子节解》《老子中经》以道教修炼方术解《老》的传统。②

当然，从所录图序，也可看出一些新的特色，主要有两个方面。其一，体现出内丹之旨。如“十有三摄生无死图”的说解：

大上曰：水火比于道之真体，不可暂离。可离而获存者，非物非人。此义犹以世间水火比之也。夫真水真火，坎离相配，抽添有则，运用及时。则此十三徒，非同前之十三生死也。故曰以其无死地。③

水火之喻，坎离之配，抽添之法，都是内丹修炼的基本内容，由此说明，对《老子》第五十章“十三生死”命题的解释，随着道教内丹学的成熟，其解也有了新的内容。其二，由治身到治国。如

① （元）刘惟永：《道德真经集义》，载熊铁基、陈红星主编《老子集成》第五卷，第394—395页。

② 关于《老子节解》与《老子中经》的关系及其诠释特点，参见刘固盛《论老子节解的养生思想》，《湖南大学学报》（社会科学版）2015年第1期。

③ （元）刘惟永：《道德真经集义》，载熊铁基、陈红星主编《老子集成》第五卷，第395页。

“道德阶梯之图”的说明：

> 道有二道，德有三德。一者虚无无为之道，二者一气有为之道。故道有二道，而分浅深，一气之道又谓之至德。自至德已下，皆属有为，故为三德，以分内外，此皆正道法门。夫道德阴阳人事四者，融通合为一家，若不能和会，则触途成滞，学者宜审详之。①

文中提到二道三德，二道指无为之道与有为之道，三德指至德、上德、下德。至德是道之用所能够达到的理想状态，自至德以下，分为上、下二德。所谓上德，“体无为为用，以一为法而治天下，失则执一而徇有为”；所谓下德，“体一为用，以阴阳为法而治天下，失之则徇五常为事”。虽然道分体用，德有上下，但以之治国，不离道德阴阳人事四个方面，需要综合统筹，合理调和。刘惟永将此“道德阶梯之图”置于所录“图序”的终端，以此收篇，体现出他由修身以至于治国的解《老》宗旨。

（二）明重玄之旨

《道德经》是道教立教的根本，如《大旨》所引“赞老子”：“大哉混元，超乎形气。先天地生，而生天地。五千玄文，立教垂世。万劫长存，道尊德贵。”② 因此，《大旨》亦注重阐扬道教的教义。具体来说，上卷主要阐明修炼，中卷则申述道教的教义教理。中卷虽然引录了5人的解《老》宗旨，但重点引述的其实只有杜光庭、赵实庵两人。杜光庭是唐末高道，著述丰富，作《道德真经广圣义》，义旨弘深。杜光庭的老学在唐代老学史乃至唐代道教史上

---

① （元）刘惟永：《道德真经集义》，载熊铁基、陈红星主编《老子集成》第五卷，第396页。

② （元）刘惟永：《道德真经集史》，载熊铁基、陈红星主编《老子集成》第五卷，第397页。

都有重要地位，是唐代道教重玄学的总结者和集大成者。[①] 杜光庭说："夫此道德二字者，宣道德生畜之源，理国理身之妙，莫不尽此也。昔葛玄仙公为吴主孙权曰：《道德经》者，乃天地之至妙。有天道焉，有人道焉，有神道焉，大无不包，细无不入，宜遵之焉。就此门中大略宗意，有三十八别。"[②] 杜光庭将老子思想的大旨分为38门，如第一教天子以无为理国，第二教天子修道于天下，第三教天子以道理国，第四教天子无事法天，第五教天子不以尊高轻天下，第六教天子不尚贤、不贵货，第七教天子化人以无事无欲。第十一教诸侯以正理国，第十二教诸侯政无苛暴。第二十教人理身，无为无欲；第二十一教人理身，保道养气以全其生。第三十四教人理心，虚心而会道；第三十五教人处世，和光于物。第三十八教人体道修身，必获其报。杜光庭总结说：

> 举此三十八别，以明经之大意所诠之法。然则此经大则包罗无外，细则入于毫间。岂止三十八门便尽其要。为存教义，泛举大纲，比之秋毫，万分未得其一也。《礼记》云：道也者，不可须臾离也，可离非道也。若为君之无道德，如瞻视之无两目。若为臣之无道德，如胸腹之无五脏。理家之无道德，如尸僵而无气。由是论之，道之于人，不可阙矣。其若离言教绝，指陈玄之又玄、妙之又妙，斯可以神照，不可以言传，道之极矣。[③]

总之，老子之道上达天子诸侯，下及普通民众，无所不在，无所不包。由此可以看出，杜光庭以重玄为宗注解《老子》，其重点已由

---

① 参见刘固盛《道教老学史》，华中师范大学出版社2008年版，第三章第五节的具体论述。

② （元）刘惟永：《道德真经集义大旨》，载熊铁基、陈红星主编《老子集成》第五卷，第405页。

③ （元）刘惟永：《道德真经集义大旨》，载熊铁基、陈红星主编《老子集成》第五卷，第407—408页。

成玄英、李荣等所强调的虚通妙理转向理身理国。刘惟永全文引述杜光庭的38门宗旨，表明他对此是认可的。

除了杜光庭，刘惟永又重点引述了赵实庵的注《老》大旨。据《道德真经集义诸家姓氏》："赵实庵，冲真宝元大师，浮山玉虚观住持，赐紫字明举，讳道升，绍兴壬申作解。"赵实庵是南宋高宗朝道士，于1152年作《老子解》。赵实庵说：

> 妙道冲虚，先天立教，至真垂象，龙汉开图，师资承化而之三，劫运交缠而迄九。每于太极，方析浑沦，天地开而事简民淳，三皇作而制器尚象，无机无伪，乌有所谓礼仪？渐劫渐衰，尔乃散乎纯朴，岂经不作，寔文未彰。至言初授于有虞，终成治世；金口载传于姬室，大显玄章。虽累训于百王，又躬传于关令。昔在明皇，御注劝家藏之诏文，载承徽庙，圣言广吾宗之盛典，当时向慕，如在始青，奕世承休，永光有截。至于百家笺注，压轴盈车，各极其心，以诠密意，自非明代，莫遂遵行。寔天之未丧斯文，宜世也有兴乎道，尚悲元学久阙疏文，故三分以列科，庶听观之有总。敢期妙道，幽赐发明，将释此经，略以十门料简。①

赵实庵追溯了《道德经》所承载的悠久的思想传统，阐述了老子之道于治国修身的巨大意义，同时仿照杜光庭的做法，将老子思想宗旨分为十科：初，教起因由；二，序教离合；三，明宗达趣；四，天人宗承；五，三洞所摄；六，明经殊胜；七，明道运启期；八，明通别；九，明酬请；十，依文分判。他在"明宗达趣"条说：

> 经曰：言有宗。《庄子》曰：不离于宗。谓之天人宗本也。

① （元）刘惟永：《道德真经集义大旨》，载熊铁基、陈红星主编《老子集成》第五卷，第410页。

> 序所以顺其理，故曰语道必有序，语道而非其序，又安取道？先明宗趣，然后原始要终也。老子作经，先道而后德。庄子九变，先明天而道德次之。庄子之言，事之序也，故先明天。老子之言，道之序也，故首曰道。道以无宗为宗，无祖为祖。圣人作经，以因为主，所因者道，以道为宗，道性至玄。以常极妙，妙极返无，故常道无名，常名无物，有复归无，有无一致。既升玄也，事理兼忘；既入兼忘，重玄始显。①

由此可见，赵实庵同样是以重玄为宗注解《老子》的。对于其解的理趣，他在"明经殊胜"条指出：

> 语道之大，必师其全。语神之功，必主乎变。苟以道为虚寂，魂处灭亡，木石同躯，禽虫类性，岂能通其变邪？诸经出乎道而三乘互差，一性昧其筌而多岐竞裂。故示无为以不言，阐长生以关键，推五行于隐伏，辩药石于寒温，明运度于兴衰，禁邪异于符箓。经图诰诀，别趣殊宗，虽同真一之门，未摄混融之理。较量殊胜，岂类本经，略举胜因，明十六种：一、以常而尽万法；二、以玄而同有无；三、以示又玄为众妙之门；四、以无为为有为之体；五、以不胜为大胜；六、以无乐而言乐；七、以有数而隐数；八、以大宝为神器；九、以退为进而用兵；十、以言无事而定天下；十一、以复季世而还隆古；十二、以大似不肖物咸归之；十三、以抱一为治身治国之道；十四、以简略而包群经；十五、不言性而性理咸著；十六、总包道德性命而一一证实。②

赵实庵从16个方面列举《道德经》均胜出其他道经，故《道德

① （元）刘惟永：《道德真经集义大旨》，载熊铁基、陈红星主编《老子集成》第五卷，第411页。

② （元）刘惟永：《道德真经集义大旨》，载熊铁基、陈红星主编《老子集成》第五卷，第412页。

经》确为群经之首。所列 16 门，也可视为他注解的 16 个主题。与杜光庭一样，他也注重道的现实功能。

大盛于唐代的重玄学，经陈抟学派承上启下，在宋元时期仍然产生影响，如从赵实庵所言解《老》宗旨，可看出重玄学在南宋的传承情况。刘惟永在《大旨》中重点引述杜光庭与赵实庵的注解宗旨，表明他对以重玄为宗的认同和重视。

（三）儒道释相通

从《大旨》及《集义》所引，可以看出刘惟永是提倡儒、道、释三教相通的。《集义》引用了德异注，这是元代佛门解《老》的代表，另本一庵居士亦是佛门中人。苏辙、邵若愚、白玉蟾、赵实庵、廖粹然等都是以三教解《老》的提倡者。值得注意的是，刘惟永在《道德真经集义诸家姓氏》中还提到“八注”，根据其排列顺序，当指王安石、苏辙、吕惠卿、陆佃、王雱、刘概、刘泾、丞相新说八家《老子》注。又据彭耜《道德真经集注》，他称王安石、王雱、陆佃、刘概、刘泾 5 家注为“崇宁五注”，崇宁为宋徽宗年号，应该是王安石等 5 家注在当时受到重视，故名。由此可以推知，刘惟永所言“八注”，则可谓之《老子》“崇宁八注”，丞相新说已不知其姓名，其他作者除了苏辙外大都属于王安石学派，而主张儒、道、释三教相通，是王安石学派老学的共同特点。从刘惟永对“八注”的重视，可以看出其老学的思想倾向。

在三教关系中，刘惟永尤重儒道相通。《大旨》共 3 卷，其中的下卷除了时人作的几篇跋语，几乎一卷的篇幅全引程大昌的《意总》，可见其对程大昌老学的推崇。《意总》分《明总》上、下，《有无》，《有中之无》上、下，《用无》，《用无成败》，《道等》，《道序》，《天人》，《明矫》，《孔老》，《本易》，《道德经》，《分章名章》，《类例》，《离隐》，《列庄》18 篇，综论老子思想之大要，揭示儒道相通互补之旨。如《有无》篇言：

世人闻老氏贵无，而疑其表里之皆无形体也，则固不适于用矣。岂知老氏之谓有无也者，道器交相输载，而不可泛以形求也哉？且夫混成也，玄也，又玄也，其深至于不可见闻搏执，则其为无也，极矣。而天若地方，且由之以生，则此之一无，岂不概函万有也哉？及其出而为有也，天地之产，是为人物，而人物皆蕴元气也；大道之派，是为德仁义礼，而德仁义礼皆函大道也，则凡云万有者，又皆分载混成之一无也。于此致察，而后始见有无之本末也。①

程大昌指出，老子之道分为无和有，无并不是什么都没有，而是天地万物的根本；有则不仅包含宇宙间的一切有形，而且包括儒家的德仁义礼。一如天地人物蕴含元气，德仁义礼也体现着大道。由此看来，孔老之道有相通之处。程大昌强调，孔老思想不仅相通，而且是一种完美的互补。

夫尊老氏而谓上乎五三六经，疑老氏而谓其空虚无用，皆不得为知老氏者也。乃若老氏之高致，则有在矣。知道之奥而谈无，曲尽其妙；运器以道而在有，不局于有。凡六经主于纪迹而不暇究言者，此书实皆竭告也，则《论》《孟》之所务明者，于此乎加详矣，是故其书得与六经并行也。②

儒家六经着重讲仁义礼智等人事方面的内容，老子思想的重点不在此，而是对六经未及深究的“道”进行周详的阐述。因此，《老子》能与六经并行于世，并形成互补关系。正如《明总下》言：

若夫老氏写其超绝之见，以期万世而一遇大圣焉，则所期者远，故不待亲见可受之人，而后始以其语授之也。是故天地

① （元）刘惟永：《道德真经集义大旨》，载熊铁基、陈红星主编《老子集成》第五卷，第415页。

② （元）刘惟永：《道德真经集义大旨》，载熊铁基、陈红星主编《老子集成》第五卷，第415页。

> 所始，造化所起，道德所底，皆穷根极以畅达之，立等级以次比之，故儒之探妙资详者，非是则无即也。课其功用，岂独不戾于儒哉，是直儒伦之大助矣。若能平心以观，识其矫而要其归，则三圣《易》蕴，固已披展言下；自《诗》《书》以往，其襟要益当总是矣。①

儒道两家各有所长，而老子高深玄妙的道论，非但不与儒家相违背，而且对儒学的发展是极有帮助的。

上述程大昌所论《老子》的大旨，实际上也间接体现出刘惟永老学的特点。

四　余论

对于刘惟永的老学成就，有三点需要加以强调。其一，刘惟永作为元代正一派道士，十分重视《道德经》，并广搜老学文献，可见当时的正一道不只是崇尚符箓，也是重视老子思想的。我们知道，全真道在元代得到了很大的发展，而全真道的一个重要特点是“全老庄之真”，即在教义上主张回到老庄思想上面来，使其宗教追求从根本上符合老庄思想的精神实质。实际上，就回归老庄精神这一点来看，全真道与宋元传统道教具有一致之处，也就是说，提倡道教的发展必须回归老庄的基本精神，是宋元整个道教教义发展的共同倾向②，刘惟永的老学研究也证明了这一点。其二，刘惟永是在“至元焚经之祸”后着手整理老学文献，编纂《道德真经集义》及《道德真经集义大旨》的，这说明在道经遭毁、道教发展遇到困境的时候，刘惟永能够高举《道德经》的旗帜，以老子思想提振道教的真精神，此举确属难能可贵。其三，刘惟永对《道德

---

① （元）刘惟永：《道德真经集义大旨》，载熊铁基、陈红星主编《老子集成》第五卷，第415页。

② 具体论述可参见刘固盛《论宋代老学的思想价值》一文，《长安大学学报》（社会科学版）2017年第4期。

经》的理解，既注意了道教的本位立场，又呈现出开放包容的学术胸怀。其《集义》与《大旨》，不仅有对以术解《老》的谨慎择取，更有对道的充分阐发，尤其是对道教重玄学予以重视，对道与儒、释关系进行了融通，见识高明，视野宏阔。重术是正一道的一大特色，有时其术甚至遮蔽了道的光芒，刘惟永解《老》，则在注意正一道固有特点的基础上，充分阐扬道的深刻内涵与精神实质，对正一道在发展过程中出现的某些不足予以纠正。刘惟永的老学代表了元代正一道在教义建构上的理论成就与思想高度。

金元全真教的祖宗祭祀制度*

宋学立

摘　要：创教以来全真教不同宗系即形成了祭祀列祖列宗的传统。祖宗祭祀制度是不同宗系酝生共同的宗祖认同的土壤，本身又是全真宗祖崇拜的重要内容。灵祭、茔祭、祠祭构成了全真教祖宗祭祀制度的核心内容。这套源于传统世俗社会家族祭祀制度而又有自身特征的宗教礼制，成为全真教构建宗门认同、凝聚教团力量的重要方式。

关键词：灵祭；茔祭；祠祭；祭祀制度

作者简介：宋学立，中国社会科学院古代史研究所副研究员，中国国学研究与交流中心秘书长（北京 100101）。

《左传·成公十三年》云："国之大事，在祀与戎。"先秦以来中国古人就逐渐形成了一套比较系统的祭祀观念和实践。《仪礼》对此有着极为细密的准法制化规定。全真教祭祀列祖列宗的传统始于创教之初。以灵祭、茔祭、祠祭为核心的全真祭祀制度是不同宗

* 本文是国家社会科学基金青年项目"金元全真教宗教认同的建构研究"（项目编号：14CZJ023）的阶段性成果。

系酝生共同的宗祖认同的土壤，本身又是宗祖崇拜的重要内容。这套源于传统世俗社会家族祭祀制度而又有自身特征的宗教礼制，成为构建宗门认同、凝聚教团力量的重要方式。以往学界对此论及不多，兹结合道经、史乘、文集、碑刻记载，试述如下。

一 灵祭

灵祭是指对死者灵柩或灵位的祭奠活动，一般发生在安葬灵柩之前，地点多为停放灵柩或灵位以供吊唁的灵堂。1227 年七月初九丘处机仙逝于太极宫宝玄堂。“黎明，（全真徒众）具麻服行丧礼，奔走赴丧者万计。……首七之后，四方道俗，远来赴丧，哀恸如丧考妣，于是求训法名者日益多。”[①] 七月十五日，燕京儒学官孙周等以香茶之奠致祭灵前。定庵吴章祭文曰：

> 嗟嗟仙翁，早岁出家，壮而成道，九八仙而五四皓，无书不览，无事不知。九经库而五总龟，天下之老，天子之师。籍在仙班，厌居尘寰，举臂汗漫，骑鹤三山，名满世间，千秋万古，何者为住，何者为去，嗣教门人，结缘道友，衰绖满堂，如丧父母。吾属蹉跎，蒙知最重，奠拜灵筵，哭之为恸。呜呼哀哉，君寿国安，师能致之；含灵耳目，师能启之；水旱为沴，师能禳之；师为飞仙，何日忘之。呜呼哀哉，尚飨。[②]

冯志亨（1180—1254），字伯通，号寂照，同州冯翊（今陕西大荔）人。金元易代，兵戈扰攘，和众多北中国儒士一样，寄籍全真门下，礼丘处机出家。栖身道门三十余载，先后辅佐尹志平、李志常两位掌教，承诏教授蒙古贵胄，协助李志常兴办全真玄学，位

---

① （元）李志常：《长春真人西游记》卷下，《道藏》，文物出版社、上海书店、天津古籍出版社 1988 年版，第 34 册，第 499 页。

② 《道藏》，第 19 册，第 736 页。

高德著。1254 年八月二十三日证道。次日，虎岩赵著①以祭文致奠礼于灵前。李志常以掌教大宗师身份祭灵，冯氏道行碑节录部分祭文云："与公相会三旬有五，不交以势，不聚以富，忆初相见，无言心许。公今假化，境出非人，生死示迹，孰知其神。"②可见，李志常与之关系非同一般。李道谦（1219—1296），字和甫，讳道谦，汴梁（今河南开封）人。十六岁弃儒入道，师事马钰高足洞真真人于善庆。曾出任重阳万寿宫提点、陕西五路西蜀四川道教提点、诸路道教提举等，是元代著名全真史家和宗教领袖。③ 元贞二年（1296）六月辞世。"公私闻之，咸来吊祭，无不尽哀。葬之日，会者数万人，霞五采覆圹上，群鹤翔云中，观者叹异之。"④

和全真道士为世俗百姓作醮超度一样，停灵期间，全真徒众也会为先师举行醮祭。例如，郝大通再传弟子李志柔（1189—1266），字谦叔，洺水人。一生在兴复今河北、河南、陕西等地宫观、纲领教团方面贡献甚著。海迷失后二年（1250），得赐同尘弘妙真人号、黄金冠服。至元三年（1266）辞世。"方其敛息之际，宫北焦家巷居民见空界五云浮动，仙音朗彻。奔往视之，师乃升矣。畏暑流金，颜色如生，醮祭者三日，权瘗于所居之丈室。"⑤

路祭是指出灵过程中生者在沿途祭祀灵柩，以示缅怀敬仰之情。李守宁（1169—1254），又名志远，号无欲子，秦原月山人。三十七岁从马钰高弟碧虚子杨明真入道。元太宗六年（1234）出

① 赵著，号虎岩。元太宗八年（1236）七月，耶律楚材在燕京立编修所，在平阳设经籍所，编集经史。"召儒士梁陟充长官，以王万庆、赵著副之，使释《九经》，进讲东宫，且令大臣子孙执经听讲。"（清）魏源：《元史新编》卷三，岳麓书社 2004 年版，第 33—34 页。

② 《道藏》，第 19 册，第 770 页下。

③ 参见陈垣编纂，陈智超、曾庆瑛校补《道家金石略》，文物出版社 1988 年版，第 713—715 页。另参见拙文《全真史家李道谦年谱长编》，《隋唐辽宋金元史论丛》第 10 辑，上海古籍出版社 2020 年版，第 276—293 页。

④ 参见陈垣编纂，陈智超、曾庆瑛校补《道家金石略》，第 714 页。

⑤ 参见陈垣编纂，陈智超、曾庆瑛校补《道家金石略》，第 599 页。

任陕西教门提点兼领重阳宫事。元太宗十二年（1240），被旨得赐无欲观妙真人号。元定宗元年（1246）奉诏参加燕京国醮，贵由汗加封玄微真人号。1254 年再度参加燕京大醮，六月二十六日仙逝于长春宫。门人扶柩西归，十一月路过河南卫州，“弟子王志安等以缞绖成礼，哀号凝慕，如丧考妣，醮祭三昼夜而去，礼也”①。弟子要穿戴丧服，醮祭活动长达三昼夜，可见路祭活动颇为繁复。“如丧考妣”不仅透露出全真师徒之间形同父子的亲密关系，而且不难体味丧祭活动的世俗特征。一个“礼”字可知醮祭活动有着严格的仪式规定。醮祭过程估计还有诸多礼制性规定，因碑记简略，现已不可详考。改葬是金元全真教丧葬制度的主要组成部分，很多道士遗蜕经历过改葬。以披云真人宋德方（1183—1247）为例，此人在编纂《道藏》、凿建洞府宫观、构建祖宗谱系方面，成就颇丰，是早期全真名道。定宗二年（1247），仙逝并安葬于祖庭重阳宫仙茔。宪宗四年（1254），改葬永乐纯阳宫。教俗两界在咸阳至永乐沿途为之举办了络绎不绝、场面盛大的路祭活动：“当灵柩之北行，既道于蒲，又道于绛，抵平阳乃改辕而东。其郊迎路祭之际，自京兆达于河东等处数千里之内，皆向已争挽，日不半舍。及别出古万户下宣差贾侯、参谋知事杨郭辈，乘骑而往逆之，长驱而南，至此莫有敢阻滞之者。”②

二　茔祭

和传统世俗社会重视墓祭一样，全真道士为表达对先师的追念尊崇之情，除了构筑仙茔依礼安葬之外，仙茔祭奠岁时不辍。仙茔祭祖是全真教重丧厚葬制度的延续。丧葬活动在增进后世弟子的祖师认同过程中发挥了不可小觑的作用，仙茔致祭亦不例外。

---

① 参见陈垣编纂，陈智超、曾庆瑛校补《道家金石略》，第 564 页。关于李守宁，详见（元）何道宁《终南山重阳万寿宫无欲观妙真人李公本行碑》，《道藏》，第 19 册，第 799 页。

② 陈垣编纂，陈智超、曾庆瑛校补《道家金石略》，第 548 页。

全真仙茔祭祀制度自金末始兴。1170 年王嚞仙逝于开封后，丘刘谭马“负师遗蜕，径归关中，瘗之于刘蒋村祖庵之西隅，供祭尽师资之礼”①。《七真年谱》称，此事发生在大定十二年（1172）。四子对王嚞仙茔的祭祀开全真教仙茔祭祀制度之先河。受时空和金蒙对峙时局之限，山东全真道士西迈祭祀教祖往往要历经艰辛。大定十五年（1175）夏，孙不二从山东出发致祭祖庵。虽未经历之后的金元易代时局动荡之苦，但也是一次跨越时空的祭师朝圣之旅。对于一位女冠来说，途中艰辛，不难想见。祖庭周边宫观道众的祭祖活动则免去了不少舟车劳顿。金哀宗正大（1224—1231）初年清明，全阳真人周全道从豳州（位于陕西咸阳）玉峰观出发祭祀祖庭仙茔。周氏道行碑也谈到，1182 年马丹阳东归宁海后，“师（周全道）每至清明，必躬诣终南祖庭致祭，岁以为常”②。早在金世宗大定末，周全道就形成了清明祭祖的惯例。这也是对世俗社会清明祭祖制度的继承和延续。

大定十五年（1175）洪阳子雷大通在终南山礼马丹阳出家。1183 年马钰登真，神栖齐鲁。大定二十四年（1184），“（雷大通）闻丹阳上仙，杖屦游海上，奠祭坟茔”③。杨明真（1150—1228）亦曾赴山东，“奠祭坟茔”。1185 年谭处端辞世于洛阳朝元宫。弟子王道明、董尚志自幼追随他。登真之后数十年，王、董始终居仙茔之侧，岁时醮祭无惰。④

七真弟子去世后，后世弟子遵从祖制，致祭宗祖仙茔。以马钰一系为例，孟县（位于今河南焦作）城南岳云宫，系丹阳席下弟子潘真人率弟子兴建。落成之后的岳云宫“三清有殿，圣真有位，廊庑宾寮，焕然一新”。潘真人八十八岁寿终，“门徒□陇棺椁，四时奠祭，不忘师恩□来百有余年”⑤。后至元六年（1340）十一月

① 《道藏》，第 19 册，第 732 页。
② 《道藏》，第 19 册，第 753 页。
③ 《道藏》，第 19 册，第 521 页。
④ 《道藏》，第 19 册，第 732 页。
⑤ 参见陈垣编纂，陈智超、曾庆瑛校补《道家金石略》，第 799 页。

长至日掌教完颜德明等参与了《重修岳云宫碑》立碑活动，足见潘氏在教内的深远影响。按照立碑时间反推百年，估计潘真人逝于金蒙易代之际。也就是说，从那时起潘真人弟子即已形成四时祭奠的传统。

此外，我们还发现了一则全真道士去世三十年之后，弟子为之建衣冠冢、春秋祭祀的史料，可见全真教对祖师往生之后祭祀活动的重视。赵九渊，号湛然子，大定十八年（1178）礼马钰出家。《终南山祖庭仙真内传》称，他于金哀宗正大末入陇山，莫知所终。《甘水仙源录》卷五收孟攀鳞撰《湛然子赵先生墓碑》称，赵九渊仙逝于正大四年（1227），与《祖庭内传》所记基本吻合。世祖中统初，京兆昊天观赵九渊弟子赵志冲在京兆府城之北置吉地，安葬其衣冠，春秋祭祀。

仙茔祭祀中，以亲炙弟子祭祀先师的居多。不过，也有跨代际、跨宗系祭祀的情况，如周全道对王嚞及祖庭仙茔其他先师的祭祀。而孙不二、雷大通、杨明真分别对王嚞、马钰的茔祭，则具有跨越时空的特点，颇有穆斯林麦加朝圣的意味。这种始自创教之初、绵延金元两代的仙茔祭祀制度①，制造了一种后学弟子与先师的“共时感”。全真仙茔一般会立有墓碑，岁以为常的致祭活动在嗣法弟子表达对先师的感怀之情时，也为他们提供了了解学习前辈传法事迹、弘道德行的制度性机制。仙茔致祭制度既是全真道士传承发展传统世俗社会祭祀礼制的体现，又是增进嗣法弟子与历代祖师“亲近感”“共时感”的重要制度保障。

和灵祭一样，教外精英为了表达对有着良好社会声望且与世俗社会关系密切高道的缅怀之情，亦有致祭仙茔并撰写纪念碑文的情况。这是全真高道强大社会影响力的表征之一。以于善庆为例，海迷失后二年（1250）冬十月三日辞世。后九日，葬于祖庭仙茔。“故翰林待制孟攀鳞作文，率长安士人特来祖庭致祭，河南转运使

① 元代以后，全真仙茔祭祀一直延续，本文主要聚焦于金元时期，后世情况不多谈。

杨奂为作道行碑。”① 据于善庆道行碑，与之交游者均为一时精英之选。② 其中，见于《金史》《元史》的就有张行信、许古、杨云翼、雷渊、宋九嘉、孟攀鳞等。孟攀鳞率众致祭与洞真真人在世时的广泛交游直接相关。再如上文谈到，1254 年李志远仙逝于长春宫。“诸徒奉柩西归，附葬于终南祖茔。”次年正月二十三，河南漕长兼廉访致仕奉天杨奂撰写祭文并赴祖庭致祭。③ 又据《终南山祖庭仙真内传》记载，李志远安葬祖庭仙茔后，“在燕则主万庆淡游、赵复仁甫、敬铉鼎臣，在秦则紫阳杨奂、姚左辖枢、来献臣、明之邳郎中邦用辈，皆挽之以诗，及作文致祭，刻石于佑德之静复堂”④。其中，杨奂在祭文中自称“友生”，可见二人关系不同一般。众多士人作挽诗、撰祭文，足见李志远社交之广，以及世俗精英对他的礼重与赏识。教内教外的仙茔祭祀活动，于内加强了弟子的祖师认同，于外增强了民众对全真教的社会认知，提高了教团的社会影响。

三　祠祭

祠祭是全真祖宗祭祀制度的又一重要内容和表现形式，指的是为全真道士建立祠堂、塑绘圣像、岁时祭祀。按照祠祭对象是否在世，全真祠祭制度可分为阴祠之祭和生祠之祭两种。前者指的是为全真先师构祠设像而祭，后者则是指对仍然在世的全真道士的祠祭。

（一）阴祠

孟攀鳞撰于元定宗元年的《十方重阳万寿宫记》称，当时的祖庭重阳宫供奉有三清、五祖、七真等神灵，同时还建有祠祭教祖王

① 《道藏》，第 19 册，第 539 页。
② 《道藏》，第 19 册，第 748 页。
③ 《道藏》，第 19 册，第 769 页。
④ 《道藏》，第 19 册，第 541 页。

嚞的白云祠："殿于正位，以列三清；堂于后隅，以置五祖。闳七真之宝宇，俨白云之灵祠。"① 五祖祭祀之中已然包含重阳，又专门建白云祠，足见祖庭对创教祖师的礼重。

七真辞世之后，嗣法弟子为之建祠塑像者，比比皆是。马钰登真，门众将其遗蜕安葬莱阳游仙宫，"建祠塑像，岁时行祝"②。1228 年，尹志平将丘处机遗蜕安葬白云观处顺堂，"设像以奉香火"③。据《元一统志》收王粹撰《玄禧观记》，燕京大长春宫南有一座玄禧观，建于元太宗七年（1235），其中建有"长春真人堂"，以奉香火。终南山上清太平宫始建于宋初太宗朝。1235 年掌教尹志平令王处一法孙清泠子刘志源重修。王处一道行碑称，"真人（指王处一——笔者按）生逝于金，而见赠于皇元，真人生逝皆在山东，其徒教行关西，择胜地以祠其祖，亦事理之不可必究者也"④。可知，上清太平宫建有王氏祠堂，门下弟子四时祭祀，以此彰显对创派祖师的宗门认同。1212 年郝大通仙蜕于宁海先天观，并安葬于兹。元太宗十年（1238），弟子范圆曦东游海上，"谒太古祠，及一觐先茔，径诣真定，筑太古观，又修赵州之天宁观，时时往来其间"⑤。和范圆曦修筑真定太古观一样，玄禧观建长春真人堂、刘志源建王处一祠，都是为了表达对创派祖师的仰慕纪念之情。另外，王嚞东迈海滨之前，收还元子赵抱渊（1135—1206）为徒。1206 年抱渊证道。此人在朝野声望颇高，死后金廷派使者与当地官员、信众一同为其在迎祥观经营葬事，并建祠堂，以奉四时香火。⑥

全真第三代弟子死后建祠祭祀者不胜枚举。马钰一系中，金哀宗正大五年（1228）周全道辞世后，门徒道友为其构祠设像，朝

① 王宗昱编：《金元全真教石刻新编》，北京大学出版社 2005 年版，第 69 页。

② 王宗昱编：《金元全真教石刻新编》，第 64 页。

③ 参见陈垣编纂，陈智超、曾庆瑛校补《道家金石略》，第 637 页。

④ 《道藏》，第 19 册，第 738 页。

⑤ 《道藏》，第 19 册，第 754 页。

⑥ 《道藏》，第 19 册，第 793 页。

暮祠祭。[①] 1250 年于善庆去世。至元十五年（1278），祖庭道众于“白云殿后建思真堂，设像以事香火”。此事发生在于善庆弟子天乐真人李道谦担任陕西五路西蜀四川道教提点兼领重阳万寿宫事一职的第二年。[②] 在白云殿后建思真堂，洞真真人在祖庭和教团内部的崇高地位以及李道谦对其师的推崇之意跃然可见。此外，雷大通、任守一、李冲虚等去世后，相关碑记都有类似构堂设像、岁时祭祀的准制度化表达。

丘处机一系弟子按照辞世时间先后，综述建祠立像情况。蒲察道渊（1152—1204），道号通微子，家世上京，其祖以金朝开国佐命功封世袭千户，为燕都巨室，师事丘处机出家。1204 年蒲察道渊语其友于善庆曰：“长春有阆风之召，吾将归矣。”不久，微疾而逝。于洞真龛其像而事之。《陇州汧阳县新修玉清观记》亦有类似记载。[③] 不同于门众建祠祭祀，这显系同辈道友龛像祠祭的一个案例。清平子赵志渊（逝于 1243 年）、真常子刘道宁（逝于 1246 年）、掌教大宗师清和真人尹志平（逝于 1251 年）、冲和真人潘德冲（逝于 1256 年）、清虚真人范全生（逝于 1245 年）、静虚真人乔志嵩（卒年不详）等高道去世后，身后道友、弟子都曾为之建祠立像，行岁时之祭。所不同者，有的是在去世后即建祭祠（如刘道宁、尹志平、乔志嵩），有的是在去世多年后或改葬后再建祭祠（如潘德冲、范全生）。[④] 丘处机的两位少数民族女弟子李守坚、奥敦弘道死后，亦行汉法，设像祠祭。世祖中统二年（1261）春，女冠刘净元、李守真请汾阳李晋为其师李守坚撰写道行记。刘、李称：“我先师女官玉真清妙真人生平，道门用志，所经所过者，首以兴教善俗为务。今虽悬存音容祭祀，奈无迹可观焉，后之学徒将何传于世?”按，李守

---

① 《道藏》，第 19 册，第 754 页。

② 关于于洞真、李道谦的师承，参见拙文《全真教史家李道谦法脉传承考论》，《凝眸云水》2017 年第 2 期。

③ 《道藏》，第 19 册，第 809 页。

④ 《道藏》，第 19 册，第 792 页、773 页、762 页。王宗昱编：《金元全真教石刻新编》，第 40—41、196 页。

坚，姓斡勒（为女真人），讳守坚，上京盖州人，后易李姓，礼太清观女官夹谷大师为师。1224 年赴燕京丘处机门下参受道法。之后先后在河北、陕西等地建宫弘道。尝与于洞真、宋德方、綦志远、李守宁等祖庭高道谈玄论道，并深得奖誉。1251 年辞世，葬于京兆府东金华落众仙坟刘仙姑之左。① “存音容祭祀”，可见全真教内不仅道士去世后立祠设像，女冠亦不例外。至元四年（1267）、七年（1270），肃慎人奥顿弘道累奉皇后及贤妃懿旨，得赐圣母金冠、云罗法服以及香信等物。至元十二年（1275）辞世。门人将其安葬于鹿邑（今河南鹿邑）洞霄宫仙茔，“立祠设像，以致祭焉”②。再次体现了全真教祠祭制度的男女平等观。

此外，刘处玄一系的宋德方（1183—1247）、王处一弟子恬然子周庆安等去世后，都有建祠岁时祭祀的传统。③ 七真再传弟子辞世后建祠设像者亦不乏人，篇幅所限，不再胪列。

全真弟子对先祖的祠祭并非局限于本门先师，也有跨宗系祭祀的情况。例如，元太宗六年（1234）夏，无欲真人李志远“自卫来燕，致祭处顺堂”④。次年秋，于善庆赴燕“致祠处顺堂下，适清和嗣教门事，待之如伯仲”⑤。太宗八年，马钰再传弟子、周全道高足圆明真人李志源赴燕京，参谒处顺堂。⑥ 这种跨宗系祭祀一方面表达了后世弟子对不同宗门先师的追悼缅怀之情，另一方面更重要的是可以消解门户之见，凝聚教团作为一个新道派的整体力量。当然，马钰一系弟子祠祭丘处机，是与后者在金末蒙初对全真教的巨大贡献密不可分的。祖庭高道致祭处顺堂的时间大都发生在蒙古灭金前后，从政教关系角度看，显现了祖庭高道集团从宗金到宗蒙的政治转变。

---

① 参见陈垣编纂，陈智超、曾庆瑛校补《道家金石略》，第 542 页。
② 参见陈垣编纂，陈智超、曾庆瑛校补《道家金石略》，第 686 页。
③ 参见陈垣编纂，陈智超、曾庆瑛校补《道家金石略》，第 543、548—549 页。
④ 《道藏》，第 19 册，第 533 页。
⑤ 《道藏》，第 19 册，第 748 页。
⑥ 《道藏》，第 19 册，第 779 页。

（二）生祠

世俗社会为健在者建生祠的情况史不绝书。赵翼云："其有立生祠者，《庄子》庚桑子所居，人皆尸祝之。盖已开其端。《史记》栾布为燕相，燕齐之间皆为立社，号曰栾公社；石庆为齐相，齐人为立石相祠，此生祠之始也。"① 生祠祠祭对象不限于有血缘关系的家族成员，以广施德政的官员居多，赵翼《生祠考》列有历史上立有生祠的诸贤，但立生祠有严格的限制条件。金元全真教历史上亦有建生祠，以示对在世宗师仰慕之意的例子。据陈时可《长春真人本行碑》，丘处机在世时，门众弟子绘像供奉，即"其生也，四方之门人，丹青其像事之"②。丘处机仙逝于1227年，也就是说最迟至大蒙古国初期，全真教为了表达对掌教宗师的尊崇之意，生祠祭祀制度在教团内已经出现，而且这一传统一直延续到元末。井德用（1281—1348），字容辅，道号鉴峰，刘处玄四世法孙。至正元年（1341），元顺帝赐号洞阳显道忠贞真人。曾居耀州五台山静明宫多年，该宫有其生祠塑像。1341年夏四月，井德用像前生出一棵槐树，仅数寸长。至闰五月，高至七尺。"其首也秀而为凤形，其身也化而为龙鳞，其颠又齐生七柯，各长尺余，虽画师笔染之弗如，真瑞槐也。"③ 为纪念这一祥瑞之迹，云溪子王湛然礼请乡贡进士廉维方撰写《静明宫瑞槐记》，并于至正四年立石。生祠前生瑞槐，无疑是想借此进一步抬高井德用有如天助的声望。④

四　结语

历代传承的同一宗系的祖宗祭祀制度，使全真教宗祖崇拜呈现

---

① （清）赵翼：《陔馀丛考》卷三十二《生祠》，中华书局1963年版，第690页。

② 《道藏》，第19册，第735页。

③ 王宗昱编：《金元全真教石刻新编》，第91页。

④ 何约《井公道行之碑》交代了井德用一生的弘道活动和在朝在野的社会声望。如果井德用不是在元顺帝至正八年（1348）去世的话，不排除他出任掌教的可能。参见王宗昱编《金元全真教石刻新编》，第94页。

本宗性、本位性的特点。同时，跨代际、跨宗系的祖宗祭祀活动在金元全真教历史上亦不鲜见。这些内容共同构成了酝生教团宗祖崇拜的土壤。作为全真教公认的宗祖——五祖七真——的形成并非一蹴而就。入元以后北中国大大小小的全真宫观大多建有供奉祭祀五祖七真的殿堂。[①] 五祖七真崇拜本身就是全真祖宗祭祀制度的重要内容，它是在本位性、本宗性祖宗祭祀制度基础上的升华，是跨宗系、跨代际祖宗祭祀制度的集中体现。全真祖宗祭祀制度不仅增进了不同宗系之间的交流，更成为维系凝聚教团整体生命力的制度性保障。

全真教祖宗祭祀制度是对世俗社会祭祀制度的继承和创造性发展，是全真宗教礼制的重要内容。灵祭、茔祭、祠祭共同构成教俗两界祭祀制度的核心内容。世俗祭祀制度主要以血缘关系为纽带展开，其重要意义在于报本反始、慎终追远，表达对家族先祖的敬畏缅怀之情，是后世子孙明确宗族传承、弘扬孝道的重要方式。众多全真道士出家前，一样恪守世俗祭祀礼制。例如，于通清（1162—1217），河东隰州（今属山西临汾）人，自幼好道，早有出尘之志。“年几冠，母氏终夭，葬祭尽礼。”[②] 吕道安（1142—1221），山东宁海人，“幼年颖悟，志慕玄风。仙姿道骨，禀于天然。事父母孝，闻于乡里。年仅三十二，亲俱丧。尽葬祭礼，慨然捐俗入道”[③]。王嚞认为，世俗祭祀活动是后嗣尽行孝道的表现。其《满庭芳》之《未欲脱家》诗云：“与六亲和睦，朋友圆方。宗祖灵祠祭飨，频行孝、以序思量。”[④] 众多全真道士出家后，将在家的事亲孝行特别是丧祭制度带入教团。全真教祖宗祭祀制度之所以能够在世俗祭祀礼制的基础上传承下来，与全真道士出家前对孝亲之道

---

① 每逢祖真诞辰或升霞之日，全真教也会举行制度性的神位祠祭活动。例如，《清和真人北游语录》卷一记载，七月九日是长春真人升霞之日，尹志平曾纠集道众在“白鹤观芳桂堂，设祖师七真位致祭”，《道藏》，第33册，第156页。

② 《道藏》，第19册，第523页。

③ 《道藏》，第19册，第531页。

④ 《道藏》，第19册，第713页。

的恪守和全真教的出家制度有密切关系。全真信徒出家后，师父会为他们取用法名，从辈分和象征性角度讲，相当于他们进入了一个全新的、由不同宗系组成的“大家族”，有共同的宗祖渊源，教内称之为“方外眷属”。这种组织架构是全真祖宗祭祀制度得以开展的重要前提和基础。全真教倡导三教合一，其祭祀制度明显带有儒家世俗祭祀制度的特征。和世俗祭祀一样，灵祭、茔祭、祠祭或为彰显对已故宗师的追念之意，或为表达对在世高道的仰慕之情。

不过，全真祖宗祭祀制度已经超越血缘关系的限制，以世俗祭祀形式行出世之法。灵祭、茔祭在教俗两界都有表达对先师、先人哀悼缅怀之意。而世俗的祠祭对象往往超越了家族成员的界限，但在全真“方外之家”，“家族成员”就可以成为祠祭的对象。再者，世俗祭祀如灵祭可以请全真道士做法事，但他们是以职业道士身份出现的，重在突出超度活动的神性。全真祖宗祭祀有世俗之士参与，但他们却是出于对高道的仰慕和崇奉。世俗之士的加入，使全真祖宗祭祀制度呈现融通教俗的开放性特征，有利于提升教团发展的社会影响力。从教团内部讲，全真祖宗祭祀制度是后世弟子学习缅怀历代宗祖弘道德行和事迹的制度性机制，增进了后学对前辈高道的崇敬感，提升了他们对列祖列宗弘道演法活动的宗教认同感，这种准家族式的祭祀制度保证了全真薪火的代际传承。

诏许群臣亲受箓

——宋徽宗的法位、授箓实践与神圣权力建构

周努鲁

摘　要：本文关注宋徽宗在“神霄运动”中所具有的道教神职角色身份及他“扮演”这一角色所展开的宗教实践，并尝试分析这些实践所达成的政治效用。作为“道君皇帝”，宋徽宗不仅有其道教法位，亦会积极扮演他的道教角色形象，包括书写符箓、举行仪式以及本文关注的重点——授箓实践。笔者认为，宋徽宗的授箓实践一方面强制朝臣们参与到“神霄运动”之中，另一方面则重新建构了以宗教神圣权力为基础的君臣关系。

关键词：宋徽宗；神霄运动；授箓；神圣权力

作者简介：周努鲁，四川师范大学四川文化教育高等研究院助理研究员（四川成都610066）。

两宋之际的理学家刘子翚在其组诗《汴京纪事》中记云：“神霄宫殿五云间，羽服黄冠缀晓班。诏许群臣亲受箓，步虚声里认龙颜。”①

① （宋）刘子翚撰，杨国学校注：《屏山集》卷十八《屏山集校注与研究》，中国书籍出版社2012年版，第256页。

诗文内容乃是讽刺道君皇帝宋徽宗在政、宣年间主导的一系列崇道实践，以及宋徽宗作为道教神职角色的荒诞形象。政和七年（1117），在道士林灵素向宋徽宗献“神霄”说以后，宋徽宗与部分朝臣，还有以林灵素为核心的道士们开始共同在官方层面大力推崇“神霄大教”①。宋徽宗先下圣旨指挥左右街道箓院将道教判为五宗，另在五宗之外立“高上之道”，明确教主道君皇帝乃为宗师。其后，徽宗皇帝下御笔诏书，令各州军监改道观或佛寺为神霄玉清万寿宫，并要求每一宫内必须设立长生大帝君像。同时，徽宗下御笔公开宣称自己乃“太霄帝君”临世。② 自此以后，宋徽宗发起了一系列崇道之行为，包括御笔指挥神霄宫修建，倚重、宠信多位道士，重构道教神祇体系，改革佛教与民间信仰规范，设置道学、道官和道职等诸多内容，这一过程被学者们命名为“神霄运动”③。

“神霄运动”经常被道教史或历史学研究提及，但是专门细致探讨该内容的研究尚不为多。目前，只有少数几位学者对徽宗朝的“神霄运动”进行过专门研究。重要者如历史学者孙克宽、金中枢曾尝试全面检讨北宋末年皇帝与朝士利用方术和道教的具体事实和背景，其中涉及宋徽宗在政、宣年间的崇道事件梳理。④ 罗彻斯特大学的赵昕毅教授（Shin-yi Chao）探讨过“神霄宫”的修建过程

---

① “神霄大教”一词出自徽宗时期朝臣王安中之语：“此陛下所以请命玉帝，来应昌会，兴立神霄大教。”见（宋）王安中《初寮集》卷三，《影印文渊阁四库全书》，第1127册，第53页。

② （宋）杨仲良：《皇宋通鉴长编纪事本末》卷一三一，黑龙江人民出版社2006年版，第2131—2132页。

③ “神霄运动”这一术语目前已成为道教学术界用以形容宋徽宗在政和七年兴起的有关“神霄之教”的一系列崇道实践的惯用术语。安倍道子翻译司马虚论文时曾使用这一词语，李丽凉也曾采用。刘屹在翻译司马虚的《最长的道经》时亦使用这一术语。见［美］司马虚（Michel Strickmann）《宋代の雷仪：神霄运动と道家南宗についての略说》，［日］安倍道子译，《东方宗教》1975年第46期，第15—28页；［美］司马虚《最长的道经》，刘屹译，《法国汉学》第7辑，中华书局2002年版，第188—211页；李丽凉《北宋神霄道士林灵素与神霄运动》，博士学位论文，香港中文大学，2006年，第2页。

④ 见孙克宽《宋元道教之发展》，东海大学出版社1965年版，第86—122页；金中枢《论北宋末年之崇尚道教》，《新亚新报》1966—1967年第7期，第323—414页，第8期，第187—257页。

和政治史意义。她尝试指出宋徽宗兴起"神霄运动"之因不仅仅是宗教热情，而有更多政治考量。[①] 唐代剑探讨过"神霄运动"的具体内容及其与林灵素之关系。李丽凉则细致探讨过"神霄运动"在道教神学、经典和仪式这三个层面相关联的具体实践与意义。[②] 华盛顿大学的伊佩霞教授（Patricia Ebrey）重点关注了宋徽宗在国家层面对神霄派的支持以及如何解读这些行为。[③]

本文亦探讨"神霄运动"这一主题，但主要关注点为宋徽宗在"神霄运动"中所具有的道教神职角色身份及他"扮演"这一角色所展开的宗教实践，并尝试分析这些实践所达成的政治效用。宋徽宗应是中古历史上鲜见的具有宗教角色身份的皇帝，现有的学术史尚没有对宋徽宗的这一奇特神职身份予以单独的考察。根据史料，宋徽宗不仅具有自己的法位，他还多次向重要的朝臣们传授道箓，并亲自御书诸种符箓。对这一系列行为的考察，既能了解作为皇帝的宋徽宗是如何担当他的宗教角色身份，也能在一定程度上理解"神霄运动"与政、宣时期的徽宗朝政治之关联。

一　宋徽宗的法位与"神霄箓"

在中国中古时期，道士在受箓以后，才被认为能够从事相关仪式活动。箓代表着一种法术从事资格的确认。[④] 法位则是道职人员自身所授经箓而对应的权力资格位阶，它与道士所受法职、经箓以

---

① 参见 Shin-yi Chao, Huizong and the Divine Empyrean Palace Temple Network, *Emperor Huizong and Late Northern Song China: The Politics of Culture and the Culture of Politics*, Harvard University Asia Center, 2006, pp. 324 - 360。

② 参见李丽凉《北宋神霄道士林灵素与神霄运动》，博士学位论文，香港中文大学，2006 年；唐代剑《论林灵素创立神霄派》，《世界宗教研究》1996 年第 2 期，第 59—67 页；唐代剑《论林灵素与"徽宗失国"》，《世界宗教研究》1993 年第 49 期，第 23—28 页；唐代剑《宋代道教管理制度研究》，线装书局 2003 年版。

③ 参见［美］伊佩霞《宋徽宗》，韩华译，广西师范大学出版社 2018 年版，295—320 页。

④ 参见［美］司马虚《最长的道教》，刘屹译，《法国汉学》第 7 辑，中华书局 2002 年版，第 192 页。

及戒律等直接相关[①]，依次第而渐进。宋代道士的位阶制度上承唐制，一般道士在仪式实践中往往会具陈自己所获得的法位[②]。

宋徽宗宣称自己是道君皇帝，并且是“高上之道”的宗师，则理论上他也具有道教神职之身份。而根据一些零散的史料，即能发现宋徽宗确实具有神霄道教之法位，并依此展开道教实践行为。

岳飞之孙岳珂著有《桯史》，该书记录了两宋时代的一些朝野见闻。在该书卷八的“玉虚密词”条下，岳珂记载了宋徽宗内禅前后的一些情形：

> 徽祖将内禅，既下哀痛之诏，以告宇内，改过不吝，发于至诚。前一夕，即玉虚殿常奉真驭之所，百拜密请，祈以身寿社稷。夜漏五彻，焚词其间，嫔嫱巨珰，但闻谒祷声，而莫知其所以然。……（徽宗）驾至睢阳，李忠定奉诏迎谒，见于幄殿。既辞，遂出所焚词稿，俾宣示宰执百官，忠定家有藏本焉。[③]

《桯史》称青词在忠定家有藏本，忠定即指李纲。当然，岳珂的《桯史》不是提到这一青词的唯一史料。南宋徐梦莘所著之三朝（徽宗、钦宗、高宗）编年体史书《三朝北盟会编》同样提到了此事。《三朝北盟会编》详细记载了李纲与时为太上皇的宋徽宗会面的情形。[④]《靖康要录》也提到这一青词。[⑤] 这些记载内容都表明徽宗内禅前曾于上清宝箓宫的玉虚殿密上青词。金兵南下后，徽宗出

---

① 参见吕鹏志《中古道教仪式与法位的分类》，《宗教学研究》2012 年第 2 期，第 1—10 页。

② 详细的研究参见［日］酒井规史《南宋时代道士之头衔——经箓的法位与“道法”的职名》，载王卡、汪桂平主编《中国本土宗教研究》第 1 辑，社会科学文献出版社 2018 年版，第 221—237 页。

③ （宋）岳珂：《桯史》卷八，上海古籍出版社 2012 年版，第 69 页。

④ 参见（宋）徐梦莘《三朝北盟会编》卷四十四，上海古籍出版社 1987 年版，第 329 页。

⑤ （宋）汪藻撰，王智勇笺注：《靖康要录笺注》卷四，四川大学出版社 2008 年版，第 536 页。

逃南方。宋钦宗曾令李纲前往江南迎徽宗回京。宋徽宗见到李纲之后，就将自己昔日所撰写的青词宣示宰执百官，青词内容如下：

> 奉行玉清神霄保仙元一六阳三五璇玑七九飞元大法师都天教主臣某，诚惶诚恐，顿首顿首，再拜上言。高上玉清神霄九阳总真自然金阙[①]，臣曩者君临四海，子育万民，缘德菲薄，治状无取，干戈并兴，弗获安靖。以宗庙社稷生民赤子为念，已传大宝于今嗣圣。庶几上应天心，下镇兵革。所冀迩归远顺，宇宙得宁，而基业有无疆之休，中外享升平之乐。如是贼兵偃戢，普率康宁之后，臣即寸心守道，乐处闲寂。愿天昭鉴，臣弗敢妄。将来事定，复有改革，窥伺旧职，获罪当大。已上祈恳，或未至当，更乞重降灾咎，止及眇躬。庶安宗社之基，次保群生之福，五兵永息，万邦咸宁。伏望真慈特赐省鉴。臣谨因神霄直日功曹吏，赍臣密表一道，上诣神霄玉清三府，引进仙曹，伏愿告报。臣诚惶诚恐，顿首顿首，再拜以闻。[②]

根据青词的内容，我们可以明确知道宋徽宗自述的法位名。即，青词之首徽宗所具之法位——玉清神霄保仙元一六阳三五璇玑七九飞天大法都天教主。[③]《三朝北盟会编》所载青词与岳珂所载大致相同。[④]另外，《靖康要录》亦载此内容。[⑤] 所以，岳珂记载的这一事件应当不误。宋徽宗实际上亦是通过出示百官此青词内容，以表明自己将“甘心守道，乐处闲寂”，并保证将来不会“窥伺旧职”。

---

① “高上玉清神霄九阳总真”应指玉皇上帝，在徽宗所理解的神霄派中，“玉皇上帝”是最高神。宋徽宗曾于政和六年（1116）通过上徽号的方式，将道教的玉皇与儒家的昊天上帝在神格上合二为一。包含徽宗时期部分神霄派经典内容的《高上神霄玉清真王紫书大法》卷一曾记载：“诸天高上之玉帝，皆八王之异号。故明九阳天真也。”

② （宋）岳珂：《桯史》卷八，第69—70页。

③ 《三朝北盟会编》和《靖康要录》也记载了青词的内容。它们记载的法位都是“玉清神霄保仙元一六阳三五璇玑七九飞天大法都天教主”。因此，笔者对《桯史》所载的法位稍有修正。

④ （宋）徐梦莘：《三朝北盟会编》卷四十四，第329页。

⑤ （宋）汪藻：《靖康要录笺注》卷四，第536页。

同时，在一些宋元时期的道教文献中，可以零星地发现宋徽宗的法位存在对应之经箓。题为林灵真所编的《灵宝领教济度金书》中记有某条传度醮用之投词。投词内容载所传度之秘法有名为：“玉清神霄玄一混成三五璇玑七九飞化长生护命秘法”[①]，这一法名与上述徽宗所陈之法位几乎可以一一对应，此处的“长生”应是指向“长生大帝君”。南宋道士金允中也提到“宣和间，宝箓宫有高上神霄元一六阳璇玑秘箓一阶”[②]，这也和徽宗的法位相吻合[③]。宝箓宫是宋徽宗在政和年间所建之道宫，也是道士林灵素的重要活动场所。此二记载均说明徽宗之时确有此神霄之箓，而且此箓出现于宫廷内。

除此，笔者在明代宁献王朱权所著《天皇至道太清玉册》中发现其载有数篇神霄箓文名。从箓之题名而言，应当也与上述青词所载徽宗法位相关。

今存《天皇至道太清玉册》乃为万历《续道藏》本，共十九章。该经分章记载了道教的相关义理、经典、典章制度等内容。该书的“天皇龙文章”著录了一些道经名。在“正一诸品箓”之目录下载有：

> “高上神霄玉清真王三五璇玑洞阳天仙秘箓”，一部，
> “高上神霄玉清真王玄一混成上阳神仙秘箓”，一部，
> “高上神霄玉清真王七九飞仙紫阳真仙秘箓”，一部，
> “高上神霄玉清真王长生护命保仙秘箓”，一部，
> 此四箓，神霄秘札，玉清真文。声动震宫，克广好生之德。神司巽户，全持代恶之机。修之蹑景冲虚，用之济人利物。兴云致雨，馘毒除妖。笃志修行，靡不响答。[④]

---

① （元）林灵真：《灵宝领教济度金书》卷三一七，《中华道藏》，华夏出版社2004年版，第41册，第332页。

② （宋）金允中：《上清灵宝大法》卷十，《中华道藏》，第34册，第58页。

③ “元一六阳璇玑”应该并不是指一部，而是两部，这从徽宗授箓的史料以及后文提到的《天皇至道太清玉册》可知。

④ （明）朱权：《天皇至道太清玉册》卷上，《中华道藏》，第28册，第684页。

“高上神霄玉清真王”一般指宋徽宗。朱权记录此四箓乃神霄秘札。从箓名而言，此四箓大致能与宋徽宗之法位逐一对应。“保仙”应指“高上神霄玉清真王长生护命保仙秘箓”。“三五璇玑”应当是指“高上神霄玉清真王三五璇玑洞阳天仙秘箓”。署名宋徽宗作序的《灵宝无量度人上品妙经符图》即记载了名为《混洞赤文梵元之图》所行之法具于“三五璇玑洞阳天仙秘箓”中。[①]“七九飞元”对应“高上神霄玉清真王七九飞仙紫阳真仙秘箓”。“元一六阳”则应当与“高上神霄玉清真王玄一混成上阳神仙秘箓”有关。学者李丽凉和酒井规史皆注意到南宋初年的道士吴师正，他的头衔含有“太上正一盟威高上神霄九一六阳太平辅化法箓典者”[②]，这应当是与所谓“元一六阳”相关。

根据《天皇至道太清玉册》所载之“神霄四箓”，宋徽宗之法位名，以及金允中之说法，宣政年间的宫廷内确实存在这样的法箓系统。这一系统可能与稍晚民间存在的神霄法箓有一定区别。例如《高上神霄玉清真王紫书大法》中的“炼真证仙品”载有神霄“七阶治职法位”，该法箓体系即与“神霄四箓”区别较大，更像是中古道教法箓系统与神霄法箓的结合产物。[③] 李丽凉曾指出，林灵素所创神霄箓应有五品阶位，分别为“天仙”“神仙”“真仙”“飞仙”“保仙”。[④]《天皇至道太清玉册》所载“神霄四箓”很可能即属于这一体系。

由上乃知，宋徽宗在政和末年接受“神霄说”以后，他开始拥

---

① 《灵宝无量度人上品妙经符图》在“混洞赤文梵元之图”下载：“其所行之法，具三五璇玑洞阳天仙秘箓中，此不备载。”佚名：《灵宝无量度人上品妙经符图》卷中，《中华道藏》，第3册，第485页。该经应成书于南宋，其序托名宋徽宗，但可能并不是他本人所作。该书应有一些内容与徽宗时期道教直接相关。参见李丽凉《北宋神霄道士林灵素与神霄运动》，博士学位论文，香港中文大学，2006年，172—188页。

② 李丽凉：《北宋神霄道士林灵素与神霄运动》，博士学位论文，香港中文大学，2006年，187页；［日］酒井规史：《南宋时代道士之头衔——经箓的法位与“道法”的职名》，《中国本土宗教研究》第1辑，237页。

③ 佚名：《高上神霄玉清真王紫书大法》卷五。该法位应是传统道教法箓体系与神霄法箓的结合，宋代的常见法箓体系参见酒井规史的《南宋时代道士之头衔——经箓的法位与“道法”的职名》。

④ 参见李丽凉《北宋神霄道士林灵素与神霄运动》，博士学位论文，香港中文大学，2006年，第191页。

有自己的箓与法位。宋徽宗所接受的法箓体系大致与《天皇至道太清玉册》所载“神霄四箓”有关。[①] 根据多种史料的印证，该体系曾出现于宣和年间的宫廷之内。在相关正史文献的记载中，宋徽宗授予朝臣的也都是“神霄四箓”中所记载的相关箓。

二　宋徽宗的授箓实践

在重和、宣和年间，宋徽宗曾先后为多位朝臣授箓。李氏《长编》载，重和元年（1118）十月，宋徽宗御上清宝箓宫。[②] 随后，宋徽宗向人传度“玉清神霄秘箓”。当时与会者多达八百人。这一记载并未提及是否宋徽宗给所有与会者皆授箓，亦未提及徽宗所授神霄箓究竟为何种箓。已知传度的地点是宝箓宫，这与前述金允中提到“宝箓宫有高上神霄元一六阳璇玑秘箓”相符合。“宝箓”这一名称似乎也凸显着“箓”在该场所的独特意义。陈均《皇朝编年备要》提及，大会之时，群臣士庶皆有机会入殿。[③]

李氏《长编》又载，在宣和三年（1121）十月丙辰日，宋徽宗也曾御上清宝箓宫之神霄殿：

> 亲授王黼等元一六阳神仙秘箓及保仙秘箓，仍许黼等拜表称谢。[④]

这一记载则明确言及这次受箓的对象是徽宗的朝臣。王黼等人应当都是宋徽宗很信任的近臣。他们所受之箓为“元一六阳神仙秘箓”

---

① 或林灵素所创五种神仙法品，参见李丽凉《北宋神霄道士林灵素与神霄运动》，博士学位论文，香港中文大学，2006 年，第 191 页。

② 参见（宋）李焘，（清）黄以周等辑注，顾吉辰点校《续资治通鉴长编拾补》卷三十八，中华书局 2004 年版，第 1199 页。

③ 参见（宋）陈均《皇朝编年备要》卷二十八，中华书局 2007 年版，第 723—724 页。

④ （宋）李焘，（清）黄以周等辑注，顾吉辰点校：《续资治通鉴长编拾补》卷四十三，第 1341 页。

和“保仙秘箓”。这与“神霄四箓”的两部内容相符合。

重和元年十一月，蔡京的爱子蔡絛被徽宗下令革职。他被革职的原因正与徽宗“授箓”之事相关。杨氏《通鉴》在蔡絛勒停的条目下节略转引了蔡絛所著的《诉神文》。蔡絛在文中提到了他被革职的原因：

> 臣举家兄弟、诸侄皆投名请受神霄秘箓，独臣不愿受，于是九重始大怒，因遣梁师成谕旨，戒臣不许接见宾客。呜呼！事既掣肘，谋既尽露，臣亦决知得罪矣。……臣始勒住朝参，不许接见宾客，又降御笔，谓臣狂妄，不循分守，特落职。而怒终不改，臣父因赏橘内宴，丐入中禁独拜，恳于太上之前，臣遂得不死。始议贬新州，俄而置诸光州。臣父以谓出则必阴杀之，因持之久，乃俾臣父上章，特勒停，令侍养，遇有临幸则出避耳。[①]

蔡絛的自述言及蔡家满门几乎皆主动投名请求受“神霄秘箓”。只有少数如蔡絛者不愿受箓。也正因此，徽宗龙颜大怒，遣梁师成宣旨惩罚蔡絛。后又因徽宗修路，蔡絛力争该行为之不当更加惹怒徽宗。[②] 幸得蔡京百般求情，蔡絛最终才得以免去杀身之祸。[③] 这一记载可以说明四点。第一，蔡絛使用“举家”这一词语，其实可以说明徽宗授箓的对象相当多。第二，朝臣的受箓行为可能具有强制性。如果有朝臣不愿意受箓，则要受到宋徽宗特别严厉的责罚。蔡京之子尚面临杀身之祸，何况其他朝臣。第三，蔡京家族的更多人员则是主动请求接受授箓。第四，徽宗的授箓实践似乎预设了被授箓人的名单，不然何以会出现蔡絛拒绝被授箓的情况。

大多数的朝臣则是非常积极地奉迎徽宗授箓之事。徽宗宠臣王

---

① （宋）杨仲良：《皇宋通鉴长编纪事本末》卷一三一，第2227—2228页。

② （宋）杨仲良：《皇宋通鉴长编纪事本末》卷一三一，第2227页。

③ 见“臣父以谓出则必阴杀之”，后宣和元年（1119）七月，徽宗御笔：“蔡絛向缘狂率，废黜几年”，见（宋）杨仲良《皇宋通鉴长编纪事本末》卷一三一，第2228页。

安中即其中典型。上文引李氏《长编》提到重和元年徽宗曾在宝箓宫授箓。宣和元年（1119）二月二十一日，王安中遂向徽宗进言：

> 闻日者孟冬癸卯，屈万乘之尊，以玉清神霄华琼室禁经秘箓传受，咸赐开度，又以仲冬乙卯开宝箓大陈法会。欲望以其日依天宁、天贶例，制名纪节。①

王安中的进言乃奉承于宋徽宗，希望依天宁、天贶节日之例将宋徽宗传授秘箓之日制定为节日。他提到徽宗曾于去岁十月给人授箓，且在十一月举行所谓“宝箓大陈法会”。笔者未见到其他史料记载后一法会之内容。但从法会的名字，我们大概知道法会应同样与授箓之事相关，而且参与的人应当很多。“屈万乘之尊，以玉清神霄华琼室禁经秘箓传受”表明宋徽宗正是传箓者。后来，徽宗下诏立此日为“天符节”。

王安中既然提议要将重和元年孟冬（十月）癸卯立节纪念，而且“神霄运动”发起于政和七年（1117）以后，则此日很有可能是宋徽宗的首次授箓之时。蔡絛之革职在重和元年十一月，这反映了蔡絛也正是在重和元年十月拒绝受箓。那么，蔡絛拒绝授箓之事应即是此次授箓。如上文所述，此次授箓的人员可能已经事先预设。徽宗的首次授箓实践对象，理所应当会包括蔡京家族。

除了授箓活动以外，宋徽宗也会从事道教的其他宗教实践活动。现存史料对这些活动的记载较少，但仍可发现零星记载。例如《宋会要辑稿》曾记载，政和八年（1118）十月，洛水附近的广武埽出现水势湍急的情形。十月二十六日，宋徽宗亲投“御书铁符”，于是水势立刻顺流。② 随后，百官称贺。宣和时期，大臣徐兢奉徽宗之命访问高丽。某日起航时，徐兢与副使同着朝服，与二

---

① （清）徐松辑，刘琳、刁忠民、舒大刚等校点：《宋会要辑稿·礼五七》，上海古籍出版社 2014 年版，第 2005 页。

② 参见（清）徐松辑，刘琳、刁忠民、舒大刚等校点《宋会要辑稿·瑞异一》，第 2606—2607 页。

位道官一起望阙投下“神霄玉清九阳总真符箓”“风师龙王牒”“天曹直符引”等十三符，而“神霄玉清九阳总真符箓”则被明言乃“御前所降”①。这两则案例表明宋徽宗也在进行书写符箓的实践。需要注意的是，这两个案例皆属于政治公共事务。

以上说明宋徽宗不仅有其法位，而且他一直积极“扮演”他的道教身份。除了书符以外，宋徽宗举办了多场授箓仪式。根据现有史料，宋徽宗是授箓者，而他的朝臣们是重要的受箓对象。宋徽宗的授箓行为在实质上带有强制性，并且很可能提前预设了受箓者为何人。换而言之，宋徽宗自“神霄运动”发起以后，他似乎在强制朝臣们加入“神霄运动”。授箓的行为，在一定程度重新建构了他与朝臣的关系。

三　新的君臣关系与神圣权力建构

在探讨徽宗构建的新君臣关系这一主题之前，我们需要追溯神霄运动发起的主要背景，即林灵素所献“神霄说”的相关内容。在诸多关于“神霄说”的记载之中，蔡京之子蔡絛的记载较为全面，并且他是直接的当事人，他的记载最为可信。据其《国史补》：

> 政和七年，有林灵素出。……（林灵素）始曰：“神霄玉清王，上帝之长子，主南方，号长生大帝君，既下降于世，乃以其弟主东方青华帝君领神霄之治。天有九霄，而神霄为最高，其治曰‘府’，故青华帝君亦曰判府天尊。而灵素乃其府仙卿，曰褚慧，亦下降佐帝君之治。”又目一时大臣要人，皆仙府卿吏。若鲁公曰左元仙伯，郑居中、刘正夫等（缺），若童贯诸巨阉，率有名位。王黼时为内相，乃曰文华吏，盛章、

① 李丽凉曾探讨过此案例，见李丽凉《北宋生肖道士林灵素与神霄运动》，第188页；史料原文见（宋）徐兢《宣和奉使高丽图经》卷三十四，《影印文渊阁四库全书》，第593册，第894页。

> 王革时迭为天府，乃曰仙岳尊，伯氏时主进奉，乃曰园苑宝华吏。又谓上宠妃刘氏曰九华玉真安妃也。天子心独喜其事，乃赐号通真先生。①

根据此内容可大略知“神霄说”的一些重要面向。其一，该说提供了全新的神圣世界观。即，“天有九霄，而神霄为最高，其治曰‘府’”。这一叙述模式将全新的“神霄”定义为天中最高。这种定义方式的隐藏含义是指新的道教世界观应高于旧的道教世界观。其二，此说确立了宋徽宗的神圣地位。在“神霄说”中，宋徽宗被描述为“上帝之长子”。天上最高管理机构“神霄府”之最尊者“青华帝君”仅是代“长生大帝君”领“神霄之治”。“青华帝君”是“长生大帝君”的亲弟。如此，宋徽宗则成了世俗世界与神灵世界中除“上帝”外的最尊者。其三，此说宣称百官和徽宗后宫亦曾位列仙班。这一说法使得“神霄说”的涉及范围扩大。这一描述方式使得徽宗与朝臣间建立了双重的君臣关系。他们不仅是现实中的君臣关系，也曾是天上世界的君臣关系。这使得一种以宗教神圣关系为基础的新权力结构得以在观念层面形成。

宋徽宗的授箓实践则是进一步在实践层面建构以宗教神圣纽带为基础的君臣关系。由前可知，宋徽宗的授箓行为带有强制性，大量朝臣接受授箓。一方面，这一行为迫使朝臣参与到“神霄运动”之中，因为朝臣们也开始具有自己的道教身份。他们的接受授箓也表明了他们对徽宗宗教身份的认可，以及对“神霄运动”的支持。另一方面，宋徽宗不仅是儒家礼法制度中的天子，而且成了朝臣们在道教观念体系中的“度师”。授箓实践使得徽宗与朝臣们结成了神圣的宗教纽带关系。通过这样一种方式，宋徽宗将当时的重要朝臣都纳入他所新建的“神霄之教”中。因此，我们可以理解宋徽宗为何会对蔡絛不愿受箓的行为而感到愤怒。

---

① （宋）杨仲良：《皇宋通鉴长编纪事本末》卷一二七，第2130—2131页；此处笔者也参照了李氏《长编》中的相应记载，见（宋）李焘，（清）黄以周等辑注，顾吉辰点校：《续资治通鉴长编拾补》卷三十一，第1042页。

在某种程度上，宋徽宗的行为也是对“神霄说”所描述的天上世界的模拟。在“神霄说”所形容的天上世界，宋徽宗乃是长生大帝君，而朝臣们则是“仙府卿吏”。在地下世界，通过授箓之行为，宋徽宗实际上与朝臣们完成了对天上关系的地上建构。更进一步，这一行为正体现徽宗开始不断对他长生大帝君的现世形象予以塑造。

中国古代的传统皇权理念是以儒家天子观为本位，即所谓天子居中国、受天命、治天下。在政和以前，宋徽宗一直延续其父兄的努力方向，大力改革礼制，以仿效所谓“上古圣王”。“上古圣王”的理想与北宋“追述三代”的政治文化有关。但是，“神霄运动”的发起，则意味着宋徽宗在试图超越前辈们塑造“上古圣王”形象的努力。在神学意义上，宋徽宗认为自己是“神霄帝君”这一命题，表明他已经不仅仅是人间的天子，也是天上世界除“上帝”以外的最尊者。这样具有宗教神圣色彩的皇权概念在中国历史上是鲜见的。我们没有证据去判定宋徽宗的行为是刻意指向这一目标之达成，但是在象征层面，宋徽宗的“长生大帝君”形象之塑造，以及在宗教观念意义上他与朝臣所达成的权力关系确实与传统儒家皇权的权力关系不同。政和六年，宋徽宗通过上玉帝徽号的方式认定儒家的“昊天上帝”与道教的“玉皇大帝”神格同一，此即解决了他同时作为“天子”和“道君”的身份同一。自此，宋徽宗不仅是儒家观念里的天子，也自我建构为神学意义上的除“上帝”以外的最高神，这两个身份是同一的。其后，“神霄运动”中的诸种实践，其重要目的也是徽宗不断塑造他作为“长生大帝君”的神圣形象，这在全国普建神霄宫的实践中尤为明显。①

---

① 参见 Shin-yi Chao, “Huizong and the Divine Empyrean Palace Temple Network”, in Patricia Buckley Ebrey and Maggie Bickford, eds. , *Emperor Huizong and Late Northern Song China*: *The Politics of Culture and the Culture of Politics*, Cambridge, Mass: Harvard University Asia Center, 2006, pp. 324 –360。

四　小结

本文关注宋徽宗在“神霄运动”中所具有的道教神职身份及其相应宗教实践。在“神霄运动”期间，宋徽宗拥有了他在道教法箓体系中的法位，即“玉清神霄保仙元一六阳三五璇玑七九飞天大法都天教主”。这一法位与当时宝箓宫中的神霄法箓体系有关。同时，宋徽宗也积极扮演他的道教角色形象，包括书写符箓、举行仪式以及本文关注的重点——授箓实践。宋徽宗是授箓者，而他的朝臣们是重要的受箓对象。他在宫廷内举办了多起授箓仪式，很多朝臣都积极参与其中。根据蔡絛的自述，宋徽宗的授箓行为在实质上带有强制性，并且徽宗皇帝很可能提前预设了授箓人员的名目。

本文认为宋徽宗的授箓实践是在进一步建构以神圣权力为基础的君臣关系。一方面，宋徽宗成了朝臣们的“度师”；另一方面，宋徽宗完成了对“神霄说”所述天上世界的模拟，重新塑造了地上版本的“长生大帝君”与“仙府卿吏”之神圣关系。换而言之，宋徽宗是在不断塑造他作为长生大帝君的现世形象。

宋徽宗崇道究竟是否出于政治之需求一直是学界争论的重点。这是一个值得全面思考的话题，但仅就本文讨论的范围而言，我们必须承认宋徽宗对道教信仰怀有足够的诚挚之心，但也难以否认宋徽宗的道教实践隐藏着对皇权予以神圣化加强的效用。

马元帅信仰及其神系的考辨

张作舟

摘　要：宋代是道教发展的又一高峰时期。宋代道教的发展和演变，除了道教内在的原因外，是和当时政局的演变以及一些帝王的大力倡导分不开的。北宋的真宗和徽宗，是历史上两位著名的崇道皇帝。正是在皇室的大力推动下，道教雷法盛行于世，并产生了一大批雷霆兵将元帅，马元帅正是其中最为著名的元帅之一。马元帅的造型十分奇特，不仅有慈善亮丽的天神像，亦有凶狠忿怒的威慑像。这种造型是汉唐道教所没有的，应是取自唐代的密教。

关键词：马元帅；信仰；神系；考辨

作者简介：张作舟，四川传媒学院助理研究员（四川成都611745）。

一

继唐以后，宋代是道教发展的又一高峰时期，也是道教发展的重大转折时期。不过，宋代道教的情况，在北宋和南宋之间有一条十分明显的分界线。概而言之，北宋的道教基本上是沿袭汉唐道教的传统，以推重符箓道法为主。但南宋以后，由于金、元的兴起，社会和政治的环境已发生了巨大的变化，传统道教有所衰落，以炼养内丹为主的南宗和全真道等新道派相继产生，使道教的发展更呈现丰富多彩的面貌。

宋代是道教雷法发展的黄金时期。其时即有以林灵素、张继先、王文卿为代表的神霄雷法，亦有陈楠、白玉蟾为首的南宗雷法，此外尚有十余家奉行雷法的道派，如正一派、忠孝派、混元派、地祇派、太乙派、上清派、天心派、清微派、净明派等，成为雷法最为盛行的时期。各宗各派的雷法非常复杂，他们都拥有其法的主神祖师，及其一批官将，以役使派遣，驱邪降妖。正是出于施法祭祀的宗教需要，新造作了一大批新的神明，尤其是兵将元帅一类神灵多达几百尊，充分显示宋代道教神系的新面貌，让人耳目一新。正是基于这种历史文化的背景，天蓬、天猷、温琼、殷郊、哪吒、马胜等数百位将军元帅，他们皆以忿怒威猛的形象呈现。

神霄派祖师林灵素，传正一吽神灵官火犀大仙考召秘法于世。正是这一秘法中奉马胜为主将，从此马元帅正式登上法坛。其后多种道法皆奉马胜为主将，使得马元帅的信仰很快流行南方。南方地区大多崇拜火神，因此道经中解释说，马元帅系南斗六星的斗口星化生的，所以称“斗口魁神璇玑上将”。职居火部兵马大元帅，“乃即是南方火中之精，火中之王，火中旺炁”，“故在天则应南斗之象，在人身中则主而为正者，性也，性中有神，即元神也。亦曰内灵官也。凡行法之士，当以我之神合彼之神，以我之炁，合彼之炁，此道之骨髓也。此法侍宸得之于石匣中，出传于世，感应如见。然此玄妙，心之神也。则曰怒而金睛光赫可畏，喜而玉貌美特非常。奉法之士谨而行之”。[①] 这里所说的林灵素“得之于石匣中”，指的正是重和元年（1118），西岳华山三清殿基巨石匣的《雷文法书》，说明这套雷法承自华山。

---

① 《道法会元》卷二二二，《道藏》，文物出版社、上海书店、天津古籍出版社1988年版，第30册，第376页。

图1　马元帅　清代　纸本设色　李黎鹤藏

随着马元帅的信仰广泛传播，道教内出现了许多奉马元帅为主将的道法。由于道派道法的差异，马元帅的形象亦发生变化。如张继先天师传灵官陈马朱三帅考召大法中，正一灵官横天马元帅胜，字德先。三头，六臂，九目，青面，蓝身，金睛圆眼，朱发赤须，戴天丁冠，绛袍金甲，玉束带，左手执金砖按心，二手执索，三手火瓢，右一手执金枪，二手执火剑，三手执印，足穿绿靴，踏火车，下有白蛇绕轮，背负火瓢。[①] 上清正一三景灵官秘法中，正一灵官马元帅，讳胜，青面，三目，露齿蹙，金花罗帽，金甲绯红锦袍，黄罩袍，玉束带，绿仙带，绿吊敦靴，左手斗印，右手仗烈火神剑，背负火瓢，驾火轮，足下白蛇吐火，火光拥至。[②] 需要强调，道教神灵的造像并非供人们鉴赏的纯粹艺术品，而是用于祭祀或内修的神圣器物。当人们在祈祷神灵的时候，当法师在神圣庄严的坛场之时，

① 《道法会元》卷二二九，《道藏》，第30册，第426页。
② 《道法会元》卷二三一，《道藏》，第30册，第441页。

或虔诚贡献，或存思变神，都是在追求一种人神交通、人神合一的精神境界。因此道教的神灵崇拜，早已融入了人们的精神世界。

以金臂圆光火犀大仙正一灵官马元帅秘法为例，可以清晰地看清道教神灵崇拜的本质与特征。秘法要求法师，在进入坛场之后，必须变神。所谓“变神”，是雷法中的至秘功诀，故教外之人难以明晓。其要害在于运用意识的力量，存想自己变化成为神灵，人神无别，达到一种非常崇高神圣的境界。换而言之，即由凡人的层次上升为神灵的层次，从而进入一种代天行化的特异精神状态。《道法会元》卷一曰：“或问变神之道如何？师曰：元始祖劫，一气分真，我即元始，元始即我，此即谓之变神。”① 在这种状态与经验中，神灵整个地进入了信仰者，居停在他身体、精神之中，或将他融入了神灵自己的神圣性质中，与神的精神混合一体。于是，高道们已经跨越了人神之间的界限，完成了根本的转变，把个人与神圣实体结合起来，从而可以神灵的身份感召万神，济世度人。

在施行道法过程中，法师需要掐诀、持咒、步罡、上香、变神、上章、书符，一环扣一环，丝毫差错不得。法师右手握剑诀，左手结斗诀，瞑目念咒：吾是五雷使真君，受用正箓，心向阳明。神鬼当吾，一切灭亡。急急。再以前诀，双手齐起，劈开脑门，取天炁一口吹身上，任意变步。持咒：风火令，雷车兴。火雷发，风车动。步罡之后，以左手拂目额过，牙齿上下相叩，以鸣法鼓。击打法棹三下，召请官将，扣天关，击地户，召万神至坛所。次念：“宝香一炷，十方肃清。法鼓三通，万神咸集。焚香关召火犀院直符孙致明使者，直年直月直日直时四直功曹，当日受事祇应等神，火急到来，有事指挥。急疾。”② 存想诸神毕至，祝事发用。再召元帅，念咒：“唵吽婆伽伐帝唵呿唵咭唏吽吽唽嚩囉迷摩曩娑。”③ 接着：

① 《道藏》，第28册，第675页。

② 《道法会元》卷二二四，《道藏》，第30册，第392页。

③ 《道法会元》卷二二四，《道藏》，第30册，第392页。

咒毕，嘘肝，呵心，呬肺，青红白三炁于坛中，变成“唵吽吒”三字，如光灼灼，却再吸入元三宫相合。毕，嘘出于丹天斗口，变为元帅，三头九目。兆亦化作元帅。想丹天之上有云霞，犹若流火，剔顺斗，兆九目视上，存有红光九道冲元帅。如此毕，剔逆斗，想元帅九目中亦放九光射我，二炁相合化，作虹桥之状。兆左手金牌，右手玉印，念秘咒：唵咖喽咤咭喽咤主主耶冥冥耶冥冥奴急赴来娑诃唵机喽空由喋纪双童缚神那伽耶摄娑诃。①

接着，法师变神，急捷书太乙飞符，用于治病、附亡、附祟、祈雨等。② 此秘法用途甚广，目的都是驱邪治祟，禳灾祈福，以济世度人，利益众生，具体如下③：

一、治祟。凡书符，安捉状中甲马三个，金钱一束，付去患家，于床前烧。遣时念捉咒：唵灵灵。都摄邪祟。急急。

二、附祟。书符并牒引召将，金钱甲马发遣捉。少时，方可临坛，念咒附童。淹灵灵。都摄邪精急附来。急急。

三、摄亡魂。前符书亡人姓名生年死月，于符中加唵咤捷疾四字于末，后念追亡咒。灵官马某，万神之宗。通天入地，显现威光。摄召亡魂，示现阳宗。唵吽咤唎嚤嚤哩摄。太玄之一，八景同灵。璀玑内运，与吾合并。正一马某，闻召速临。追摄亡过某人真魂正魄，速降通名。急急。唵灵灵。都摄亡魂急附来。

四、摄生魂敕遣符咒。上界直符降真灵，九天游奕斩妖精。临罡挂斗护身形，追摄生魂不留停。交还患体保身清，三魂速速归天宁。急急如斗下生炁律令。

---

① 《道法会元》卷二二四，《道藏》，第 30 册，第 393 页。

② 《道法会元》卷二二四，《道藏》，第 30 册，第 393 页。

③ 《道法会元》卷二二四，《道藏》，第 30 册，第 394—395 页。

图2　雷祖出巡图　清代　纸本设色　李黎鹤藏

五、封山。符书于铁石上，埋于山中。咒曰：南方火德祖，炎帝丙丁神。三头分九目，九臂见金身。金眼霞光迸，雷音火电生。摄邪皈正道，遇召现真形。收摄邪魔祟，急捉降乾门。急急如紫微大帝敕。结斗印，存帅入符，再结山字诀。

六、破洞。书符于铁石上，镇于洞口。念五帝大魔咒，掐午文。下火罩。念咒：日之光，火之祖。结铁为网，张罗布罟。红焰炎炎，四方皆举。上彻青霄，下连地户。东至木源，西至金祖。南至朱陵，北至酆府，中至十地。下鬼不得上，上鬼不得下。外鬼不得入，内鬼不得出。蓬头将，黄头将，牢头将，药叉将，火轮将，五方捉鬼将，左右急捉将，斩头滴血将，急捉急摄急急。

七、镇庙。书符于石上镇之。或铁牌。遣将，存元帅在庙中，立见白蛇吐火出，火轮火瓢迸火焰烧庙。掐午文，取南炁入符。

八、钉镇。以石上符镇之艮位。先书符于石上，加鬼字一个，念天帝释章咒，掐辰文。再书开至破符了。下镇时，用斧七下，念魁至魒，结山字诀，下罩，念火罩咒，南炁罩之。

九、治病。书符烧于法水中，付患人吞服。念咒：唵灵灵。都摄邪精急离身。急急。

十、治瘟。用黄纸墨书，念五雷王咒，天门炁吹符中，烧于状前。或用佩贴亦可。咒曰：北斗五雷主，黑暗鸣天鼓。风伯扫瘟瘴，电师除病苦。霹雳伐恶魔，雨师行法雨。灌溉及三焦，清凉通脏腑。重处实时轻，虚处实时补。热处实时凉，痛处实时住。急急如雷霆都司律令。

十一、催生。黄纸朱书符，加南斗讳在内，存星光朗朗。捻符成丸，用顺流水吞下，或烧服。存监生大神监出孩儿。仍书一札付土地司命，保卫生身。

十二、治土。符书桃木板上，用斧打七下，钉于犯土方。念玉皇号七遍。退肿热，仍念玉皇号。

十三、祈晴。书符了，存元帅着红袍，骑火龙，掐午文，南炁入符。出心炁一口呵去，存遍天无浮翳之炁，火色阴云四卷。念祕咒："唵嚹吠咤嗵（口+炁），[如形四炁]，彻清明浮摄。"右咒七遍，发符，候报应。仍用祷祈元帅部领南院将兵，会合云端，扫除阴翳等语于涂中。步南斗发符。

十四、祈雨。墨书符，存元帅身着黑抱，骑黑龙。掐巳文，北炁。握雷局，运肾中炁合吹出去，想遍天如云如雷，四畔皆兴云雨之状。念咒："唵电光飞云咤（口+睪）嘅（口+嫳）吆摄。"书符咒七遍，祝元帅部领北院将兵会云端，兴云施雨等语于涂中。步北斗罡，发符。凡祈雨，当立坛，并旗印。仍牒雷公电母，风伯雨师，社令等神。①

需要指出的是，这里所说各种密咒，皆系直接来自唐代的密教。

以上各种文献都说马元帅名胜，其形象特异，他三头，九目，六

① 《道法会元》卷二二四，《道藏》，第30册，第394—395页。

臂，蓝身，两手火铃火索，两手金枪金砖，两手斗诀仗剑，青面赤须，坚红发，蹙金罗帽，绯抹额，绛袍金甲，足踏火轮，白蛇绕轮，背负火瓢，火鸦万群。这种造型是汉唐道教所没有的，应是取自唐代的密教。

二

唐代（618—907）是各种外来宗教传播于中国的时期，其中最为重要的是佛教。在佛教的各种教派中，以神秘灵应而称著的印度密教传入中土之后，在上层社会中盛为流行。据沈文华教授分析，印度密教传入中国大致有三条路线，经与当地历史文化结合，分别形成了三种各具特色的流派：陆路经中亚，沿丝绸之路传入汉地的一支形成了唐密；由印度经尼泊尔，越喜马拉雅，进入中国藏地的一支形成了藏密；由印度阿萨姆经缅甸，入云南大理地区的一支形成了滇密。①

从根本上讲，密教不过是佛教众多流派中的一支，它从来没有脱离过佛教的范畴，而且继承了完整佛教的教义与内涵。不过，密教又吸收了印度教的大量神祇，从而构建了一个由如来、菩萨、明王、诸天组成的神佛体系，并塑造了大批威猛忿怒的形象，其中明王就是典型的代表。

明王，是指佛、菩萨受大日如来教令，降伏诸恶魔时，而转化出的形象。他们的任务是协助诸佛菩萨教化，救度众生。明者，光明之义，以智慧而名，有以智力摧破一切魔障之威德，故云明王。《真伪杂记十三》曰："明者光明义，即象智慧。所谓忿怒身，以智慧力摧破烦恼业障之主，故云明王。"《瑜伽学习捷图上》曰："其忿怒者，犹奴仆也。诸轨之中多称明王，虽是奴仆。奉行教敕即犹君王，故呼忿怒亦名明王。"② 大部分的明王是以忿怒姿态显现，目的是要威吓众生，或借此降服恶魔与业障。据佛经记载，主

---

① 参见沈文华《丹道与密宗》，宗教文化出版社 2020 年版，第 115—116 页。

② 丁福保编：《佛学大辞典》，上海书店 2015 年版，下册，第 1491 页。

要有五大明王、四大明王、八大明王、十大明王之说。

五大明王，又作五大尊、五忿怒、五部忿怒、五方菩萨，即不动明王、降三世明王、军荼利明王、大威德明王与金刚夜叉明王。十大明王，即十忿怒明王。指焰鬘得迦忿怒大明王，无能胜忿怒大明王，钵纳鬘得迦大忿怒明王，尾覲那得迦大忿怒明王，不动尊大忿怒明王，吒枳大忿怒明王，你罗难拏大忿怒明王，大力大忿怒明王，送婆大忿怒明王，缚日罗播多罗大忿怒明王。

图3　降三世明王　唐本　木刻版画　采自《大正藏》[①]

不动明王，梵名阿遮罗曩他，译言不动尊，亦谓之不动使者。大日如来为一切诸尊之总体，为自性轮身，而此尊为一切诸佛之教令轮身。故又称为诸明王之王，五大明王之主尊。至于行法之祈祷的目的，则降伏，爱敬，钩召等一切通用之。[②] 不动明王是大日如

① 《大正藏》，第94册，第242页。

② 参见丁福保编《佛学大辞典》，上册，第611页。

来的化身，因为受命降伏恶魔，所以面露怒气。不动明王像的姿态也各不相同，通常是右手持剑，左手持绳，头发垂于左肩，左眼斜视，坐于火焰中的岩石基座上，肤色和眼睛颜色有黑、蓝、红、黄几种，分别称为黑眼、蓝眼、红眼、黄眼不动明王。

不动明王结跏趺，坐于岩座上，背后跃动的火焰，与主尊的不动姿态，形成稳重的构图。不动明王一眼看天，另一眼睨视地面，称天地眼。獠牙上下伸出，发辫重垂至左肩，并结有七个发髻，左手持羂索，右手握剑，俱利迦罗龙盘绕其上，背后及岩座两旁的火焰，为七只深具跃动感的迦楼罗鸟，座前左右有二童子随侍，右侧为制吒迦，发垂肩，两掌相合；左侧为矜羯罗，身如红莲，以天衣缠其颈肩。

图 4　大威德明王　唐本　木刻版画采自《大正藏》①

降三世明王，又名月黡尊胜三世王。所谓“降三世”，是指降伏过去、现在、未来三世之贪嗔痴。或言降伏三界之主，故云降三世。《大日经疏十》曰：“所谓三世，世名贪嗔痴，降此三毒，名降三世。又由如过去贪故，今受此贪报之身，复生贪业受未来报，

① 《大正藏》，第 89 册，第 701 页。

三毒皆尔，名为降三世也。复次，三世者，为三界……以能降伏三世界主故，名降三世明王也。”此明王以金刚萨埵为自性，显忿怒身。《理趣释降三世品》曰：“时金刚手大菩萨，欲重显明此义故，持降三世印，以莲华面微笑而怒，颦眉猛视，利牙出现，住降伏立相，说此金刚吽迦罗心。”①

大威德明王，梵名阎曼德迦，又曰焰曼威怒王、阎摩德迦尊、降阎魔尊、六足尊、大威德金刚。为阿弥陀如来之教令轮身，其自性轮身为文殊师利菩萨。有六面，六臂，六足，三目；或九头，二十四臂，十六足，各有不同的象征意义。《大神验念诵法》曰：“圣阎曼德迦威怒王，身乘青水牛，持种种器杖。以骷髅为璎珞头冠，虎皮为裙。其身长大，无量由旬。遍身火焰，洞然如劫烧焰。顾视四方，如师子奋迅。”《大日经疏》六曰：“降阎摩尊，是文殊眷属。具大威势，其身六面六臂六足，水牛为座。面有三目，色如玄云，作极忿怒之状。”②

图5　军荼利明王　唐本　木刻版画　采自《大正藏》③

---

① 丁福保编：《佛学大辞典》，下册，第1660页。
② 丁福保编：《佛学大辞典》，上册，第399页。
③ 《大正藏》，第94册，第260页。

军荼利明王，又名甘露军荼利，或金刚军荼利，梵语曰阿密利多军荼利。唐不空译《甘露军荼利菩萨供养念诵成就仪轨》曰：“军荼利身色，莹如碧颇梨。威光逾劫焰，赫弈佩日轮。颦眉笑怒容，虎牙上下现。千目现不瞬，晃耀皆如日。千手各操持，金刚诸器杖。首冠金刚宝，龙璎虎皮裙。无量忿怒众，金刚及诸天，围绕作侍卫。”又曰：“次说本尊身相，应观四面四臂：右手执金刚杵，左手满愿印，二手作羯磨印，身佩威光焰鬘，住月轮中，青莲华色，坐瑟瑟槃石。正面慈悲，右第二面忿怒，左第三面作大笑容，后第四面微怒开口。”①

图6　金刚夜叉明王　唐本　木刻版画　采自《大正藏》②

① 丁福保编：《佛学大辞典》，下册，第1608页。
② 《大正藏》，第89册，第699页。

金刚夜叉明王，又称金刚药叉。三面六臂，或一面四臂。是金刚界五智如来中，北方不空成就如来之忿怒身。《金刚药叉嗔怒王息灾大威神验念诵仪轨》曰：“现三面，六臂，大威忿怒，为毒形，以七宝璎珞庄身，其身长大无量，遍身火焰燃，如劫焰烟威猛，顾视四方，如兽王象勇猛。”《新译仁王经下》曰：“北方金刚药叉菩萨摩诃萨，手持金刚铃，放琉璃色光。”《同仪轨上》曰：“梵曰药叉，此云威德，又翻为尽，能尽诸怨故。”“手持金刚铃者，铃音振击，觉悟有情，表以般若，警群迷故。依教令轮现作威怒净身金刚，示现四臂，摧伏一切可畏药叉。”①

从以上佛教经书中所见，大部分的明王都是以忿怒姿态显现，他们或三面八臂，或三面六臂，或四面四臂，或六面六臂六足，持种种器杖，显露凶恶恐怖的形态，以示降服恶魔与业障的威力。这种理念与造型传播中土，很快便为道教所吸收，从而出现了天蓬、天猷、温琼、殷郊、哪吒、马胜等数百位将军元帅，他们皆以忿怒威猛的形象呈现。

三

分析马元帅的形象，大致可为分为四种。其一为头顶鼈金罗花帽，身穿红锦雁花袍，手执金枪金砖，足踏火轮。② 其二为青面三目，天丁冠，红锦袍金甲，仗剑，足踏火云。③ 其三为三头九目，六臂，蓝身，“两手火铃火索，两手金枪金砖，两手斗诀仗剑，青面赤须，竖红发，鼈金罗帽，绯抹额，绛袍金甲，玉束带，天带绿吊敦靴，足踏火轮，白蛇绕轮，中吐火，背负火瓢，火鸦万群”④。其四为“青面獠牙，金睛三目，坚红发，赤须鬓，红袍风带，头顶旋金帽，白袴，绿靴。右手执金枪，左手托三角金砖，脚踏火轮，

① 丁福保编：《佛学大辞典》，下册，第1325页。
② 《道法会元》卷二二二，《道藏》，第30册，第376页。
③ 《道法会元》卷二二六，《道藏》，第30册，第405页。
④ 《道法会元》卷二二五，《道藏》，第30册，第401、402页。

腰下白蛇一条，口吐火焰，背负火瓢，有火鸦在内”①。

图7 马元帅 清代 木刻 版画 李黎鹤藏

马元帅的形象为三头，有三只眼，表示能观照过去、现在和未来三世。或九目，表示其神通可以上通九天。青色脸面，獠牙暴露，以凶猛状威伏鬼怪。赤红胡须鬓发，竖立红发，一副令人恐怖的形象。头顶旋金帽，蓝身，绛袍金甲，玉束带，绿吊敦靴，则是庄重的元帅服饰。足踏火轮，有白蛇绕轮，背负火瓢，火鸦万群，这就是元代《三教搜神大全》所说的五百火鸦兵。有六臂，两手执火铃、火索、金砖，两手结斗诀、仗剑。这种造型应是取资于密教的金刚夜叉明王。

金刚药叉明王，梵名 Vajra-yakṣa，音译日啰药乞洒。又称金刚焰口明王、大黑明王、金刚噉食明王、金刚尽明王。因其能噉食一切恶业之众生，故称金刚焰口；因其身为黑色，故称大黑；因其能

① 《道法会元》卷二二五，《道藏》，第30册，第401页。

吞尽恶有情，故称金刚尽。一种形态超自然的存在的神祇名称，汉译为勇健，即飞行者，含摄地行之类的诸罗刹、罗刹婆，还有暴恶、可畏之意。此类神祇或行于地，或在虚空，或住于天，可以瞰鬼，守护善神。明王形象为身青黑色，呈忿怒相，三面六臂，头上有马王之髻，正面有五目，左、右二面各有三目，三面皆开口；右方之第一手执五股杵，第二手执箭，第三手持剑；左方之第一手执五股铃，第二手持弓，第三手持金轮，立左足，举右足，二足下皆踏莲，以珠宝严饰遍身，火焰燃如劫火。金刚夜叉明王入摩羯鱼三摩地，现三面六臂五眼忿怒形，众宝遍严饰，遍身火焰燃如劫火，第一手右持五股杵、左持金刚铃；第二手左弓右箭；第三手左轮右剑。右脚舒踏莲华，左脚屈举而下有莲华，五智三十七尊围绕，智德圆满。《金刚药叉嗔怒王息灾大威神验念诵仪轨》说金刚药叉“现三面六臂大威忿怒为毒形，以七珍璎珞庄身，其身长大无量遍身火焰燃，如劫焰烟威猛，顾视四方如兽王象勇猛”①。旧本奈良承安二年（1172）流行的《青色大金刚药叉辟鬼魔法》描述金刚药叉明王形象忿怒相突出“□金刚□□□青色具足三目四臂，面貌大忿怒，□□张狗牙上出，三目□忿大恐怖相，顶戴髑髅首，发逆生□□色，顶缠大蛇，四臂相者，左第一手□如意宝捧，右第一手执罗索口□□手执大刀，右第二手把金轮，二膊□□口□，以髑髅为颈璎珞，以虎皮为裙，又□左右足各踏一鬼，左右下足鬼形如尸骸”②。

马元帅的造型取资于密教，其众多的部属神亦是如此。部属有轰雷霹雳练素白蛇大将马充，无面目大将军纪信，追魂摄魄温赞、席言、黄用、王靖四大神将，五方腾魂倒降大神梅福，监魂将军贺若弼，飞捷报应童子嗶咤哩，迷魂童子文通，主火王将军，灵光童子张明，火轮丁大将，铁柱甄大将，火瓢大将萧元仲，火瓢大将朱

---

① （唐）空蕃：《青色大金刚药叉辟鬼魔法》，该文据东寺宝菩提院三密藏古写本刊人，称“蛟龙洞阿阇梨空蕃述”，该文并不见于入唐求法诸录，多有脱字用方框替代，内容亦不完整。载《大正藏》，第21册，第101页。

② （唐）金刚智译：《金刚药叉瞋怒王息灾大威神验念诵仪轨》卷一，载《大正藏》，第21册，第98页。

元帅，阎将军，金砖大将郑元开，金枪钟大将，火鸦郭大将，治病功曹郭使者，昭灵钱使者，急捉张使者，飞符耿使者，合属火部精兵。[①] 秘法将班：副将白蛇大将马充，朱发赤面獠牙，黄包巾白袍，手执双简，跣足，或弓箭或执枪。提魂摄魄大将田宏，黑面，皂袍铁甲，曲脚幞头，手执提魂袋。飞捷报应童子晖吒哩，女相，双髻，青衣，仗剑。提魂倒降使者梅福，天丁冠，金甲红袍，手执剑。[②]

火犀大仙马灵官大法，主法为南极火犀天尊大帝，南斗六司延寿星君。将班：上清正一火犀大仙南极灵官金睛馘魔威烈马元帅。副将：上清陈元帅，讳天祐，青面三眼，狮子兜鍪，黄衣，右手仗剑，金甲绿靴束带。上清朱元帅，讳僧奇，赤面三眼，白虎兜鍪，黄衣，右手持铁棒，金甲，左手执金砖，绿靴。上清萧元帅，讳天祐，天丁冠，白面，三目，黄衣，执金枪。上清郑元帅，讳良弼永忠。轰天素练白蛇马元帅，讳充，黄巾，白面三牙须，白袍金甲，左手执金刀，右手捉白蛇，绿靴。提魂倒降梅将军，名福，力士状。监魂贺使者，名真弼。捉鬼大将崔舒寅，缚鬼大将卢机权，枷鬼大将邓文行，拷鬼大将窦阳光，黄头大将陈镇、张实，牢头大将杨政，吊鬼大将赵公明，斩鬼滴血大将刘炎，金枪大将马质、沈元一，驱头定髻大将刘志，火铃大将严炎，金砖大将王文、雷向定，火瓢大将万思达，火鸦大将石夜、郭自立，乌鸦大将杜方春，提魂蒙魂迷魂大将沈法笼，高氏神女，金梁玉柱大将，六天火部吏兵，丙丁大将刘金观昌，副将武士允益，三十六灵童玉女，直符大将孙政明，内台八将猖兵猛吏。[③]

众多造型奇特、忿怒威猛的形象呈现，构成了以马元帅为主尊的神系。在这一演变发展的过程，至元代又与五显、华光大帝的信仰发生了关系，从而将其融合为一尊新的神灵，从此人们开始称他为灵官大圣华光五大天帅。《太上洞玄灵宝五显灵观华光本行妙

---

① 《道法会元》卷二二三，《道藏》，第 30 册，第 389 页。

② 《道法会元》卷二二六，《道藏》，第 30 册，第 405 页。

③ 《道法会元》卷二二五，《道藏》，第 30 册，第 401—402 页。

经》载：元始天尊在大罗天上玉清圣境九光元阳殿，对诸真人言，“三天境内有灵官大圣华光五大天帅，发弘誓愿，救度众生，摄伏群魔，阐扬道化，威灵烜赫，功德巍巍，与道合真，度人无量，随声赴感，捍厄扶衰，无愿不从，延生赐福。或现一身，或显五相，或化为诸天天帝，或化为梵王帝身，或化为吉祥如来，或化为日露天主，或化为华光菩萨，或化为天丁力士，或化为妙行真人。以此种种神通，随机摄化，救度众生”。“此灵观五大天帅，禀五星五炁之精，毓五方五灵之秀，化身三界，应现十方，掌三界祸福之权，持万物生杀之柄。吉凶悔吝，悉属陶镕。若或有人一称其名号，曰灵观大圣华光广化天君，当知神通立现，克副愿心，如影随形，似声应响，昭然感格，莫可称量。”①

图8　马元帅　清代　纸本　设色　李黎鹤藏

① 《太上洞玄灵宝五显灵观华光本行妙经》，《道藏》，第34册，第750页。

天尊为救度众生，收服妖邪，遂令天君下降人间，分身化氛，应现十方，收摄群魔，使归正道，俾下元之人，离诸患难，见存眷属，悉获安宁，已往先亲，咸皆超度。并说灵观咒曰：“玄元始祖，三炁氤氲。开明三景，顶立乾坤。保制劫运，使天长存。三天主帝，上帝高真。修真阐教，利物济人。燮调元化，福国安民，灵官大圣，华光之君。神通无极，上佐帝宸。分身化气，三界游巡。济生度死，福善祸淫。禳灾度厄，辟毒驱温。广宣号令，役使雷神。手持金枪，足踏火轮。火瓢火鸦，飞焰星奔。金砖万叠，雷火燐燐。天目一视，三界齐钦。顺风千里，善恶皆闻。六丁六甲，三五将军。雷公电母，掷火流金。风伯雨师，播雨兴云。天丁力士，队仗纷纭。封山破洞，馘灭鬼群。魔精戾伏，潜迹海滨。敢有拒送，摄魄收魂。金锤裂脑，铁戟穿心。镢天大斧，斩截其身。乌风一扫，化作微尘。九州社令，血食之宾，城隍主者，听吾指陈。佐助玄教，积累殊勋。元始玉字，八威龙文。普告三界，万灵咸遵。急急如律令。”①

天尊告诫说：“世间男女，或有妖邪魍魉，山魈木客，古器伏尸，土怪石精，水脉旺魅，不正等神，变易形质，抛砖放火，摄人魂魄，占人宅舍，百种形状，恼乱众生。凡有是诸患难，善信男女，速宜斋戒沐浴。或于古观灵坛，或于本居净室，建立三清宝座，五帝灵坛，然香点灯，献花酌水，投词露悬，拜表上章，皈命三界高真，灵官大圣，持念真经，诵咏神咒，首愆谢过，请福延生。灵观大圣应时感格，部领五百灵观大圣，金砖金鎗、火瓢火车、火鸦大将，无面目大将军，白蛇大将军，顺风、千里使者，五方雷神天将，铜头铁面六天吏兵，火部率众，流金掷火，掣电轰雷，一合下降，扫荡妖氛，驱逐不祥，肃清境界，人鬼分离，生民安泰。灵观元帅，威神之吏，莫可称量，凡有见闻，各宜恭敬。若复世间亢阳为沴，积阴为疠，祝融扇祸，江海失经，或干戈互起，人民流亡，虫蝗为妖，蠹食禾稼。如是灾难，皆当依仪，醮谢天

① 《太上洞玄灵宝五显灵观华光本行妙经》，《道藏》，第34册，第750—751页。

地，转念真经，皈命上玄，祈恩请福，即得国土清平，风调雨顺，百物清润，河清海晏。又若世人，星辰冲战，禄马休囚，疾病缠绵，求安无路。或修坟立宅，干犯土皇。或官司牢狱，冤枉不伸。或疫疠流行，人民困弊。或江河转运，波浪惊危。或旷野山林，恶兽奔突。或夫妻刑隔，嗣续未蕃。或水陆经营，恶人值遇。或咒诅相仍，侵凌眷属。或身怀六甲，母子未分。或在世孤贫，谋为阻晦。或门户闭塞，畜养不生。或买迁经木，财物散耗。或冢讼微呼，先亡复连。如是等种种灾难，皆缘世人积恶深厚，以致祸患来钟，福瑞希降。若能依仪行道，罄志投诚，剖露腹心，皈依忏悔，即获平安，神明护门，道气滋扶，一切灾难，应时消散。又若世间男女，为先祖宗亲父母亡没，起心荐拔，冀彻孝思，即得魂出幽关，逍遥快乐，永辞沉结，上生天堂。是经功德，不可思议，存亡获福，善利无边。"①

在这部元代道经的描述中，五显乃"五方五灵之化身"，故可分为五体，亦可化成一尊。他化身三界，应现十方，掌三界祸福之权，持万物生杀之柄。其形象手持金枪，足踏火轮，有火瓢火鸦，金砖雷火，天目一视，三界齐钦，而这正是华光大帝马元帅的标准形象。

作为五显神祇的存在，他们分别被称为都天威猛大元帅显聪昭应孚仁广济王、横天都部大元帅显明昭烈孚义广佑王、通天金目大元帅显正招顺孚智广惠王、飞天风火大元帅显直昭佑孚信广泽王、丹天降魔大元帅显德昭利孚爱广成王、其下拥有部属助灵史相公、助顺卞相公、翊应周将军、王念二总管、黄王二太尉、令狐寺丞、善庆童子、土地真官、直日功曹、后宫仙源圣眷、灵顺法部侍从威灵等。"切以聪明为圣，常显迹于人间；正直乃神，屡彰名于世代。启五通之神殿，次六蔽之昏衢。天地风火水之间，通达无碍；仁义智信爱之圣，惠泽旁施。冀含识之回光，遂知机而见晓。"② 此之

① 《太上洞玄灵宝五显灵观华光本行妙经》，《道藏》，第 34 册，第 751 页。

② 《五显灵观大帝灯仪》，《道藏》，第 3 册，第 576 页。

所言“五通”，是指五显大帝于天地风火水之间，通达无碍，而非佛教所说的神境通、天眼通、天耳通、他心通、宿命通。

图 9　华光神谱图　明代　纸本　设色　李黎鹤藏

五显大帝或显五相，即显聪昭应孚仁广济王、显明昭烈孚义广佑王、显正招顺孚智广惠王、显直昭佑孚信广泽王、显德昭利孚爱广成王，为“聪、明、正、直、德”的化身；或现一身，化为天帝、如来、天主、菩萨、力士、真人。故拥有多种称谓，而以不同的神格显迹于世。

据元代《三教搜神大全》记载：

> 马元帅原是至妙吉祥化身，如来以其灭焦火鬼，愤有伤于慈而降之凡，遂以五团火光投胎于马氏金母，面露三眼，因讳三眼灵光。生下三日能战，斩东海龙王以除水孽；继以盗紫微大帝金枪，而寄灵于火魔王公主为儿，手书左灵右耀，复名灵

耀。受业于大惠尽慈妙乐天尊，训以天书，凡风雷龙蛇域鬼安民之术，靡取不精。乃授以金砖三角，变化无边。遂奉玉帝敕，以服风火之神，而得风轮火轮之使。收百加圣母，而五百火鸦为之用。降乌龙大王而羽之翼，斩扬子江龙而福于民。屡经艰险，至忠也。帝授以左印右剑，掌南天事，至显也。锡以琼花之宴，金龙太子为之行酒，至宠也。殊忆太子傲，侮怒帅，火烧南天门，遍败天将，下走龙宫，中战离娄师旷，偕以和合二神，仍笞金龙以泄其愤。至不得已，又化为一包胎，而产五子二女，共产于鬼子母之遗体。后为救母苦难而入地狱，三下酆都，入鬼洞，战哪吒，窃仙桃，敌齐天大圣，释佛为之解和，故至孝也。后复入菩萨座左，听闻佛音，故至慧也。华光集忠孝显慧于一身，玉帝以其功德齐天地，而敕元帅于玄帝部下，领以答下民妻财子禄之祝。百叩百应，虽至巫家冤枉祈祷之宗，悉入其部，直奏天门，雷厉风行焉。①

在民间，人们常将佛教的华光如来与五显大帝相混。《闲窗括异志》曰："五显灵官大帝，佛书所谓华光如来，显迹婺源久矣，岁岁朝献不绝。淳中乡人病于涉远，乃塑其像，迎奉于德藏寺之东庑，建楼阁居之。祠之前素有井，人无汲者，自立祠后，人有汲其水饮之者，病辄愈。由是汲者，祷者日无虚焉。寺僧利其资，每汲一水，则必令请者祷于神，得茭杯，吉，然后汲水，并以小黄旗加之上。自是请者日少，今亦不复验矣。"② 五显神祠也有被改为佛教寺院，或者成为佛教寺院的组成部分，或者兼具民间神祠和佛寺两种功能，这些现象在南宋初年的临安就已经出现了。万里说："南宋后期，五显神灵的崇拜已经开始与佛教信仰相混杂。"③

不仅是州、县治，连草市、集镇也有了五显的行祠。如清江县

① 胡道静等主编：《藏外道书》，巴蜀书社 1994 年版，第 31 册，第 791 页。

② 车吉心总主编：《中华野史》，泰山出版社 1999 年版，第 5 册，第 2898 页。

③ 万里：《南宋时期江南地区"五显神"崇祀考》，《长沙理工大学学报》（社会科学版）2013 年第 4 期。

的樟镇、贵溪县的上清市。刘辰翁《五显华光楼记》曰："繇南粤道赣右而下，繇蜀江转重湖而上，左衡右庐，舟车百会，惟樟镇。华光楼者，樟镇之钜观也，五王居之。五王祠，新安婺台最盛而赫然，清江之上者，则以风波厚载，数路跋涉，赴利之夫，临深之子，操心危而望走近也。"①

据明清史籍所记，华光五显庙分布之地有柳州、汉阳、建昌、扬州、绍兴、鄂州、临川、浙东、江西、闽中、舒州、饶州、南康、会稽、衢州、新安、衡山、临安等地，说明当时在南方长江流域华光信仰观念的普遍，同时在今福建、广西、广东也不乏信奉者，反映其信仰已广及东南各地，并且达于岭南，成为民间普遍供奉的神灵。从对马元帅、五显的崇拜，到对华光的信仰；从一个道派的主神崇拜，到全国性的神灵崇拜，众多的神明经过历史的多次改造，成为中国民众普遍敬奉的神真，已与原来的面目相去甚远，以至于人们已很难辨认清楚。

---

① （南宋）刘辰翁撰：《须溪集》卷一《影印文渊阁四库全书》，台北：商务印书馆1986年版，第1186册，第420页。

从唐宋“阴符学”史看张果对李筌的批判

谢徐林

摘　要：张果《阴符经注》对李筌的激烈批评堪称唐代“阴符学”① 一大公案，至今仍未得到充足的解释。这一批判应当跳出局部知识之争而从总体上审视，张果真正不满的是李筌注的诠释主旨及其潜在不良影响，他欲将李筌注津津乐道的哲士、英雄之道扭转为圣人、王者之道。考察唐代“阴符学”的主流诠释倾向可知，张果的努力并未能取得成功。但他由批判李筌所发出的警惕与忧虑不仅适用于李筌注，似乎也适用于整个唐代“阴符学”。在宋初偃武修文和儒学复兴的背景下，“阴符学”才由李筌一系大谈政治事功、兵法权谋的诠释倾向转到张果注儒道并用的理路上。此后《阴符经》诠释不断跳脱李筌的影响，“阴符”之道基本被视为一种治身之道，“治国安民”“强兵战

---

① 约出于南宋的胥元一《黄帝阴符经心法》已提到“阴符学”一语：“此诚阴符学中真丈夫也!”但作为一个学术概念的“阴符学”首先是由詹石窗先生提出来：“长期以来，道士、文人对这部问世于南北朝的道教经典进行解说、注疏、发挥，从而形成‘阴符之学’。”（詹石窗：《〈阴符经〉与〈周易〉》，载陈鼓应主编《道家文化研究》第2辑，上海古籍出版社1992年版，第384页）唐以来的《阴符经》注本见于官私书目著录的有100多种，仍存世的约60种，在道学经典中可能仅次于《老子》，但“阴符学”所受到的关注还比较少，远无法与“老学”“庄学”等相比。

胜”均成了身心炼养之譬喻。

关键词：《阴符经》；阴符学；李筌；张果

作者简介：谢徐林，南京大学哲学系博士研究生（江苏南京，210023）。

导　言

《阴符经》又称《黄帝阴符经》，关于其成书时代自北宋以后众说纷纭，大致可分为“黄帝之书”、“太公之书”、“战国之书”、“汉末魏晋南北朝之书”①、“李筌伪作之书”五种观点。目前我们还找不到唐以前有关《阴符经》的明确记录，但由欧阳询、令狐德棻等编纂，成书于唐高祖武德七年（624）的《艺文类聚》已经引用《阴符经》经文：“《阴符》曰：火生于木，祸发必克。”② 这使得黄庭坚、朱熹等认为《阴符经》是由李筌伪造的观点不攻自破，而另外四种断代观点至今仍为不同学者所坚持。

据说欧阳询、褚遂良、长孙无忌等人均书写过《阴符经》帖流传，但相关记录出自南宋乃至更晚的文献，故现存题名欧阳询、褚遂良的几种经帖的真实性一直有争议。然而至少在盛唐时，《阴符经》已经引起了一批知识分子的关注。

活动于唐玄宗、代宗、肃宗时期的李筌③于嵩山虎口岩石壁中

---

① 这是笔者对多家学术观点的统合，例如杨慎认为《阴符经》出自后汉末，姚际恒、全祖望等认为出于寇谦之手，余嘉锡怀疑是晋时杨羲、许谧辈所为。汉末魏晋南北朝战乱频仍而又思想文化活跃，道教教派纷起，造制了大量新道经，其中不乏托名上古仙真圣贤的作品。而传世文献证明《阴符经》在唐初即已流传，其成书很可能在唐以前，而离唐最近的时代正是魏晋南北朝以至于汉末（李筌《疏》序提到的寇谦之即属于这一历史时期）。

② （唐）欧阳询等：《艺文类聚》，中华书局1965年版，第1507页。

③ 李筌，唐陇西人，号达观子，主要活动于唐玄宗、肃宗、代宗年间，曾任荆南节度判官、邓州刺史等职。在新旧唐书中无传，但其著作、事迹在中唐以后流传甚广，堪称一位传奇人物。李筌一生勤于著述，除了《阴符经注》，《新唐书·艺文志》还著录其书目《阃外春秋》十卷、《中台志》十卷、《太白阴经》十卷、《青囊括》一卷、《孙子注》二卷、《六壬大玉账歌》十卷等。

得到了据说是北魏寇谦之所藏的《黄帝阴符经》[①]。后来他在异人骊山老母的指点下为之作注。而玄宗时代的道士张果[②]称自己“偶于道经藏中得《阴符传》，不知何代人制，词理玄邈，如契自然”[③]。他便在《阴符传》的基础上为此经作注，故其注语每以“《传》曰”开头。张果对李筌注极尽批评之辞，乃至称呼李筌提到的骊山老姆为“妖巫”[④]。玄宗时的上清派道士吴筠在其《形神可固论》中两次引述《阴符经》的经文和早期注文。[⑤] 玄宗时的冯用之所撰《机论》《权论》两篇政论文章多次引用、发挥《阴符经》文句。[⑥]

抛开扑朔迷离的成书时代之争，那么唐代可视为“阴符学”的第一阶段。就唐代的“阴符学”而言李筌毫无疑问是一个中心人

---

① 北魏时寇谦之曾在嵩山石室隐居修行多年，并以嵩山为阵地来宣扬老君降临的神话以开始其天师道改革，故李筌在嵩山得到其遗物未必完全没有可能。

② 张果为唐朝道士，其生平大要及注解《阴符经》之事在唐书中有载。他善道法，约活动于唐玄宗前后，曾受召入朝，被玄宗赐号通玄先生，后辞归。他在后世被尊为八仙之一的“张果老”而广为人知。除了《黄帝阴符经注》，《正统道藏》还收有署名“张果”的《还丹金液歌注》《太上九要心印妙经》《玉洞大神丹砂真要诀》《道体论》等。《道藏提要》认为张果所采用的《阴符传》“为现存《阴符经》注本中年代最早者”“唐以前难得见之善本”。（参见任继愈主编，钟肇鹏副主编《道藏提要》，中国社会科学出版社 1991 年版，第 87 页）

③ （上古）黄帝撰，（商）伊尹等注：《阴符经集释》，中国书店 2013 年版，第 84 页。

④ 参见王宗昱《阴符经集成》，中华书局 2019 年版，第 15—16 页。

⑤ （唐）吴筠《形神可固论·守神》曰：“身者道之器也，知之修炼，谓之圣人。”其中“知之修鍊，谓之圣人”出自《阴符经》。又曰：“《阴符经》曰：‘经冬之草，覆之不死，露之见伤。火生于木，祸发必克；精生于身，精竭而死。’”其中“火生于木，祸发必克”为《阴符经》经文；“经冬之草，覆之不死，露之见伤”出于《阴符经》七家注本中鬼谷子的注文，文字稍异，说明吴筠时已有《阴符经》注流行。而“精生于身，精竭而死”出处不明，可能是《阴符经》经或注的佚文。

⑥ 与李筌、张果、吴筠、冯用之同时期的李白、杜甫、李邕各有诗文论及“阴符”。李白诗《门有车马客行》说：“空谈霸王略，紫绶不挂身。雄剑藏玉匣，阴符生素尘。”杜甫诗《哭台州郑司户、苏少监》说：“胜决风尘际，功安造化炉。从容询旧学，惨淡閟阴符。”李邕散文《左羽林大将军臧公神道碑》说：“是以传阴符，移间谍，飞言以误其使，重赏以卖其邻。”三人所论“阴符”似乎指兵书、兵符，更可能与《太公阴符》或《六韬·阴符》有关，但需考虑到《阴符经》在唐代也常常被视为兵书。明高濂《遵生八笺·论历代碑帖》提到李邕有行书《李北海阴符经》法帖行世，可惜今不存，难知其为李邕所写还是后人伪托。关于《阴符经》早期流传的文献记录确实真伪相杂，是似难分。

物。首先，从现存资料来看他是《阴符经》从秘传走向公开流传的最大推动者，即朱熹所谓“只因他说起，便行于世”①。其次，李筌注与现存几种早期注本即七贤注、张果注、《天机经》都颇有渊源——今存七贤注的其他六家注文是与李筌注文绑定在一起流传的；张果注是专门为反驳李筌而作；《天机经》在诠释旨趣上明显受到七贤注的影响，而历史上一些学者认为它出自李筌之手。最后，“李筌—骊山老母神话”的广泛传播使“《阴符》三百字”的说法以及“神仙抱一”“富国安民”“强兵战胜”的三章之分深入人心，某种程度上主导着早期“阴符学”的版本选择和诠释理路。

然而在“阴符学”史上围绕着李筌注所产生的问题和争议也最多，例如：李筌注与太公、伊尹等六家注之间是什么关系？是否一开始就集合在一起流传？张果为什么会处处针对李筌而对其作出近乎谩骂的批评？这是后人感到疑惑的一个问题，至今仍未获得合理的解释。题名李筌的《黄帝阴符经疏》与七贤注中的李筌注文是否均出自李筌之手？这已引起了学界的一系列讨论。

由于张果是李筌的同时代人，他的《黄帝阴符经注》是专门为反对李筌而作，故其注文中保留了大量有关李筌注、有关《阴符经》早期历史、版本的珍贵资料。因此张注对于李注的批评，不仅是我们深入辨析二人《阴符经》诠释主旨差异的切入点，也是我们从宏观上把握整个唐代“阴符学”的一个核心和枢纽。

一　从张果批评看李筌注的相关争议

现存题名李筌的《阴符经》注有两种。一种是被包含于七贤注中的李筌注。它的大量文字内容都能在张果注本中得到印证，学界一般认同其出自李筌之手。② 只是我们还不清楚李筌注是何时与太

① （宋）朱熹著，（宋）黎靖德编：《朱子语类》，崇文书局 2018 年版，第 8 册，第 2281—2282 页。

② 但也有极少数学者持怀疑态度，如潘雨廷先生认为七贤注实际上是一人所为，出于宋代。参见潘雨廷《道藏书目提要》，上海古籍出版社 2017 年版，第 69 页。

公等数家注集合在一起的。第二种即题为“少室山李筌疏”的《黄帝阴符经疏》，前有以李筌自述口吻写的序言，详述其自嵩山石室得《阴符》、受骊山老母之教而注《阴符》的经过。但由于《黄帝阴符经疏》与宋代袁淑真《黄帝阴符经集解》除微不足道的差异外，注文内容基本一样，这引发了该注文到底出自李筌还是袁淑真的争议。学界一般认为它是后人采袁淑真注附上李筌序而成。但也未形成定论，比如陈进国先生认为《七贤注·李筌注》和《黄帝阴符经疏》均是李筌作品，后者“内涵更为丰富，代表着李筌较为成熟的思想”①。王宗昱先生通过比对李筌《疏》和袁淑真《集解》，认为二者可能从一个共同的本子演变而来，而袁淑真并非真实的作者。②

这说明，我们对于李筌注本的早期流传情况还知之甚少，而张果的批评恰恰能给我们提供一些珍贵的信息。只有界定清楚李筌注的内涵，我们才能对张、李二人的诠释主旨之争作出全面的分析。

（一）从张果批评看李筌注的早期版本形态

张果《黄帝阴符经注》总共有15次批评李筌，其中13次均能在七贤注的李筌注文中得到印证。此外还有两次。

其一，张果批评李筌云：“李筌以阴为暗，以符为合，以此文为序首，何昧之至也?”③ 这在七贤注的李筌注文中找不到对应内容，反而《黄帝阴符经疏》开头的“阴者，暗也。符者，合也”可与之对应。这说明张果看到的李筌注本是有解题的。

其二，张果在序中称李筌“假托妖巫，妄为注述”④，李筌假托的“妖巫”自然是指骊山老母。另《正统道藏》所收题名“仙人张果老述”的《太上九要心印妙经》中有言：“夫三一者，三成

① 参见陈进国《李筌〈黄帝阴符经疏〉的真伪考略》，《中国道教》2002年第4期。

② 参见王宗昱《李筌和袁淑真〈阴符经〉注疏关系考辨》，《宗教学研究》2017年第3期。

③ 王宗昱：《阴符经集成》，第16页。

④ 王宗昱：《阴符经集成》，第15页。

一气也，上有神仙抱一炼神之道，中有富国安民炼气之法，下有强兵战胜炼精之术。"[①] 其中"神仙抱一之道""富国安民之法""强兵战胜之术"均出自"李筌—骊山老母神话"，表明张果知道这个故事。因此，张果所见到的李筌注本是有序言的，该序言应当是今存《黄帝阴符经疏·序》的底本。

七贤注的题名者除李筌外，伊尹、太公、范蠡、鬼谷子、诸葛亮、张良六人的注文大多比较简略，字数加起来尚不足李筌一人多。它们可能就是张果提及并略有微词的"凡有先圣数家注解，互相隐显"[②]。而且这数家注文大概很早就与李筌注集合在一起流行，因为张果不时地会将这几家注与李筌一同评述，比如：

> 李筌等以五贼为五味，顺之则可以神仙不死，诬道之甚也！[③]
>
> 太公、诸葛亮等以杀人过万，大风暴起，昼若暝，以为天地反覆，其失甚矣！[④]
>
> 太公以三要为耳、目、口；李筌为心、神、息，皆忘机也，俱失《阴符》之正意。[⑤]

除了批评，张果也从正面引用过鬼谷子、太公、伊尹的注文，化用过诸葛亮的序文。这说明，张果对李筌唯有痛斥，但对另外数家注解则既有批判又有所继承，这和他"互相隐显"的评语是相合的。

总结来说，《黄帝阴符经疏》前面的序言和解题应当出于李筌

---

① 潘雨廷《道藏书目提要》认为《太上九要心印妙经》"文极简要中肯，以为张果之作，颇有可能"。而"九要"中的枢要、机要"全准《阴符经》三才五行生克之理，抱一炼神、富国安民、强兵战胜犹三丹田之象"。（参见潘雨廷《道藏书目提要》，第93页。）

② 王宗昱：《阴符经集成》，第15页。

③ 王宗昱：《阴符经集成》，第17页。

④ 王宗昱：《阴符经集成》，第18页。

⑤ 王宗昱：《阴符经集成》，第19页。

（虽然序文可能经过了改造）。因此今存七贤注中的李筌文字并不是李筌《阴符经》注的全貌，其序文和解题可能是编辑者为了照顾集注本的体例而删去了。同样，七贤注本“天性，人也。人心，机也。立天之道，以定人也”①，“故曰：食其时，百骸理。动其机，万化安”② 两段经文下无李筌注文，应当也是编辑者删去了。

由于《黄帝阴符经疏》保留着李筌的序言和解题，那么是否存在这样一种可能？即李筌曾留下过两种《阴符经》注，一种注文为张果所见并批评，另一种则为《黄帝阴符经疏》，张果所未见。这需要我们进一步结合李筌的生平及其他著作来作深入考察。

（二）李筌其他著作与《阴符经》注的互证

李筌有将略，其著作《阃外春秋》《中台志》《太白阴经》《青囊括》《孙子注》《六壬大玉账歌》等基本都和兵法、谋略有关。他还曾主动将《阃外春秋》《中台志》《太白阴经》等书进献给朝廷。

敦煌文献存《阃外春秋》卷一、二（残）与《阃外春秋》卷四（残）、五，在所存的《阃外春秋》前有天宝二年《进书表》曰：

> 《阃外春秋》者，记将军阃外之事也。……起周十有三年武王胜殷，终大唐武德四年太宗文武圣皇帝擒窦建德，凡一千七百四十载，真伪四十九国。历选明君良将，战争攻取，在师中吉者，悉书其美焉。……天宝二年六月十三日，少室山布衣臣李荃上表。③

---

① 王宗昱：《阴符经集成》，第 4 页。

② 王宗昱：《阴符经集成》，第 6 页。

③ 敦煌本《阃外春秋》卷一、卷二，《巴黎敦煌残卷余录》第二卷，“国立”北平图书馆 1941 年版，第 152—156 页。另宋陈振孙《直斋书录解题·卷十二》所述与此相似：“《阃外春秋》十卷，唐少室山布衣李筌撰。起周武王胜殷，止唐太宗擒窦建德，明君良将、战争攻取之事。天宝二年上之。”（陈振孙：《直斋书录解题》卷十二，丛书集成初编，商务印书馆 1937 年版，第 349 页）

"阃外"与国中、朝廷相对，指外任将吏所统辖的区域。故《阃外春秋》主要记录古来将帅兴衰成败之事。[①] 而李筌的《中台志》看起来是与《阃外春秋》相互配合而作的。宋晁公武《郡斋读书志》卷二下"《中台志》十卷"条云：

> 右唐李筌撰，起殷周迄隋唐，纂辅相邪正之迹，分皇、王、霸、乱、亡五类，以为鉴戒。唐相以李林甫、陈希烈附皇道。筌上元中[②]乃自表，天宝初追以缀名云。[③]

"中台"本为星名，为三台六星的中间二星。古代认为三台星对应人间的太尉、司徒、司空三公之位，"中台"对应于司徒，后来又可以指宰相。"中台"和"阃外"正好一内一外，《阃外春秋》记将帅成败之事，《中台志》则记辅相邪正之事，二书均从殷周一直写到隋唐而具有"通史"的性质。李筌将当时两位宰相列入品级最高的"皇道"，亦可见其积极取售之意。

除这两种书，今存李筌积十年之功修成的《太白阴经》收有李筌于唐肃宗乾元二年（759）所撰《进太白阴经表》：

> 臣筌言：《太白阴经》者，记行师用兵之事也。臣闻：太白主兵，为大将军，阴主杀伐，故用兵而法焉！[④]

---

① 五代时李琼曾读《阃外春秋》并对后周太祖言："此《阃外春秋》，所谓以正守国，以奇用兵，较存亡治乱，记贤愚成败，皆在此也。"参见（元）脱脱等《宋史》卷二六一《李琼传》，中华书局1985年版，第6491页。

② 唐代有两个皇帝使用过"上元"年号，分别是唐高宗李治（上元：674—676年）和唐肃宗李亨（上元：760—761年）。由于李林甫、陈希烈均为玄宗时宰相，故这里的"上元中"应当指唐肃宗时期。然而后文又言"天宝初追以缀名云"，则"上元"或为"开元"之讹误。

③ （宋）晁公武编，孙猛校：《郡斋读书志校证》，上海古籍出版社1990年版，上册，第310页。

④ （唐）李筌：《神机制敌太白阴经》，盛东玲译注，河北人民出版社1991年版，第6页。

这三种进献给朝廷的书全都编为十卷，显然是出于李筌的某种规划。他在上表中自言："臣筌，少室书生，才非武职，敢越樽俎，辄迷兵书。""虽坐偏裨之职，未展纵横之谋，挟经怀惭，辜负圣化。"① 说明他长期未得到好机会来施展自己的韬略、抱负，从新旧唐书皆不载其生平亦可知这一点。

晚唐杜光庭《神仙感遇传》称李筌"为李林甫所排，位不大显，入名山访道，后不知其所也"②。但李筌与道教的关系应该不是在晚年才建立起来的，他在上表中自称"少室山布衣""少室书生"，又号"少室山达观子"，杜光庭说他"居少室山"应当是真的。唐代本有"终南捷径"之说，该典故的主人公卢藏用就曾"与兄征明偕隐终南、少室二山，学练气，为辟谷"③。李筌可能由于政治、军事抱负不得施展而隐居少室山等待时机，因此他可能很早就已在兵法、权谋之外留意起道家学术。少室山和太室山共同构成中岳嵩山，正是在这里李筌得到了据说是寇谦之所藏的《阴符经》。

唐范摅《云溪友议》明确说李筌是在撰成《阃外春秋》后才注解《阴符经》的：

> 李筌郎中，为荆南节度判官，集《阃外春秋》十卷。既成，自鄙之曰："常文也。"乃注《黄帝阴符经》，兼成大义。④

范摅作为唐人，其所记应该大致有依据。⑤ 此外，今存《进太白阴

---

① （唐）李筌：《神机制敌太白阴经》，第6—7页。

② （唐）杜光庭：《神仙感遇传》，《道藏》，文物出版社、上海书店、天津古籍出版社1988年版，第10册，第885页。

③ （宋）欧阳修：《新唐书》卷一二三《卢藏用传》，中华书局1975年版，第9页。

④ （唐）范摅：《云溪友议》，古典文学出版社1957年版，第2页。

⑤ 如范摅所记为实，则李筌注《阴符经》在天宝二年（743）前后（该年进献《阃外春秋》）。考虑到李筌著书主要是向外展示自己的文韬武略而非藏以自爱，此"非常之文"成书后应当很快就像《阃外春秋》《中台志》一样为时人所见，这就为同时期的张果看到李筌注创造了条件。

经表》有附言曰："夫《太白阴经》者，有唐少室书生李荃常游名山，探奇术于嵩山虎口岩石壁中，得黄帝《阴符经》，遇骊山老姥指明秘要，洞究深微，撰为兵书，名曰《太白阴经》。上宣天机，以为将家之轨则。"① 也说明了《阴符经注》应当与李筌其他著作视为一个整体来考察。

如此说来，怀抱将相才而主动向朝廷进献《阃外春秋》《中台志》《太白阴经》的李筌形象与"好神仙之道，博采方术"② 而注解《阴符经》的李筌形象是统一的。他并不是在晚年归隐山林时才注解《阴符经》，而是在雄心勃勃的盛年。注解《阴符经》恰恰是其展示韬略、抱负的一种方式，《阃外春秋》在他而言只是"常文"，而《阴符经注》才是他心目中的"非常之文"。

明白了这一点，我们就可以对比出两种题名李筌的《阴符经》注在诠释倾向上的巨大差异。一方面，七贤注所收的 19 条李筌注文广泛运用了殷周以小灭大、管仲九合诸侯、范蠡霸南越、张良败强楚、虞舜陶甄、夏禹拯骸、殷系夏台、周囚羑里、汉祖亭长、魏武乞丐、成汤放桀、周武伐纣、项籍斩嬴婴、魏废刘协、箕子逃而缚裘牧、商容囚而蹇叔哭、伊尹酒保、太公屠牛、管仲作革、百里奚卖粥、师旷薰目而聪耳、离朱漆耳而明目、项羽"彼可取而代之"、苻坚"草木皆兵"等历史典故。作者非常乐于谈论"季主凌夷""霸王开国""英雄得炁"等故事，并常常将此等案例作为其诠释的主要论据。相反，题名李筌撰的《黄帝阴符经疏》则很少依据这些案例来进行论证。

大概李筌确实是在编完《阃外春秋》《中台志》后才为《阴符经》作注，因此他能够对历史上"明君良将战争攻取之事""辅相邪正之迹"等案例信手拈来。这 19 条"筌曰"虽一定程度上透露出李筌"好神仙之道，博采方术"的一面，但更多则是展示其怀抱经世之志而积极进取的一面。即"富国安民""强兵战胜"才是李

① （唐）李筌：《神机制敌太白阴经》，第 7 页。

② （唐）杜光庭：《神仙感遇传》，《道藏》，第 10 册，第 885 页。

筌的真正志趣所在。他注解“禽之制在气”说：“夫禽兽木石得其炁，尚能以小制大，况英雄得其炁，而不能净寰海而御宇宙也?”[①]即此一语，可推知其总体的诠释旨趣。

而另一方面，在《黄帝阴符经疏》中“道德”一词共出现21次（其引用《道德经》不算在其中），包括“上施道德，下行仁义”，“君怀道德，臣效忠贞”，“人有道德定慧”，“内怀道德，外任贤良”，“道德之君，尧舜是也”等充满儒家色彩的表达。而在七贤注所收19条李筌注文中，“道德”一词一次都未出现；《黄帝阴符经疏》中“善”字出现了32次，“恶”字出现11次，而七贤注的李筌注文同样未见这两个词。

表1　**《黄帝阴符经疏》、七贤注李筌注文中“道德”“善”“恶”等词出现次数简图**

	道德	善	恶
李筌《黄帝阴符经疏》	21次	32次	11次
七贤注的李筌注文	0次	0次	0次

此外，《黄帝阴符经疏》除广泛征引《易》《老》《庄》等书，还4次引述孔子之言，3次征引《孔子家语》，以及《尚书》《左传》《孝经》《刘子》等书，也凸显了其浓厚的儒家色彩。这一色彩在七贤注的李筌文字中基本看不到。

综上可知，七贤注中的李筌注文不仅和李筌本人的性格气象、思想旨趣十分相契，也和唐人重事功、重外在超越的文化氛围十分相契。虽然它已不是原初李筌《阴符经注》的面貌，但应当保留了主体部分。而《黄帝阴符经疏》由于始终对世道人心十分关切，几乎每条注文必讨论道德、善恶等问题，它应当出于北宋儒学复兴之后，其儒道混融的特点反而跟张果《黄帝阴符经注》更为接近。

① 王宗昱：《阴符经集成》，第11—12页。

除非李筌在受到张果批评之后又作了第二本注来扭转自己的诠释倾向以靠近张果注，否则我们可大致得出结论：《黄帝阴符经疏》并非李筌之作，而应当是宋人采李筌序文、解题与袁淑真注合并而成。[①]

二 张果、李筌诠释旨趣之根本冲突

张果《黄帝阴符经注》处处贬斥李筌，运用了“何昧之至也”“诬道之甚也”“错谬之甚也”“为是悲哉”等一系列激烈的言辞，态度近于唾骂。但实际上张果有取于七贤注，其注文与李注往往并非水火不容。

比如张果批评李筌以心、神、志为“三要”，他自己则将“三要”解释成机、情、性，二者的差异其实很微妙[②]；张果批评李筌以日月运行之数来解读“日月有数”，而他自己的注解“日月有准，运数也”分明与李筌相似[③]。连李筌在后世获得普遍认可的解题“阴者，暗也；符者，合也”也被张果贬得一无是处，但张果的解题“心深微而无所见，故能照自然之性，唯深微而能照，其斯之谓阴……机变通而无所系，故能契自然之理，其斯之谓符”[④] 是以“深微”为“阴”，以“契”为“符”，和李筌的以暗为阴、以合为符似乎也不矛盾。张永宏认为两人对“阴符”的理解“其相合性明显高于相隔性，张果注刻意要表明李筌之非而突出自己之是，

① 当然这只是一种初步推断，其中仍有诸多疑问有待解开。比如《黄帝阴符经疏》与七贤注的李筌文字对某些经句的解读是相似的，李大华、陈进国等学者即根据这一点来论证《阴符经疏》属于李筌（参见陈进国《李筌〈黄帝阴符经疏〉的真伪考略》，《中国道教》2002 年第 4 期；李大华《论〈阴符经〉产生的历史过程及其唐代诠释的思想特点》，载陈鼓应主编《道家文化研究》第 7 辑，上海古籍出版社 1995 年版，第 265—266 页），但袁淑真在《黄帝阴符经集解》序言中特意提到自己借鉴了李筌注本，那么二书在某些解读上存在相似性岂不是很正常？当我们从总体来看，二者在诠释旨趣上的差异性远大于其相似性。

② 参见王宗昱《阴符经集成》，第 19 页。

③ 参见王宗昱《阴符经集成》，第 20 页。

④ 王宗昱：《阴符经集成》，第 16 页。

在情绪方面确实有些矫酷激烈”[①]。张果对李筌看似“矫酷激烈”的批判确实颇令后世学者疑惑，至今仍未得到充足的解释。他的一些批评明显是有的放矢，另一些时候却似乎是“为了反而反”。

笔者认为，张注对李注的批判应当跳出局部知识之争而从总体上来审视——这并不是一种知识上的批判，而是道义上的批判。他真正不满的是李筌《阴符经注》的诠释主旨及其潜在不良影响，他对于李注的种种评语与其说是学术争鸣，毋宁说是道德审判。如他在序中强调的，李筌的《阴符经》注会导致“使小人窃窥，自谓得天机也”[②] 的结果。由此张果才会反对李筌不遗余力。若仅就知识上而言，二者的冲突并没有那么大，甚至于不妨“所见略同”，比如二人都遵循太公注而将“五贼”解为贼命、贼物、贼时、贼功、贼神。

但在这种“所见略同”中，我们恰恰能看到二人诠释旨趣的巨大差异所在。

李筌注：“黄帝得贼命之机，白日上升；殷周得贼神之验，以小灭大；管仲得贼时之信，九合诸侯；范蠡得贼物之急，而霸南越；张良得贼功之恩，而败强楚。”[③]

张果注：“贼天之命，人知其天而不知其贼，黄帝所以代炎帝也；贼天之物，人知其天而不知其贼，帝尧所以代帝挚也；贼天之时，人知其天而不知其贼，帝舜所以代帝尧也；贼天之功，人知其天而不知其贼，大禹所峡代帝舜也；贼天之神，人知其天而不知其贼，殷汤所以革夏命也……李筌不悟，以黄帝贼少女之命，白日上腾，为非也！”[④]

李筌所谓“白日上升”为神仙修炼之术，张果只是简单地否定了这一说。而“以小灭大”“九合诸侯”“霸南越”“败强楚”均

---

① 张永宏：《〈阴符经〉及其道教诠释的思想研究》，博士学位论文，四川大学，2016 年，第 107 页。

② 王宗昱：《阴符经集成》，第 15 页。

③ 王宗昱：《阴符经集成》，第 3 页。

④ 王宗昱：《阴符经集成》，第 16—17 页。

指权谋用兵之术，这才是张果注着重批判李筌的地方。为此他对李筌的“五贼”说做了两点扭转。其一，张果强调“五贼”的主体均为古代圣王，而李筌所说的管仲、范蠡、张良皆居臣位，殷周也是从臣位“以小灭大”。其二，张果强调“五贼”的客体均是天，分而言之即“天之命”“天之物”“天之时”“天之功”“天之神”。而且张果注特别突出天的自然性，其注文中“自然”一词凡 17 见，李筌注仅提到了一次。

统而言之，李筌关注的是哲士如何积极有为地窃取外物来建功立业，张果关注的则是圣王与自然天道之间的关系。

李筌为代表的七贤注每为“英雄”“哲士”立言，乃至会道出“若使哲士执而用之，立石为主，刻木为君，亦可以享天下”[①] 这样的不经之论。张果注虽然有取于七贤注（乃至有取于李筌注），但他的道德伦理意识更强，似乎欲将七贤注所津津乐道的英雄哲士之道扭转为圣人、王者之道。他明确强调“五贼”之道的用处“务在匡天地，谋在济人伦。于是用大义除天下之害，用大仁兴天下之利，用至正措天下之枉，用至公平天下之私”[②]；他诠释“杀机”时提出“天以气为机，人以德为机”[③]，并有意识地以君王为发杀机的主体，所谓“君之张杀机也”“君之弛杀机也”“君以利害之机动于下”[④]；他认为“大小有定”的意思是指君臣关系[⑤]；他认为“心生于物，死于物”一句的主旨在于“劝善而惩恶”[⑥]；他强调“圣人修身以安其家，理国以平天下”，用兵只是一种“权”，而且应当像老子所说做到“执无兵”[⑦]。

由以上例子，我们大致可知张果《黄帝阴符经注》的诠释主旨。相比于李筌，张果讨论“阴符”之道更多是以圣人、王者、君

---

① 王宗昱:《阴符经集成》，第 124 页。
② 王宗昱:《阴符经集成》，第 16 页。
③ 王宗昱:《阴符经集成》，第 17 页。
④ 王宗昱:《阴符经集成》，第 18 页。
⑤ 王宗昱:《阴符经集成》，第 20 页。
⑥ 王宗昱:《阴符经集成》，第 21 页。
⑦ 王宗昱:《阴符经集成》，第 23 页。

主为主体，他直接关注的是人心与自然天道之关系；他对于李筌所谈论的神仙修炼之法和兵家权谋之道甚为警惕，其注文明显带有儒道并用的色彩。

张果《黄帝阴符经注》由于批判地吸收了《阴符传》、“先圣数家注”和李筌注，因此达到了很高的理论水平。《道藏提要》称赞它“注文简明流畅，颇能发明经旨，迥出于它注之上”①。而且张果注采用的是《阴符经》四百字本，经文内容也要比李筌本更加丰富。然而，张果注本在很长时期内所受到的关注却明显不如李筌注。主要可能有两方面的因素。

其一，李筌注本有“李筌—骊山老母神话”作支撑，该故事对《阴符经》文本结构及主旨思想的论述深刻影响了历代注家，它使得“阴符三百言”的说法流传甚广、深入人心，一直到今天仍然是人们指称《阴符经》的常用名号。而张果注及其所代表的“四百字本”则没有这样的神话作支撑。因此在明代以前，虽然“四百字本”的经文内容更为丰富，但更多的注家仍然选择三百字本。②

不仅李筌注本有“李筌—骊山老母神话”作支撑，李筌本人至少在晚唐时也被人们赋予了神异化的色彩。唐末范摅《云溪友议》记载了李筌的两个故事：

> 乃注黄帝《阴符经》，兼成大义，至“禽兽之制在气”，经年懵然不解。忽梦乌衣人引理而教之。其书遂行于世，佥谓鬼谷、留侯复生也。（所谓“玄龟食蟒，黄腰服虎，飞鼠断猿，

---

① 任继愈主编，钟肇鹏副主编：《道藏提要》，第87页。

② 例如北宋萧真宰《黄帝阴符经解义》在采用“三百字本”的同时提道：“一本‘哲’字下续一百一十四字，非也。”（王宗昱：《阴符经集成》，第124页）他没有具体解释原因，大概是认为加上这114个字会跟“阴符三百字”的说法相冲突，同时又打破了上、中、下三章各占百言的平衡。此外，“三百字本”本以“观”字开头而以“哲”字结尾，《康熙字典》中对“哲”字早期义涵有一个归纳：“《尔雅·释言》：哲，智也。《书·舜典》：濬哲文明。《说命》：知之曰明哲。《洪范》：明作哲。”简言之，“哲”即明智之意。《阴符经》以“哲”字结尾似乎本身就在提示它论述的是一种哲士之道，而四百字本多出的内容恰恰弱化了这一点，而强化了天道、圣人等内涵。

> 稂啮鹤，以小服大”，皆得乌衣之旨，筌遂通其义也）筌后为邓州刺史，常夜占星宿而坐。一夕，三更，东南隅忽见异气；明旦，呼吏于郊市，如产男女者，不以贫富，悉取至焉。过十余辈，筌视之曰：皆凡骨也。重令于村落搜访之。乃得牧羊胡妇一子，李君惨容曰：“此假天子也。”座客劝杀之，荃以为不可，曰：“此胡鶵必为国盗，古亦有然，杀假恐生真矣。”则安禄山生于南阳，异人先知之矣。①

范摅作为唐人，其所记能够透露给我们唐人心目中的李筌形象。《阴符经》“禽之制在气”一句历来注解分歧，李筌由异人托梦而解之为“玄龟食蟒，黄腰服虎，飞鼠断猿，稂啮鹤，以小服大”，这段文字见于七贤注李筌注文，主于权谋统御之术，这是该注的一贯特色。而李筌夜占星宿而逆知安禄山谋反之事，也强调其善于机变权谋。故范摅说时人称李筌为“鬼谷、留侯复生”。

其二，为了反对李筌，张果似乎有意弱化《阴符经》古奥、奇谲、凛冽的色彩，其注文对于“自然”的崇尚和对心性、道德、人伦的格外关切，反而使得它并不能像李筌注那么迎合唐人崇尚外在事功的精神趣味。

三　从李筌、张果看唐代“阴符学”之特质

虽然张果欲通过辛辣的批判来扭转李筌注的影响，但从现存资料来看，唐代“阴符学”的诠释旨趣似乎在很大程度上是由李筌注所引领的，重在开显一种鬼谷、留侯之道，而非张果注倡导的圣人、王者之道。而唐代“阴符学”的总体诠释倾向及其弊病，也印证了张果对李注的批评的确是有的放矢。

我们可以从七贤注的另外六家注、冯用之的《机论》《权论》以及《天机经》来看这一点。它们与李、张二人注一起，构成了今

① （唐）范摅：《云溪友议》，第2页。

人研究唐代“阴符学”的主要参考资料。

（一）七贤注的另外六家文字

七贤注的题名者除李筌外，伊尹、太公、范蠡、鬼谷子、诸葛亮、张良六人均为唐以前不同时期纵横家、谋略家、王佐之才的最大代表。张果虽然有取于这六家注文，但同时也将它们与李筌注一同批判，这一点前已提及。总体上来看，另外六家注的文字风格和诠释旨趣均与李筌注比较接近，我们可从题为诸葛亮撰的序中略知这一点：

> 夫臣易而主难，不可以轻用。太公九十非不遇，盖审其主焉。若使哲士执而用之，立石为主，刻木为君，亦可以享天下！夫臣尽其心而主反怖，有之不亦难乎？呜呼，无贤君则义士自死而不仕，莫若散志岩石以养其命，待生于泰阶。世人以夫子为不遇，以秦、仪为得时，不然，志在立宇宙，安能驰心下走哉？丈夫所耻。呜呼，后世英哲审而用之，范蠡重而长，文种轻而亡，岂不为泄天机？①

它是明确为“哲士”“义士”“英哲”而立言，关注的也是李筌所谓“英雄得炁”的问题。而其中“若使哲士执而用之，立石为主，刻木为君，亦可以享天下！”在正统儒者看来堪称一句大逆不道的话。

由于诠释旨趣的相近，太公等六家注与李筌注大多时候是一种相互配合、呼应的关系。比如太公将“五贼”解释为“其一贼命，其次贼物，其次贼时，其次贼功，其次贼神”，鬼谷子、李筌亦同此。而张良、李筌二人均以兵法语言解说“性有巧拙，可以伏藏”：

> 良曰：圣人见其巧拙，彼此不利者，其计在心；彼此利

---

① 王宗昱：《阴符经集成》，第2页。

者，圣哲英雄道焉。况用兵之务哉？筌曰：中欲不出谓之启，外邪不入谓之闭。外闭内启，是其机也。难知如阴，不动如山，巧拙之性，使人无间而得窥也。①

其文字间的兵家、纵横家气息是很明显的。张果对另外六家注有所批评，这和他批评李筌是一个道理。只是由于这六人均属于先代贤哲，其名下的注语又比较简略，因此他的态度没有像对待李筌那般激烈。

（二）冯用之的机权并用之道

玄宗朝的中层官员冯用之写了《机论》《权论》两篇政论文章来发挥《阴符经》思想，由于他的发挥比较系统，某种程度上我们可将他视为《阴符经》的早期注解者之一。他的两篇文章多次引用、化用《阴符经》文句。更重要的是，他创造性地发挥了“机”这个《阴符经》的关键字眼（《阴符经》有“杀机”“盗机”“动其机”“机在目”等种种说法）。其《机论》借助于《周易》的相关表述而把“机”抬高到与道同等的地位，所谓“夫三才设位，道，天下至赜而机行乎其中矣，得之者昌，失之者亡”②，“夫域中至大之谓之谓机”③。由此他提出了“道机相须”的主张：

有道无机，守死而一身独善；有机无道，好谋而彝伦攸斁。伯夷、叔齐，守死也，岂谓亿兆涂炭，俟周武哉？李斯、赵高，好谋也，岂知刑政酷毒，失民心哉！④

可知冯氏所谓“机”大略相当于传统儒家所谓“权变”。然而伯

---

① 王宗昱：《阴符经集成》，第5页。

② 周绍良主编：《全唐文新编》第2部，吉林文史出版社2000年版，第3册，第4675页。

③ 周绍良主编：《全唐文新编》第2部，第3册，第4675—4676页。

④ 周绍良主编：《全唐文新编》第2部，第3册，第4676页。

夷、叔齐被儒家视为“求仁而得仁”的“圣之清者”[1]，《机论》竟然将他们与李斯、赵高并列，很值得注意。冯氏每发一论，必历举古今成败兴亡的案例以为佐证，这一点颇似李筌。

《机论》的结尾赞曰：“夫茫茫六经，万机之圃；昭昭前史，万机之鉴。”[2] 但既然六经皆机，则机之道仍然是一种常道。而冯用之的真正志趣乃在于阐明一种非常之道，一个“机”不足以他发挥，于是他又作了《权论》。

> 大哉！鼓天下之动，成天下之务，反于常而致治，违于道而合利，非权其孰能与于此乎？[3]

他强调当道德、礼义、刑名不可为之时，必须济之以反于常、违于道的“权”。不过他所谓“权”不是像儒家那样以“经”为取舍，而是以利为取舍。

> 夫权之大端，在于利害而已矣，利万而害一，害之何伤；害百而利十，利之必亡。苟害于事，虽鄙俚之义，君子之惧之；苟利于后，虽先王兴教，达人抗行也。[4]

他认为“用权之际，道德可乘，礼义可置，刑名可弛”[5]，而最终达到的效果能够与道德礼义刑名“同功”。他运用了武丁诈称梦得贤相而举用傅说、周文王借占卜出猎而举用姜太公两个例子，然后评述道：“此二君苟惧设诈之损德，固执信而循常，则傅岩虚老而莫伸，渭滨没齿而不用，栋梁斯坏，其何以兴！”[6] 他又运用

---

① “求仁而得仁”是孔子评价伯夷、叔齐的话，出自《论语·述而》。“圣之清者”是孟子评价伯夷的话，出自《孟子·万章下》。

② 周绍良主编：《全唐文新编》，第2部，第3册，第4676页。

③ 周绍良主编：《全唐文新编》，第2部，第3册，第4676页。

④ 周绍良主编：《全唐文新编》，第2部，第3册，第4677页。

⑤ 周绍良主编：《全唐文新编》，第2部，第3册，第4676页。

⑥ 周绍良主编：《全唐文新编》，第2部，第3册，第4677页。

了周文王在牢狱中能够食子之肉，刘邦在项羽阵前能够索父之羹两个例子，并评述道："能舍无益之慈孝，成莫大之基业，大人之权变，不可得而闻也。"① 而晋文公谲而不正但终成为一代霸主、鬻拳悖而违礼但成功劝谏了楚王等实例也成了他的论据。

假如以宋儒所看重的"王霸义利之辨"来看，那么《机论》《权论》所论述的显然是一种功利主义的霸道。冯氏所谓"机"尚且大略相当于儒家所谓的"权"，而冯氏所谓"权"由于强调道德可乘，礼义可置，刑名可弛，诈伪可设，孝慈可舍，大有入于儒者所谓"离经叛道"之域的倾向。

张果认为李筌的《阴符经注》会导致"使小人窃窥"的不良影响，显然冯用之对《阴符经》的发挥也存在这个问题，而且他比李筌走得更远。

（三）《天机经》对圣王之道与哲士之道的调和

北宋《崇文总目》和南宋初《通志·艺文略》均著录《阴符天机经》一卷。又晁公武《郡斋读书志》著录《天机子》一卷，"不著撰人，凡二十五篇。或曰一名《阴符二十四机》，诸葛亮撰。予观其辞旨，殆李筌所为尔，托之孔明也。载《道藏》中"②。《天机子》盖即《天机经》。但今本《天机经》按"昌""身""机""藏""静""人""安""神""圣""命""倍""物""目""蠢然""生""胜""顺""契""象"分作十九段，与"二十五篇"的说法有别。而蹇昌辰《黄帝阴符经解·序》述《阴符经》来历时称"元女授帝秘诀一十九章、《阴符》三百余言"③，此与《阴符》并列而言的"秘诀一十九章"或可能指《天机经》，因为"秘诀"与"天机"义涵略同。《道藏提要》认为《天机经》出于唐时。

《天机经》经题下注云："解《阴符》也。"序中言："圣人观

① 周绍良主编：《全唐文新编》，第2部，第3册，第4677页。

② （宋）晁公武编，孙猛校：《郡斋读书志校证》，上海古籍出版社1990年版，上册，第489页。

③ 王宗昱：《阴符经集成》，第142页。

其时而用其符，应其机而制其事，故能运生杀于掌内，成功业于天下者也。”① 其文字气象接近于七贤注，故晁公武才怀疑是“李筌所为”。但总体来看，《天机经》主旨与李筌相似而稍有不同，其开篇的“昌”字条曰：

夫圣人法地而奉天，立德而行道。居天地道德之间，建莫大之功者，未有不因五贼而成也。五贼者，其一贼命，其二贼物，其三贼时，其四贼功，其五贼神，皇帝王霸权变之道也。是以圣人观其机而应之，度其时而用也。……故圣人立本于皇王之中，应机于权霸之内。②

其对“五贼”的解读取自七贤注，“皇帝王霸”之说则来自儒家，而其中“立本于皇王之中，应机于权霸之内”一句堪称全注之宗旨。《天机经》“立德而行道”，“全生立德之本”，“应明德而建圣功”，“夫仁者必有勇，勇者不必有仁”，“夫君王有道无道，则人民治乱之机”③ 等说法均体现出儒家思想的影响。它又四引老子无为之说：“老君曰：功成不有，为而不恃”，“老君曰：为者败之，执者失之。诚哉言也！”“老君以无为有母，静为躁君”，“至圣之道，窈然无为”。④ 这些内容大概就对应于其所谓“立本于皇王之中”。而《天机经》“应机于权霸之内”的一面则与李筌注十分接近，其“机”字条云：

夫杀机者，两朝终始之萌，万人生死之兆。处云雷未泰之日，玄黄流血之时⑤。故天之为变也，则龙出于田，蛇游乎路，

---

① 王宗昱：《阴符经集成》，第133页。

② 王宗昱：《阴符经集成》，第134页。

③ 分别见王宗昱《阴符经集成》，第134、136、137、135、138—139页。

④ 分别见王宗昱《阴符经集成》，第136、137、139、140页。

⑤ 冯用之《权论》有言：“夫是非未明，向背未定，成败未测，取与未决，当此之时，行权之时也。”（周绍良主编：《全唐文新编》第2部，第3册，第4677页）大致可与《天机经》此说相对应。

此为交战之机，故曰龙蛇起陆。[①]

“胜”字条云：

夫开国用师，必侵天道。亦犹金火相交，而非交不伏也。天且弗违，而况于人乎？[②]

“两朝终始之萌”“开国用师”的说法暗示此注可能诞生于像唐末五代这样的变动时期。《天机经》又有“孔明《序》曰：太公八十，非不遇也，盖审其主焉”，“佐非其人，夷于九族”，“况经邦佐世之雄哉”[③] 等语，也是为英雄、哲士立言。故《天机经》是以“皇王”之道论修身与治世，同时以“权霸”之术论用兵与通变，两者并行不悖。看起来，七贤注推崇的哲士、英雄之道与张果注倡导的圣人、王者之道在《天机经》中得到了某种融合。《天机经》对道德伦理的关注和对老子自然无为之道的发挥颇有似于张果注，但它总体上的思想旨趣仍然更接近七贤注。

总体上来看，唐代“阴符学”的主流视域乃在于政治事功与兵法权谋[④]，而其着重玩味与发挥的则是《阴符经》的“机”字。

“李筌—骊山老母神话”说《阴符经》又名《黄帝天机之书》；七贤注倡导哲士英雄乘天地杀机以成事功。冯用之的《机论》《权论》是对《阴符经》“机”论的发挥。《天机经》是以“天机”为名，以 19 个关键词来演说天机。此外《崇文总目》著录有题名李靖的《阴符机》一书，由于该书已佚，我们难以确知其为唐初军事家李靖所撰还是后人伪托。但《崇文总目》对该书有一个简单的提要：

---

① 王宗昱：《阴符经集成》，第 135 页。

② 王宗昱：《阴符经集成》，第 139 页。

③ 王宗昱：《阴符经集成》，第 139 页。

④ 吴筠《形神可固论》引《阴符经》经注论“守神”之道，张果《太上九要心印妙经》引《阴符经》三章之名论炼养精气神，但均是点到为止且较少引起人们的注意，直到宋代这种偏于“神仙抱一”之道的诠释倾向才被发扬光大。

《阴符机》一卷，唐李靖撰。以为《阴符》者，应机制变之书，破演其说为《阴符机》，又有势、滋及论，合三篇。[1]

考虑到李靖是一位大军事家，所谓“应机制变”大概是从兵法谋略方面发挥《阴符》思想。其书既名《阴符机》，则是将“阴符”之道解读为行事之“机”。而这也是李筌、冯用之和《天机经》的一贯做法。

而在唐代崇尚事功的文化氛围和“阴符学”主流的诠释旨趣下，张果《黄帝阴符经注》反而显得有些另类，其批评也较少引起人们注意。

四 结语

由以上论述可知，只有把李筌《阴符经注》纳入其生平与思想的总体脉络中来考察，我们才能更准确地界定李筌注的文本范围和思想倾向；只有跳出局部的知识之争而从整体上审视张果对李筌之批判，我们才能领会二人诠释主旨之根本冲突及张果的用心所在；只有将张、李二人的诠释主旨之争置于唐代“阴符学”的整体视域中，我们才能更好地把握这一争执的意义、影响并对其作出历史的评判。

（一）对张果之批评的评价

张果痛斥李筌的注解“徒参人事，殊紊至源”，是指李筌以政治事功和兵法权谋来解说“阴符”，会使小人窃窥天道而自作妄为。而张果由批判李筌所发出的警惕与忧虑并不仅仅适用于李筌注，似乎也适用于整个唐代“阴符学”。在此意义上我们可以说，

① （宋）王尧臣等撰，（清）钱东垣等辑释：《崇文总目》，丛书集成初编，商务印书馆1937年版，第136页。

这是一种从道义出发的、有的放矢的批判，而非一种观点上的个人意气之争。

张果的注解主要欲从两方面入手来扭转李筌注为代表的诠释倾向。其一是发挥传统道家的天道观，强调天的自然性，比如他解释《阴符经》首句说："观自然之道，无所观也。不观之以目而观之以心，心深微而无所见，故能照自然之性。""执自然之行，无所执也，不执之以手而执之以机，机变通而无所系，故能契自然之理。"① 如此，人应当把握的就是天道自然之机，而非人事有为之机。张果实际上通过强调"自然"而弱化了《阴符经》中为七贤注所钟情的"机"字。

其二是发挥传统儒家的政治哲学，强调"阴符"之道是"务在匡天地，谋在济人伦"，"用大义除天下之害，用大仁兴天下之利，用至正措天下之枉，用至公平天下之私"② 的圣人、王者之道，并运用了"达则兼济天下……穷则独善其一身"③，"修身以安其家，理国以平天下"④ 等地道的儒说来解读《阴符经》。

但与张果注本的朴实无华相比，李筌注乃至李筌本人很早就被包裹了一层神秘色彩。唐代范摅《云溪友议》和杜光庭《神仙感遇传》《墉城集仙录》等文献均有关于李筌注解《阴符经》的神异记录，这无疑会大大拓展李筌注的传播范围和影响力。而对李筌的神化似乎一直持续到了北宋。

《宋史·列传第二百二十一》载道士甄栖真之事曰：

> 祥符中，（甄栖真）寓居晋州，性和静无所好恶，晋人爱之。以为紫极宫主。年七十有五，遇人，或以为许元阳，语之曰："汝风神秀异，有如李筌。虽老矣，尚可仙也。"因授炼形养元之诀，且曰："得道如反掌，第行之惟艰，汝勉之。"栖真

① 王宗昱：《阴符经集成》，第16页。
② 王宗昱：《阴符经集成》，第16页。
③ 王宗昱：《阴符经集成》，第21页。
④ 王宗昱：《阴符经集成》，第23页。

> 行之二三年，渐反童颜，攀高摄危，轻若飞举。①

范摅《云溪友议》称赞李筌有如“鬼谷、留侯复生”，这里相当于称赞甄栖真有如李筌复生。可知从晚唐五代以至于宋初，李筌的形象有一个被拔高的过程。

因此，唐代“阴符学”的主流诠释旨趣仍然是由李筌注所引领的哲士、英雄之道，张果欲扭转李筌注的诠释倾向并消解其影响的努力并没有取得成功。

（二）宋初“阴符学”的转向：从李筌到张果

降至北宋，宋太宗曾对比《阴符经》《道德经》两书思想之不同，认为《阴符经》“诡诈奇巧，不足以训善，奸雄之志也”②。宋太宗所看到的《阴符经》本子很可能是李筌一系谈政治谋略和兵法的注本。而北宋黄庭坚对《阴符经》的批判尤具有代表性。

> 《阴符经》出于唐李筌，熟读其文，知非黄帝书也。盖欲其文奇古，反诡谲不经，盖糅杂兵家语作此经。又妄托子房、孔明诸贤训注，尤可笑。③

黄庭坚“诡谲不经”的说法和宋太宗“诡诈奇巧”“奸雄之志也”的评语相合。某种程度上可以说黄庭坚贬斥李筌和张果贬斥李筌是基于相似的原因，他也在贬斥李筌的同时批评了诸贤注。不同点在于：黄庭坚在贬斥李筌的同时连《阴符经》也一并唾弃。这说明唐中期以至于北宋李筌《阴符经注》的影响十分广泛，以至于一些学者会把它与《阴符经》本经同等视之。

北宋初的社会文化环境有两点值得注意。一是政治上推行偃武

---

① （元）脱脱等：《宋史》卷四六二《方技·甄栖真》，第4122页

② （宋）李攸：《宋朝事实》卷三，丛书集成初编，中华书局1985年版，第36页。

③ （宋）黄庭坚著，屠友祥校注：《山谷题跋》，上海远东出版社1999年版，第124页。

修文的政策。宋太宗对《阴符经》的贬斥正合于当时偃武修文的政治文化氛围。二是学术上儒学开始复兴，学者们强调要重建儒家的道德伦理秩序。

这时候，《阴符经》的诠释倾向必然会发生某种转变，即需要从李筌那种大谈政治权谋、兵法机变（这在北宋以后显得不合时宜）的诠释倾向，转到张果那种儒道并用的诠释倾向上。首先推动这种转变的，并不是儒家或道家学者，似乎是宋初僧人孤山智圆。

智圆对《阴符经》思想倍加推崇而视之为与《易经》同列的“三皇之书”①，他的《阴符经注》虽已不存，但相当于注序的《黄帝阴符经题辞》却留了下来。他强调《阴符经》讲的是儒家皇帝王霸之道，“其为书也，广大悉备，有皇道焉，帝道焉，王道焉，霸道焉”②，又进一步指出皇、帝、王、霸“要其所归，实不逾于仁义五常，但履少有大小耳”③，而“《阴符》乃仁义之大者”④。

实际上《天机经》已经用“皇帝王霸权变之道”来解读《阴符经》，不过它的重点在于霸道与权变之道。智圆在此基础上大大推进了一步，不仅以儒家的仁义五常界定皇帝王霸之道，而且其重点乃在于皇道、帝道和王道。“洎乎五霸，假借仁义以统诸侯，道斯为下矣”⑤，而五霸以下只讲权谋机变的就更不足说了。

智圆批评过去的诠释者“既昧其正道，而揉以异端，所以阴符之道未光大于时矣，故吾于是有述焉”⑥。所谓“异端”是基于儒家的伦理纲常而言，比如七贤注“立石为主，刻木为君”的说法，冯用之“诈伪可设”“孝慈可舍”的主张均与儒家纲常伦理相冲突。智圆以仁义五常之道来诠释《阴符经》，明显有调和儒道之

---

① 智圆曰：“易者，伏羲之书；阴符者，黄帝之书。斯三皇之二也，是故其道不得不同焉，其辞不得不异焉。”（释智圆：《黄帝阴符经题辞》，载于曾枣庄、刘琳主编《全宋文》，巴蜀书社1990年版，第8册，第217页）

② （宋）释智圆：《黄帝阴符经题辞》，第216页。

③ （宋）释智圆：《黄帝阴符经题辞》，第217页。

④ （宋）释智圆：《黄帝阴符经题辞》，第218页。

⑤ （宋）释智圆：《黄帝阴符经题辞》，第217页。

⑥ （宋）释智圆：《黄帝阴符经题辞》，第217页。

意。其《黄帝阴符经题辞》结尾说：“此三百言，使夫人君用心暗合天道也。吾之注，皆以儒道明之，所以异于昔人也。”① 可知他某种程度上是在继承张果的工作，即将李筌注所津津乐道的哲士、英雄之道扭转为圣人、王者之道。②

可惜智圆的注没有流传下来，故他那种偏于政治哲学的诠释并没有得到继承。而此时，儒道佛三家学术都在加速向心性化、内在化转变，并各自逐渐形成了以理学、内丹学、禅宗为主导的局面。故“阴符学”也很快走向了心性化，标志就是北宋以后的绝大多数《阴符经》注家均以“富国安民”“强兵战胜”为身心炼养之譬喻。即使“神仙抱一”，也在内丹学中获得了更加精微的替代性表述。但这一诠释倾向同样在张果那里已露端倪。其《太上九要心印妙经》发挥《阴符经》三章之名曰：“夫三一者，三成一气也，上有神仙抱一炼神之道，中有富国安民炼气之法，下有强兵战胜炼精之术。”③ 这便是以“富国安民”“强兵战胜”为身心修炼之譬喻。

从北宋往后，《阴符经》的诠释不断挣脱李筌的影响，“阴符”之道基本被视为一种治身之道，政治事功与兵法谋略的内涵基本被隐去了，这是与唐代“阴符学”的重大不同。

（三）作为“阴符学”史上典型现象的张李之争

张果批评李筌注“徒参人事，紊乱至源”，智圆批评前人之注“既昧其正道，而揉以异端”。在“阴符学”发展史上有一个奇怪的现象：只要是留下序或者跋的注家，基本上都会像张果、智圆这样对其他人的注解提出批评，表达“阴符”之道被歪解的忧虑。例如：

尝览后人注解，往往穿凿，不究经旨，首尾言意，但分门

① （宋）释智圆：《黄帝阴符经题辞》，第218页。

② 智圆在《黄帝阴符经题辞》中提到了来自“李筌—骊山老母神话”的分章名“富国安人”“强兵战胜”，则他应当看到过李筌注本。

③ （唐）张果：《太上九要心印妙经》，《道藏》，第7册，第4968页。

臆说汗漫。(任照一《黄帝阴符经注解》序)①

世人多罔测玄奥，谈道兵法人事者，非耶。(沈亚夫《黄帝阴符经注》序)②

数千载之间，为之注解直说者曾无一二，皆辞多假谕，傍引曲说，真源弗露。(刘处玄《黄帝阴符经注》序)③

述之篇章，垂之竹帛，破诸说之支离，作一经之断案。(陆西星《黄帝阴符经测疏》序)④

扫邪救正，以破狂言乱语之弊，高明者自能辨之。(刘一明《阴符经注》序)⑤

此古圣人复性之学，而解者率以有为之邪术慁之，或辱以为强兵制胜之书。(焦竑《阴符经解》题记)⑥

且注此书，有发为文字，有包括大意，有注为不明，解而不彻，种种不一，皆不得当日著此籍之深意也。(石和阳《阴符经注》序)⑦

虽有数家之注释，均未能达经中之精微，甚至引入旁门邪径者有焉。(董德宁《黄帝阴符经本义》序)⑧

惜后人误会“阴符”二字，创为兵家天时孤虚旺相之说；又或假托古人，以逞其无稽之言；间有一二发挥，而时自抵牾，究莫能阴符古人立言之意。(丁杰《黄帝阴符经直解》序)⑨

连托名黄帝的《阴符经三皇玉诀》也在序言神话故事中说：黄帝得到《阴符经》后遍访名山洞府修道之士，拜师而请求解此经之

① 王宗昱：《阴符经集成》，第 81—82 页。
② 王宗昱：《阴符经集成》，第 125 页。
③ 王宗昱：《阴符经集成》，第 283 页。
④ 王宗昱：《阴符经集成》，第 373 页。
⑤ 王宗昱：《阴符经集成》，第 600 页。
⑥ 王宗昱：《阴符经集成》，第 445 页。
⑦ 王宗昱：《阴符经集成》，第 485—486 页。
⑧ 王宗昱：《阴符经集成》，第 581 页。
⑨ 王宗昱：《阴符经集成》，第 628 页。

义，结果“无人知义理，尽是旁门小法”[①]。我们很难想象，《道德经》的注疏者们需要个个以他注为异端。

由于《阴符经》被视为一部“泄天机”的奇书，它那奇诡、凛冽的文字风格和对个体主观能动性的张扬是颇引人注意的，尤其是在以儒家文化为本位的社会环境中。故《阴符经》的不同诠释倾向往往并不被人们简单地理解为“见仁见智”的问题，历代（尤其是北宋以后）的《阴符经》注疏者们似乎始终保持着某种自觉的警惕感。

在所有这些对他注的批评中，张果对李筌的批评时间最早，也最系统，无疑可以被视为一个典型的案例。后世的那些批评有一部分实际是在继承张果的工作（尤其是考虑到李筌注本的长期影响），有一部分则是针对“阴符学”发展中的新问题。对张、李之争的深入辨析，将有助于我们理解“阴符学”史上这种“以他注为非”的独特现象。

① 王宗昱：《阴符经集成》，第208页。

《大学》：内圣外王的高等教育大纲*

祁志祥

摘要：《大学》是孔子总结、曾参阐释的高等学校教学大纲。《大学》所讲的高等教育的主要内容，是“自新”与“新民”、修己与治人之道。“自新”即不断自我更新完善，关键在于“明德”。明德的途径是正心诚意、格物致知，从而寻求天理，恢复天赋之良知和善性。这是教育之“本”。“新民”即推以及人，将“明德”推广到天下，使他人革新，共同向善。这是君子修己的延伸和扩展，所谓“新民为末”。外王本于内圣。培养超凡入圣的君子，就是“大学”的主要使命。这就是《大学》的命意、价值及意义之所在。

关键词：大学；明德；新民；修身；治人

作者简介：祁志祥，上海交通大学人文学院长聘教授，上海政法学院国学研究所教授（上海 201701）。

《大学》作为儒经“四书”之一，由于其讲到大学教育问题，因

---

* 本文是国家社会科学基金后期资助项目“先秦思想史：从‘神本’到‘人本’”（项目编号：19FZXB060）的阶段性成果。

而受到人们的特别关注。不过，在《大学》热的背后却隐藏着不少问题。比如《大学》的作者到底是谁？“大学”的含义到底指高等学校还是指高等教育？“大学之道在亲民”的“亲民”到底怎么读、怎么解？《大学》讲的中心内容到底应当怎么认识？《大学》的性质到底应当如何定位？该书在先秦思想史上的地位或意义应当如何把握？这些都有待于我们去深入探讨、去辨析厘定。

一 《大学》的作者和版本

从孔子到孟子之间，有两位重要的代表人物。一位是曾参，一位是孔伋。曾参是孔子的弟子，孔伋的老师，留下一部《大学》，上承孔子之道，下启思孟学派，在先秦儒家思想中具有承上启下的地位。孔伋字子思，是孔子唯一的孙子。他是曾参的弟子，留下《中庸》与《孝经》，直接影响到孟子学说的形成。由于曾参、子思的重要贡献，所以他们在后世与孔子、孟子、颜回被并称为“儒家五大圣人”。这里解析曾参所记《大学》的思想真谛。

曾参（前505—前435）出生于东鲁。父亲曾点，字皙，孔子的得意弟子，其追求的超功利感性欢乐的人生理想曾得到孔子的称许，即“曾点之乐”。但他的儿子曾参则不同，更重视道德理性的修养，提出“正心诚意”① 的要求和“吾日三省吾身”② 的修养方法。以孝著称，曾提出“慎终追远”③ 的主张。齐国欲聘之为国卿，因居家孝敬父母，辞而不就。他对“孝”的倡导和践行，催生了其弟子子思的《孝经》。

《大学》原为《礼记》中的第42篇，位置并不显著，南宋前从未单独刊印。北宋时，程颢、程颐兄弟把它从《礼记》中抽出，编次章句。至南宋，朱熹将《大学》与《中庸》及《论语》《孟子》

① （宋）朱熹：《大学章句》，《四书章句集注》，中华书局1983年版，第3页。

② （宋）朱熹：《论语集注》，《四书章句集注》，第48页。

③ （宋）朱熹：《论语集注》，《四书章句集注》，第50页。慎终：慎重地办理父母的丧事。追远：虔诚地追念祖先。

合编并加以注释，于南宋绍熙元年（1190）刊刻成《四书章句集注》。元代中叶延祐年间，仁宗以《四书章句集注》试士子。此后，《大学》成为科举入仕的必读书。

《大学》虽为曾参所记，但其作者并不就是曾参。程颢、程颐认为《大学》是“孔氏之遗言”，则《大学》的实际作者是孔子，曾参只是记述、阐释者。朱熹将《大学》重新编排，分为“经”一章，“传”十章，指出“经”是孔子之言，“传”是曾子对“经”的诠释。可见，《大学》的作者当为孔子、曾参二人。

在后世的流程中，《大学》的版本大体有两种。一是《礼记》中的《大学》篇，一是朱熹重新编排的《大学章句》。后者流传最广、影响最大。本文依据的研究对象，主要是朱熹的《大学章句》本。

二　《大学》的由来及功能

《大学》是怎么产生的呢？它的功能主要是什么呢？朱熹《大学章句》前写有一篇序言，很好地解答了这两个问题。

朱序开宗明义：“《大学》之书，古之大学所以教人之法也。”[①]《大学》是古代的“大学”教化生员的基本法则。这里两处提及“大学”，含义有细微不同。前一“大学”，指《大学》这本书，是书名。后一“大学”，指学校，是比“小学”级别要高一个等级的高等学校。“大学”教育是古代君王对国民进行教化管理的重要战略方针。“古之王者，建国君民，教学为先。”[②] 中国古代君王很早就认识到民众的教育事业对于治理国家、管理人民的重要性，因而以教育为政治的首要事务。教育分“小学”教育和“大学”教育。“小学”八岁入学，“教之以洒扫、应对、进退之节，礼乐、射御、书数之文”，以《曲礼》《少仪》《内则》《弟子职》诸篇为主[③]，学些基本的做人

① （宋）朱熹：《大学章句序》，《四书章句集注》，第1页。

② （清）孙希旦：《礼记集解》，中华书局1989年版，中册，第957页。

③ （宋）朱熹：《大学章句序》。《曲礼》《少仪》《内则》，《礼记》中的篇章。《弟子职》，是齐国稷下学宫制定的第一个学生守则，载《管子》第五十九篇。

道理和技艺知识。十五岁入“大学”，“教之以穷理、正心、修己、治人之道”①，以培养道德君子为旨归。君王实际上是最高的教育工作者，所以称“君师”。具体的教育工作则由“司徒之职、典乐之官”负责。

朱熹指出：这种教育治国的传统古已有之，源远流长。最早从伏羲、神农就开始了，经黄帝、尧、舜一路传来，到夏、商、周三代“其法寖备”，“然后王宫、国都以及闾巷莫不有学”。② 如果说“小学”教育的功能是教人基本的礼节和知识，“大学”教育的主要功能则是培养修己治人之道，促使学生道德成人，找回后天丢失的天赋善性，从而超凡入圣。“盖自天降生民，则既莫不与之以仁、义、礼、智之性矣。然其气质之禀或不能齐，是以不能皆有以知其性之所有而全之也。一有聪明睿智能尽其性者出于其闲（间），则天必命之以为亿兆之君师，使之治而教之，以复其性。”③ 据《孟子·滕文公上》记载，夏、商、周的学校依据具体功能的不同，有“校”“序”“庠”的不同称谓：“夏曰校，殷曰序，周曰庠”，“庠者，养也；校者，教也；序者，射也”。④ 同时，三代都有叫“学”的教育机构，承担人伦道德教化任务：“学则三代共之，皆所以明人伦也。”⑤ 朱熹《孟子集注》说：“庠以养老为义，校以教民为义，序以习射为义，皆乡学也。学，国学也；共之，无异名也；伦，序也。父子有亲，君臣有义，夫妇有别，长幼有序，朋友有信，此人之大伦也。”这就是说，夏代的“校”、殷代的“序”、周代的“庠”都是地方学校“乡学”的称谓，同时，夏商周三代又有“学”的共同称谓和学校，它的共同职能就是人伦道德教育。此外，根据《礼记·学记》的记载，依据办学区域的大小，古代的学校又分为“塾”“庠”“序”“学”。

---

① （宋）朱熹：《大学章句序》，《四书章句集注》，第1页。
② （宋）朱熹：《大学章句序》，《四书章句集注》，第1页。
③ （宋）朱熹：《大学章句序》，《四书章句集注》，第1页。
④ （宋）朱熹：《孟子章句》，《四书章句集注》，第255页。
⑤ （宋）朱熹：《孟子章句》，《四书章句集注》，第255页。

“古之教者，家有塾，党有庠，术有序，国有学。”[①] 古代二十五家为闾，住在一个巷子里，相当于现在的弄堂，设有一所学校，教孩子识字和做人的道理，这弄堂学校叫“塾”，所谓“家有塾”。古代五百家为“党”，“党”内设有学校，称“庠”，这就叫“党有庠”。古代一万二千五百家为“术”，“术”内设置的学校名“序”，这叫“术有序”。“国”，大约指各诸侯国的国都，国都设立的学校叫“学”，合称“国学”，这就叫“国有学”，这与朱序所谓“王宫、国都以及闾巷，莫不有学”是一致的。上古以来，“学校之设，其广如此；教之之术，其次第节目之详又如此”。其时学校所教内容，均非远离现实的神鬼巫术，“皆本之人君躬行心得之余，不待求之民生日用彝伦之外”，是君主身体力行、民生日用人伦的道理。因此，“当世之人无不学”。夏商周三代于是成为“治隆于上，俗美于下”的盛世。[②]

然而到了“周之衰”的春秋之际，“贤圣之君不作，学校之政不修”，大学的人伦道德教育传统出现了断裂，“教化陵夷，风俗颓败”，礼崩乐坏。所幸就在这时候，出现了一位大圣人孔子，虽无“君师”之位，却“独取先王之法”，打破官府对办学的垄断，兴办私学，教授六艺，“行其政教”。“因小学之成功，以著大学之明法。”教学科目更加详备，教学规模日益壮大，三千之徒莫不受其沾溉。曾参将孔子高等教育之真传记录、阐释为《大学》。《大学》的真谛一直传承到孟子，“孟子没而其传泯”。道德教学传统又一次遭受厄运。[③]

从那以后，高等教育承担的修身治人功能被遗忘了。“大学”或为琐碎无用的“俗儒记诵词章之习”所掩，或为空虚无实的佛教异端所惑，或为世俗的“权谋术数、功名之说”与“百家众技之流”所诬，“晦盲否塞，反复沉痼”，至后梁、后唐、后晋、后汉、后周五代时期，窳败至极。[④]

---

① （清）孙希旦：《礼记集解》，中册，第957页。

② （宋）朱熹：《大学章句序》，《四书章句集注》，第1页。

③ 参见（宋）朱熹《大学章句序》，《四书章句集注》，第1—2页。

④ （宋）朱熹：《大学章句序》，《四书章句集注》，第2页。

幸运的是，否极泰来，历史走到宋代，“大学”道德教育传统又一次获得了复兴的机遇。“宋德隆盛，治教休明。”北宋硕儒程氏兄弟将《大学》从《礼记》中抽出单列，阐明“古者大学教人之法、圣经贤传之指”。“大学”人伦道德教育有了有章可循的坚实依据。朱熹在此基础上重新编注《大学章句》，意在踵事增华、锦上添花，进一步完善古之“大学”所以教人的“国家化民成俗之意，学者修己治人之方”①。

三 “大学”的宗旨：明德新民、内圣外王

朱熹的序言说明，《大学》是孔子总结，曾参记述并加以阐释的高等学校教学大纲。大学教育的宗旨及主要内容，是修身济世、内圣外王。第一章经的部分开宗明义：“大学之道，在明明德，在亲民，在止于至善。”②“大学”，朱熹解为“大人之学”③。所以解释为“高等学校”就讲不通了，应当解释为“高等教育”为确。“大学之道”，即高等教育的根本路径。根本路径也可解释为宗旨、目的。何为“亲民”？程子曰：“亲，当作新。”“亲民”即“新民”。朱熹解释说：这段话“言明明德、新民，皆当至于至善之地而不迁。……此三者，大学之纲领也”④。大学这个高等教育机构的宗旨在于弘扬人们本有的光明正大的德性，使人弃旧图新，不断自新，最后达到至善、完美的境界。“止于至善”是“明明德”与“新民”的共同目标。“至善”，朱熹解释为“事理当然之极”⑤；“止”，朱熹解释为“必至于是而不迁”⑥。在曾参看来，不同的社会角色有不同的至善标准，“止于至善”的具体要求是：“为人君，止于仁；为人臣，止于

① （宋）朱熹：《大学章句序》，《四书章句集注》，第2页。
② （宋）朱熹：《大学章句》，《四书章句集注》，第3页。
③ （宋）朱熹：《大学章句》，《四书章句集注》，第3页。
④ （宋）朱熹：《大学章句》，《四书章句集注》，第3页。
⑤ （宋）朱熹：《大学章句》，《四书章句集注》，第3页。
⑥ （宋）朱熹：《大学章句》，《四书章句集注》，第3页。

敬；为人子，止于孝；为人父，止于慈；与国人交，止于信。”① “明明德”与“新民”所针对的对象是不同的。“明明德”讲的是修己或修身，“新民”讲的是治人或济世。经云：“物格而后知至，知至而后意诚，意诚而后心正，心正而后身修，身修而后家齐，家齐而后国治，国治而后天下平。”② 朱熹揭示：“‘修身’以上，‘明明德’之事也；‘齐家’以下，‘新民’之事也。”“‘正心’以上，皆所以修身也；‘齐家’以下，则举此而措之耳。”③《大学》所讲的“格物、致知、正心、诚意、修身”，指涉的是内圣之道；“齐家、治国、平天下”，指涉的是外王之道。在内圣外王之道中，内圣之道是外王之道的起点和根源，外王之道是内圣之道的运用和推广。前者是“本”，后者是“末”。经云：“古之欲明明德于天下者，先治其国；欲治其国者，先齐其家；欲齐其家者，先修其身”，“身修而后家齐，家齐而后国治，国治而后天下平”。④“自天子以至于庶人，一是皆以修身为本”，未有“本乱而末治者”。⑤ 朱熹据此强调：“明德为本，新民为末。”⑥

四　“修身”：“正心诚意”“格物致知”

那么，“修身”的目标是什么呢？一句话，就是“明明德”。“大学者，大人之学也。”⑦ “大人之学为道。”⑧ 所以，“明明德”，就被视为是大学培养“大人”“君子”的首务。《大学》第二章曾子传的部分对此作了具体阐释。所谓“明明德”，前一个“明”字是动词，

① （宋）朱熹：《大学章句》，《四书章句集注》，第 5 页。
② （宋）朱熹：《大学章句》，《四书章句集注》，第 4 页。
③ （宋）朱熹：《大学章句》，《四书章句集注》，第 4 页。
④ （宋）朱熹：《大学章句》，《四书章句集注》，第 3—4 页。
⑤ （宋）朱熹：《大学章句》，《四书章句集注》，第 4 页。
⑥ （宋）朱熹：《大学章句》，《四书章句集注》，第 3 页。
⑦ （宋）朱熹：《大学章句》，《四书章句集注》，第 3 页。
⑧ （清）纪晓岚总撰，林之满主编：《法言精华》，《四库全书精华》，国际文化出版社 1995 年版，第 83 页。

指发明、使明白、弘扬。后一个“明”字，指光明、不昧、无瑕。“明明德”，按曾子传即《尚书·尧典》“明峻德”之意。曾子传还指出：这“明明德”的前一个“明”字，是“自明”的意思。“明明德”，指教师点拨启发，学生自悟本有德性。朱熹解释说：“明德者，人之所得乎天，而虚灵不昧，以具众理而应万事者也。但为气禀所拘，人欲所蔽，则有时而昏；然其本体之明，则有未尝息者。故学者当因其所发而遂明之，以复其初也。”“明明德”即“自明其明德”① 的意思。这就种下了德性天赋、人性本善的种子。后来孟子将人道发展为天道，《大学》是重要过渡。

如果说“明明德”是修身的最终目标，“正心诚意”“格物致知”则是修身的具体途径。经云：“欲修其身者，先正其心；欲正其心者，先诚其意；欲诚其意者，先致其知；致知在格物。”②“物格而后知至，知至而后意诚，意诚而后心正，心正而后身修……”③ 由此可见，“修身”本于“正心诚意”，“正心诚意”本于“格物致知”。

什么是“正心”呢？《大学》第七章曾子传云：“所谓修身在正其心者，身有所忿懥（zhì），则不得其正；有所恐惧，则不得其正；有所好乐，则不得其正；有所忧患，则不得其正。”④ 程子曰：“身当作心。”⑤“心”一旦动了愤怒、恐惧、喜好、忧患等感情，就不能不失其正。“心不在焉”，在认识事物时就会“视而不见，听而不闻，食而不知其味”。⑥ 所以，“正心”强调的是心灵不要为情感所左右，要能排除情感的干扰，保持平和、公正、客观、清明的状态。

什么是“诚意”呢？《大学》第六章曾子传云：“所谓诚其意者：毋自欺也，如恶恶臭，如好好色，此之谓自谦（通慊，乐，满足）……故君子必慎其独也！”⑦ 在曾参看来，好善厌恶，是每个人

① （宋）朱熹：《大学章句》，《四书章句集注》，第 3 页。
② （宋）朱熹：《大学章句》，《四书章句集注》，第 3 页。
③ （宋）朱熹：《大学章句》，《四书章句集注》，第 4 页。
④ （宋）朱熹：《大学章句》，《四书章句集注》，第 8 页。
⑤ （宋）朱熹：《大学章句》，《四书章句集注》，第 8 页。
⑥ （宋）朱熹：《大学章句》，《四书章句集注》，第 8 页。
⑦ （宋）朱熹：《大学章句》，《四书章句集注》，第 7 页。

的天性，人的道德修养应当顺从这种天性，好善“如好好色”，厌恶“如恶恶臭”，通过做善事、不做坏事获得“自慊（qiàn，满足）”，自得其乐。而“小人”明明知道“善之当为与恶之当去”（朱熹语），但闲居独处时“阴为不善”（朱熹语），无恶不作，见到善良的君子后又掩盖不善，矫饰自己，“掩其不善，而著其善”。曾子要求修身者拒绝阳奉阴违的“小人”之举，在闲居独处时也能真诚无伪地扬善去恶，使善实于中而形于外，以德润身，心无愧怍。

什么是“格物”“致知”呢？按朱熹《大学章句》的说法，第五章“释格物、致知之义，而今亡矣”①。依朱熹《大学章句》对经文的补充解释，“格，至也；物，犹事也”。“格物”即“穷至事物之理，欲其极处无不到也”，亦即“物理之极处无不到”。② “致，推极也；知，犹识也。” “致知”即“推极吾之知识，欲其所知无不尽也”。亦即“吾心之所知无不尽”③。“致知”本于“格物”。朱熹说：“欲致吾之知，在即物而穷理也。”④ 只有通过“格物”，才能洞悉、认识客观事物中的至理，最后达到“意诚心正”。

在“格物致知”“正心诚意”的过程中，情欲之动会妨碍穷理正心。正如第六章云：“心不在焉，视而不见，听而不闻，食而不知其味。”⑤ 所以《大学》经的部分强调“止”“定”“静”“安”：“知止而后有定，定而后能静，静而后能安，安而后能虑，虑而后能得。”“知止为始，能得为终。”⑥ 心灵只有保持静止安定的状态，才能“穷理”“正心”。于是，一方面，如上所说，“正心”本于“格物”，另一方面，“格物”又源于“静心”。在“正心诚意”的心灵修养中，“心”与“物”处于一种互为因果、双向交流的关系状态。须先通过“静心”而“格物”，最后通过“格物”而“正心”。

---

① （宋）朱熹：《大学章句》，《四书章句集注》，第6页。
② （宋）朱熹：《大学章句》，《四书章句集注》，第4页。
③ （宋）朱熹：《大学章句》，《四书章句集注》，第4页。
④ （宋）朱熹：《大学章句》，《四书章句集注》，第6页。
⑤ （宋）朱熹：《大学章句》，《四书章句集注》，第8页。
⑥ （宋）朱熹：《大学章句》，《四书章句集注》，第3页。

五　“治人”：“齐家、治国、平天下”

《大学》告诫人们：在通过“明德”“修身”成为道德君子的基础上，应“举此而措之”①，多做“新民”之事，以“治人”为归宿。

“治人”的目的在“新民”。“新民”之“新”，用为动词，指道德修养“日日新，又日新”，“无所不用其极”。② 朱熹解释：“新者，革其旧之谓也。”“言既自明其明德，又当推以及人，使之亦有以去其旧染之污也。”③ 即“自新”而又“新民”，共同“止于至善”。

“治人”之道，从“齐家”开始。所谓“齐家”，即公平、齐一地处理家庭成员的关系，达到家庭和谐。要做到这一点，根本取决于“修身”。也就是通过“正心”，去除情感好恶，公平无偏地对待拥有不同亲疏关系的家人。《大学》第八章指出：“人之（于也）其所亲，爱而辟（僻，偏）焉；之其所贱，恶而辟焉；之其所畏，敬而辟焉；之其所哀，矜而辟焉；之其所敖，惰而辟焉。故好而知其恶，恶而知其美者，天下鲜矣！”“溺爱者不明，贪得者无厌，是则偏之为害，而家之所以不齐也。”“此谓身不修，不可以齐其家。”④ 之所以说管理好家庭和家族要先修养自身，是因为人们对于自己亲爱的人会有偏爱；对于自己厌恶的人会有偏恨；对于自己敬畏的人会有偏颇；对于自己同情的人会有偏心；对于自己轻视的人会有偏见。因此，很少有人能喜爱某人又看到那人的缺点，厌恶某人又看到那人的优点。偏爱的人有失清明，贪婪的人不会满足。只要有好恶偏颇，就不能管理好家庭或家族。

家庭是一个小社会。国家不过是家庭结构的放大。“其家不可教

---

① （宋）朱熹：《大学章句》，《四书章句集注》，第 4 页。

② （宋）朱熹：《大学章句》，《四书章句集注》，第 5 页。

③ （宋）朱熹：《大学章句》，《四书章句集注》，第 2 页。

④ （宋）朱熹：《大学章句》，《四书章句集注》，第 8 页。

而能教人者，无之。”所以说“治国必先齐其家”。[①] 家庭这个小社会能治理好了，就可以为国家这个大社会的治理提供相近的经验。“故君子不出家而成教于国：孝者，所以事君也；弟者，所以事长也；慈者，所以使众也。此所以家齐于上，而教成于下也。一家仁，一国兴仁；一家让，一国兴让。”“宜其家人，而后可以教国人。”“宜兄宜弟，而后可以教国人。”“其为父子兄弟足法，而后民法之也。”[②] 此外，治国如同齐家，国君如同家长，必须以身作则，为人表率。“君子有诸己而后求诸人，无诸己而后非诸人。所藏乎身不恕，而能喻诸人者，未之有也。”“此谓治国先齐其家。”[③]

“天下”是若干诸侯国的组合，与“国”存在更为相近的性质。在“治其国”的基础上，就可以“平天下”。“治国平天下”的“絜矩之道”是什么呢？

一是以“齐家”之道治理天下。“齐家”之道主要有三，即孝、悌、慈。孝以事父，悌以敬长，慈以待下。治国亦然，所谓“上老老而民兴孝，上长长而民兴弟（悌），上恤孤而民不倍（背）”[④]。以“老老”之“孝”、“长长”之“悌”、“恤孤”之“慈”治理国人，必须在坚守公平无偏方面慎之又慎。“有国者不可以不慎，辟（偏）则为天下僇（戮）矣。”[⑤] 统治国家的君主如果不能公平地对待天下人，就会被天下人推翻。所以用“齐家”的方法治理天下，就叫“平天下”。“平”与“齐”是一个意思，即公平、不偏颇。

二是以“仁”“善”治天下，以与民同好恶赢得民众的拥戴，实现国家的长治久安。《大学》第十章引《周书·康诰》“惟命不于常”的话说：对于国君、帝王这样的“天命”，“善则得之，不善则失之”[⑥]。引《国语·楚语》的话说：国家“无以为宝，惟善以为

---

① （宋）朱熹：《大学章句》，《四书章句集注》，第9页。
② （宋）朱熹：《大学章句》，《四书章句集注》，第9页。
③ （宋）朱熹：《大学章句》，《四书章句集注》，第9页。
④ （宋）朱熹：《大学章句》，《四书章句集注》，第10页。
⑤ （宋）朱熹：《大学章句》，《四书章句集注》，第10页。
⑥ （宋）朱熹：《大学章句》，《四书章句集注》，第11页。

宝”[①]。引晋文公舅狐偃的话说：流亡之君“无以为宝，仁亲以为宝”[②]。引《诗经》“宜监于殷，峻命不易”说明：“得众则得国，失众则失国。”[③] 引《诗经》“乐只君子，民之父母”的话，重新解释君主应该怎样当“民之父母”：“民之所好好之，民之所恶恶之，此之谓民之父母。”[④] 还指出：“唯仁人为能爱人，能恶人。……好人之所恶，恶人之所好，是谓拂人之性，灾必逮夫身。”[⑤] 通过一系列的引经据典，阐述了仁爱万民、与民同乐的政治理想。

三是正确处理“德”与“财”、“义”与“利”的关系，以“德”为“本”，以“财”为“末”；以“义”为国家最大的“利”。“国不以利为利，以义为利也。”[⑥] “德者本也，财者末也。”“是故君子先慎乎德。有德此有人，有人此有土，有土此有财，有财此有用。”“是故财聚则民散，财散则民聚。”[⑦] “仁者散财以得民，不仁者亡身以殖货。未有上好仁而下不好义者也，未有好义其事不终者也，未有府库财非其财者也。”[⑧] 儒家的政治理想，最终落实在君主如何与民分利上。只有民利，才是真正的国利、君利。爱民进而利民，是儒家仁政理想的完整要求。《大学》的外王思想，是对孔子“仁政”思想的继承，它成为走向孟子“仁政”学说的重要过渡。

综上所述，《大学》是孔子总结、曾参阐释高等教育学校的教学大纲。《大学》所讲的大学教育的主要内容，是自新与新民、修己与治人之道。自新即不断自我更新完善，关键在于明德。明德的途径是正心诚意、格物致知，从而寻求天理，恢复天赋之良知和善性。这是君子做人的起点，所谓“明德为本”[⑨]。新民即推己及人，将“明

---

① （宋）朱熹：《大学章句》，《四书章句集注》，第 11 页。
② （宋）朱熹：《大学章句》，《四书章句集注》，第 11 页。
③ （宋）朱熹：《大学章句》，《四书章句集注》，第 10—11 页。
④ （宋）朱熹：《大学章句》，《四书章句集注》，第 10 页。
⑤ （宋）朱熹：《大学章句》，《四书章句集注》，第 12 页。
⑥ （宋）朱熹：《大学章句》，《四书章句集注》，第 12 页。
⑦ （宋）朱熹：《大学章句》，《四书章句集注》，第 11 页。
⑧ （宋）朱熹：《大学章句》，《四书章句集注》，第 12 页。
⑨ （宋）朱熹：《大学章句》，《四书章句集注》，第 3 页。

德”推广到天下，使他人革新，共同向善。新民、治人的途径是“齐家、治国、平天下”。这是君子自新、修己的延伸和扩展，所谓“新民为末”①。孔子曾说：天下“无道则隐”“有道则现”。② 所以《论语》中既讲了大量的君子之道，也讲了大量的君人之道。他之所以办学，是为了培养道德君子去从政，以拯救礼崩乐坏的天下，所谓“学而优则仕”③。《大学》本此，将修己治人的内圣外王之道作为大学教育的大纲加以集中阐释。其后，《中庸》“合外内之道”，讲“成己”“成物”之道，“国有道，其言足以兴；国无道，其默足以容”；孟子讲“独善其身”与“兼济天下”；荀子讲“君子之道”与“君之所道”；《易传》讲“藏器于身”“待时而动”；乃至道家讲“虚一而静”与“无为而治”；《吕氏春秋》讲“取天下先取身，治其身而天下治”；等等，无一不是循着内圣为本外王为末、内圣与外王兼顾的思路展开思考和论述的。在这种论述中，君子之道与君人之道是各有侧重而又相互统一的。明君必须是君子，君子才有资格成为明君。而培养君子就是高等教育机构——“大学”的使命。这就是《大学》的命意、价值及意义之所在。

---

① （宋）朱熹：《大学章句》，《四书章句集注》，第3页。
② （宋）朱熹：《大学章句》，《四书章句集注》，第106页。
③ （宋）朱熹：《大学章句》，《四书章句集注》，第190页。

程伊川对《大学》的诠释*

孟祥兴

摘　要：《大学》原本为《礼记》中的一篇，在汉唐时期并未引起重视，逮至北宋中期，二程尤其是程伊川对《大学》产生了浓厚的兴趣，认为是“入德之门”“圣人之完书”，对其进行大力推崇与表彰。程伊川认为《大学》文本存在错简，并基于其个人的理解而对《大学》文本作出改订，对后世《大学》改本之争影响深远。伊川在“天理”本体论的视域下，以“穷理”诠释“格物”，并将其作为“致知”的先决条件，而“穷理致知”的目的是“明善”，是关乎个体道德实践与成德的工夫论基础。

关键词：程伊川；《大学》文本；格物致知；穷理

作者简介：孟祥兴，曲阜师范大学政治与公共管理学院副教授（山东日照 276826）。

自中唐以来逐渐形成的排斥佛老、复兴儒学的运动，经历五代十国的动乱时期，至宋初在儒者之间成为共同的学术思想意识。他们面

* 本文是国家社会科学基金青年项目“《大学》诠释研究”（项目编号：20CZX020）的阶段性成果。

对佛老之学兴盛，而“儒门淡泊、收拾不住”的局势，以极大的勇气与智慧为儒学复兴而努力。宋初儒学复兴面对的主要问题是：一为佛老之学，二为浮华文辞。[①] 因此，宋初儒者一方面排斥佛老之学，另一方面提倡文以载道。二程承继排佛老、复兴儒学的使命意识，深入佛老之学的根本精神，认为佛老之学的危害在于吸引大批才智高超之人，以此作为安身立命的根本，而儒学则退缩至政治制度、社会风尚等层面，在个人生命安顿上失去了其内在活力，因此在批判佛老之学的同时，更加重视对原始孔孟儒学真精神的激活，挖掘儒家经典中的心性义理之学，重新开出儒家内圣外王之弘规。

在此历史时代背景与问题意识之下，《大学》以精简的文字通过严密的逻辑，层层递进地阐述了“修齐治平”之思想，表达了儒家“内圣外王”的理想境界，因此受到二程，尤其是程伊川的重视，开始大力表彰《大学》，并对其中的重要思想作出创造性诠释。

一　程伊川对《大学》的表彰与文本的改订

《大学》原本为《礼记》中的一篇，在汉唐时期并未引起足够的重视，而是将其作为《礼记》之一篇而有相关注疏，如郑玄《大学注》与孔颖达在郑注基础上的《大学疏》。唐中期韩愈《原道》中引用《大学》相关文句，开始注意到《大学》阐述“内圣外王”的儒家思想，其弟子李翱在《复性书》中从心性论角度对“格物”作出诠释。

至宋中期，二程尤其是程伊川开始着力表彰《大学》，认为：“入德之门，无如《大学》。今之学者，赖有此一篇书存，其他莫如论、孟。”[②] 众所周知，儒家重视个体道德的教化与生命境界的提升，其所谓学特指“成德之学”，程伊川认为《大学》是“入德之门”，将《大学》视为个体生命成德之学的门径，须通过对《大学》的学

① 参见陈来《宋明理学》，生活·读书·新知三联书店2011年版，第42—43页。
② （宋）程颢、程颐：《二程集》，中华书局2014年版，第277页。

习与探究，方能真实地成就入德之学。“修身，当学《大学》之序。《大学》，圣人之完书也，其间先后次序者，已正之矣。”① 《大学》是圣人所作之书，蕴含个体修身成德的完整工夫次第，学者依据《大学》而可成就修身工夫。

由上可知，程伊川是从《大学》的作者与内容两个方面来论证、表彰《大学》的，在作者上认为《大学》是孔子之书，在内容上认为《大学》是儒家成德之教的门径，由此确立了《大学》在儒家经典中的地位。在盛行佛老之学的学术思想环境中，重新提出先秦儒家所重视之“成德之教”，对于儒学复兴而言意义重大。程伊川一方面通过《大学》排斥佛老，另一方面以《大学》为基本经典挖掘儒家成德之教与内圣外王之学。

此外，程伊川认为《大学》文本存在错简，从而对《大学》文本作出改定，并就其中重要思想，如“格物致知”作出创造性诠释。经由程伊川对《大学》的表彰与诠释，《大学》在学术史上的意义得以真正展开②，成为宋明理学家共同面对、研究、论辩的基本典籍，并基于对《大学》的不同诠释而产生、创建不同的思想体系。

程伊川关于《大学》的改本，由其弟子记录在《程氏经说》中，名为“伊川先生改正大学”③。现将其与郑注本《大学》文本结构之同异列表如下：

表1　**郑注本与伊川改本《大学》之异同比较**

序号	郑注本《大学》（古本）	伊川改本《大学》
1	大学之道……国治而后天下平	大学之道……国治而后天下平

① （宋）程颢、程颐：《二程集》，第311页。

② 李记祥认为：“虽然表彰大学实非自二程开始，但就大学一书在学术史上的意义而言，则归功二程亦不为过，尤其就大学与理学之关系，进而成为洛南道脉所宗一点上，实际上亦始自二程。”详见李记祥《两宋以来大学改本之研究》，台北：台湾学生书局1988年版，第42页。

③ （宋）程颢、程颐：《二程集》，第1129—1132页。

续表

序号	郑注本《大学》（古本）	伊川改本《大学》
2	自天子……未之有也	自天子……未之有也
3	此谓知本，此谓知之至也。	子曰：听讼……大畏民志。此谓知本
4	所谓诚其意者……故君子必诚其意	此谓知本，此谓知之至也。
5	诗云：瞻彼淇澳……此以没世不忘也	康诰曰："克明德"……皆自明也
6	康诰曰："克明德"……皆自明也	汤之盘铭曰……是故君子无所不用其极
7	汤之盘铭曰……是故君子无所不用其极	诗云："邦畿千里，惟民所止。"……与国人交止于信
8	诗云："邦畿千里，惟民所止。"……与国人交止于信	所谓诚其意者……故君子必诚其意
9	子曰：听讼……大畏民志。此谓知本	所谓修身在正其心者……此谓修身在正其心
10	所谓修身在正其心者……此谓修身在正其心	所谓齐其家在修其身者……此谓身不修不可以齐其家
11	所谓齐其家在修其身者……此谓身不修不可以齐其家	所谓治国必先齐其家者……此谓治国在齐其家
12	所谓治国必先齐其家者……此谓治国在齐其家	所谓平天下在治其国者……辟则为天下僇矣
13	所谓平天下在治其国者……辟则为天下僇矣	诗云：瞻彼淇澳……此以没世不忘也
14	诗云：殷之未丧师……此谓国不以利为利，以义为利也	康诰曰："惟命不于常"……骄泰以失之
15	康诰曰："惟命不于常"……骄泰以失之	诗云：殷之未丧师……此谓国不以利为利，以义为利也
16	生财有大道……以义为利	生财有大道……以义为利

根据上表所示，我们可以对郑注本《大学》与伊川改本作出细致的分析与讨论。

（1）伊川将“在亲民”之“亲”字注曰“亲当作新”[①]，亦即“在新民”。根据伊川之改本，实有以第6条释“在亲民”之意，而第6条皆言“新”，故伊川改“亲”为“新”。此外，伊川弟子录其言有曰：“《大学》‘在明明德’，先明此道；‘在新民’者，使人用此道以自新；‘在止于至善’者，见知所止。”[②]“‘新民’，以明德新民。”[③] 可知伊川是以“新民”释“亲民”，此一观点在《大学》诠释史上具有重要价值与深远影响。[④]

（2）伊川改本将原本属于“诚意”章之第9条，改易为第3条，置于“自天子以至于庶人……未之有也”[⑤] 与“此谓知本，此谓知之至也”[⑥] 之间，如此则原第3条中的“此谓知本”与第4条中的“此谓知本”重复，因此伊川注曰：“四字衍”[⑦] 认为“此谓知本”是衍文而删去。

关于为何伊川将“子曰：听讼”一句移置此处，李记祥根据前人之观点进而分析认为伊川是以此作为对“格致”章的解释，且“以为不先格致，则三纲之义亦不能知，此点与遗书所云‘格物为适道之始’亦正相合。伊川既以大学一篇之工夫当始于格物，则改本此种编次，正与其主张相贯通”[⑧]。我们认为伊川之意似不是对“格致”章之解释，而是对“修身为本”的说明，如“又问：《大学》知本，止说‘听讼吾有人也，必也使无讼乎？无情者不得尽其辞，大畏民志’何也？’曰：‘且举此一事，其他皆要知本，听讼则必使

① （宋）程颢、程颐：《二程集》，第1129页。

② （宋）程颢、程颐：《二程集》，第22页。

③ （宋）程颢、程颐：《二程集》，第24页。

④ 朱子继承此一观点，认为“亲民”当为“新民”，且据此加以诠释，而王阳明极力推尊《大学》古本，反对改“亲民”为“新民”。

⑤ （宋）程颢、程颐：《二程集》，第1129页。

⑥ （宋）程颢、程颐：《二程集》，第1130页。

⑦ （宋）程颢、程颐：《二程集》，第1130页。

⑧ 李记祥：《两宋以来大学改本之研究》，第48页。

无讼是本也。'"[①] 即是说明伊川是以"听讼"章作为对"知本"的解释。此外，伊川又将"致知在格物"解释为"格，至也。物，犹事也。事皆有理，至其理，乃格物也"[②]。若以"此谓知本，此谓知之至也"作为对"格致"的解释，则与此不相合。综上两条原因，可知伊川将"听讼"章移置于此，实际上是对"知本""修身为本"的进一步说明与解释。

（3）伊川将原本属于"诚意"章之第6、7、8三条，移置于第5、6、7三条，用作对"三纲"的解释。

（4）伊川将原本属于"诚意"章之第5条，移置于第13条，作为对"治国平天下"的释文。另外，将郑注本之第14条与第15两条调换次序，第14条移作第15条，第15条移作第14条。

（5）伊川在改定《大学》文本次序的同时，亦对其文字作出改正，他认为第9条"修身"章中"身有所忿懥则不得其正"之"身""当作心"[③]；第10条"所谓齐其家"，"其字衍"[④] 将"其"字删去；第14条"见贤而不能举，举而不能先，命也"之"命"字"作怠之误也"[⑤]；第16条"彼为善之"伊川注云："一本云：'彼为不善之小人，使之为国家。'"[⑥]

通过上述分析可见，伊川改本《大学》不仅移动经文次序，且对其字词有删改，这对后世有关《大学》改本以及思想诠释的论争具有重要意义。伊川改本之结构实际上是以第1条为《大学》之纲目，而以下则是对此纲目的解释，亦即纲目——纲释文，目释文。伊川改本中暗含经传之分的模式，将"亲民"改为"新民"等，对朱子改定《大学》文本具有很大的影响，因此，在《大学》改本史、诠释史上具有重要的价值与意义。

---

① （宋）程颢、程颐：《二程集》，第280页。
② （宋）程颢、程颐：《二程集》，第365页。
③ （宋）程颢、程颐：《二程集》，第1130页。
④ （宋）程颢、程颐：《二程集》，第1130页。
⑤ （宋）程颢、程颐：《二程集》，第1132页。
⑥ （宋）程颢、程颐：《二程集》，第1132页。

二　成德工夫之开端：程伊川对“格物致知”的诠释

程伊川曾言：“涵养须用敬，进学则在致知。”① 认为个体的道德涵养与德性智慧的培育、发掘分别需要“敬”与“致知”的工夫，“敬”与“致知”是伊川工夫论的两大涂辙。程伊川通过深入诠释，将“格物致知”确立为成德的基本乃至根本工夫，其关于“格物致知”的诠释经由其弟子直至朱子的再诠释与推重，成为宋明理学中最重要的工夫论命题之一，在宋明理学史上具有非常重要的价值与深远的意义。

程伊川关于“格物致知”的诠释主要涵盖以下三个方面：（1）“格物”与“致知”的意涵及其关系；（2）“格物致知”的目的、对象、范围与方法；（3）“格物致知”在工夫论中的地位及其价值与意义。

（一）“格物”与“致知”的意涵及其关系

程伊川在对“致知在格物”的诠释中重视“致知”与“格物”之间的逻辑关系，通过对“格物”的诠释将其确立为“致知”的前提与条件。在此，我们将分别对程伊川诠释“格物”与“致知”的具体内涵，以及它们之间的关系进行分析、阐述。

程伊川关于“格物”的诠释主要见于以下言说：

> “致知在格物”格，至也。物，犹事也。事皆有理，至其理，乃格物也。②
>
> 格犹穷也，物犹理也，若曰穷其理云尔。③
>
> 又问：“如何是格物？”先生曰：“格，至也，言穷至物理也。”④

---

① （宋）程颢、程颐：《二程集》，第136页。
② （宋）程颢、程颐：《二程集》，第356页。
③ （宋）程颢、程颐：《二程集》，第1197页。
④ （宋）程颢、程颐：《二程集》，第277页。

格，至也，如“祖考来格”之格。凡一物上有一理，须是穷致其理。①

“格物”者，格、至也，物者、凡遇事皆物也，欲以穷至物理也。②

致知在格物，格、至也，穷理而至于物，则物理尽。③

从上述引文可见，程伊川对于“格物”的诠释主要有两种：（1）训“格”为“至”，“物”为事物之理，“格物”即“至其理”，也就是达至、获得事物之理；（2）训“格”为“穷”，“物”为理，“格物”即“穷其理”，也就是穷究、探索事物之理。“穷理”是方法，“至其理”是目的，因此，对于这两种诠释，伊川又常常将“穷理”与“至其理”综合起来作出论说，认为“格物”即“穷理而至于物，则物理尽”，“穷至物理也”，亦即通过穷究事物之理而达至、获得事物之理。此外，将“格”训为“至”，还含有与物相接之意，“格物”也就是在与事事物物相接之中穷究事物之理进而获得其理。④“格物”之“物”在伊川这里实际上包含客观存在的事物、人之生命行为以及社会事物等多重意涵。通过“格物”获得“事物之理”之所以可能，是因为“凡一物上有一理”，亦即任何事物，无论是花草鸟兽等客观事物，还是生命行为、社会事物等皆含有理则，此事理与物理统一于天理本体。

关于“致知”意涵的确立关键在于如何理解“知”的性质：

---

① （宋）程颢、程颐：《二程集》，第 188 页。

② （宋）程颢、程颐：《二程集》，第 372 页。

③ （宋）程颢、程颐：《二程集》，第 405 页。

④ 牟宗三在《心体与性体》中认为：“格物即是至于物，来到物处，此即‘与物接’之意也。”通过“与物接”一方面“使知成其为知（有具体的表现）”，另一方面“在得明理之成果”。其中“使知成其为知”即运用所获得之道的理性知识在与物相接中将其运用出来，对事物作出道德判断与选择，然而，根据我们的理解伊川释“格物”诚然含有“与物接”之意，但在伊川那里“格物”之首要意义在于“穷理”，而非体现、表现道德理性知识。详见牟宗三《心体与性体》，上海古籍出版社 1999 年版，中册，第 326 页。

知者吾之所固有，然不致则不能得之，而致知必有道，故曰："致知在格物。"①

"致知在格物"，非由外铄我也，我固有之也。因物有迁，迷而不知，则天理灭矣，故圣人欲格之。②

闻见之知非德性之知。物交物，则知之非内也。今之所谓博物多能者是也。德性之知不假见闻。③

致知则有知，有知则能择。④

在第1、2两条引文中伊川认为"知"是人天生所具有的能力，不是外在于身心性命的东西，然而人因外物之迁移与引诱，导致此"知"是隐藏的，不能体现在现实人生中，唯有通过推致此"知"，才能呈现"知"，而"致知"的方法与途径在于"格物"。据此，伊川将"知"理解为孟子所言四端之一"是非之心"所关涉的"智"，是德性智慧，是一种判断事物、行为是非善恶的道德能力，"知"始终关涉着道德价值与理想。

在第3条引文中，伊川将"知"严格区分为闻见之知与德性之知。闻见之知，即关于事物之经验知识，"乃假于见闻而滞于物所起之知"⑤，是知于外者，与道德实践没有本质的关系；德性之知是关于道德实践的知识，是成德、成圣的根本，是人所固有的而不假于见闻。依此，可进一步确认伊川理解的"致知"之"知"是指"德性之知"而非"见闻之知"。在第4条引文中，伊川认为通过"致知"则可以呈现、体现"德性之知"，而获得"德性之知"可以对事物、行为从道德上作出选择与判断。

由上所述，伊川将"知"确立为吾人所固有的德性之知，进而

① （宋）程颢、程颐：《二程集》，第316页。
② （宋）程颢、程颐：《二程集》，第316页。
③ （宋）程颢、程颐：《二程集》，第317页。
④ （宋）程颢、程颐：《二程集》，第413页。
⑤ 牟宗三：《心体与性体》，中册，第326页。

将“致知”诠释为充拓、开显吾人所固有之德性智慧。伊川认为：“能致知，则思一日愈明一日，久而后有觉也。”[①] 通过“致知”可以使吾人之思渐入精微，进而觉悟吾人所固有之德性智慧。“若致知，则智识当自渐明，不曾见人有一件事终思不到也。”[②] 致知，可使人之德性智慧与知识渐次明朗。可见，其关注的焦点始终是成德成圣之可能与方法。

伊川认为：“穷理格物，便是致知。”[③] “穷理然后足以致知，不穷则不能致也。”[④] “格物”作为“致知”的方法与途径具有逻辑上的优先性，“格物”是“致知”的前提与条件，“致知”是“格物穷理”的目的与自然结果。然而，“格物”所穷究的事物之理与“致知”之“知”如何贯通起来，以及“穷理”所获得的事物之理如何保证德性之知的发掘与呈现，是伊川诠释“致知在格物”所必然面对的重要问题。关于这个问题的解答，关键在于如何理解伊川“格物穷理”之“理”的内涵与性质。

（二）作为道德实践的“穷理”工夫

若要理解伊川“格物穷理”之“理”的内涵与性质，首先需要对伊川“格物”之目的、对象、范围与方法作出细致的分疏与探究。

众所周知，理学家将成圣、成贤作为其为学的根本目的与理想，成圣关乎人生命道德实践之可能与方法，亦即本体论与工夫论之问题。在此，伊川将“格物穷理”作为道德实践之工夫，其言曰：“其自格物而充之，然后可以至圣人。”[⑤] “明善在乎格物穷理”[⑥]，格物穷理是以成圣与明善作为最终目标，是实现道德理想价值与提升生命道德境界的根本方法，因此“格物穷理”之对象与范围最重要的是

---

① （宋）程颢、程颐：《二程集》，第 186 页。
② （宋）程颢、程颐：《二程集》，第 188 页。
③ （宋）程颢、程颐：《二程集》，第 177 页。
④ （宋）程颢、程颐：《二程集》，第 1197 页。
⑤ （宋）程颢、程颐：《二程集》，第 316 页。
⑥ （宋）程颢、程颐：《二程集》，第 144 页。

关涉道德实践的“事理”。

> 穷理亦多端：或读书，讲明义理；或论古今人物，别其是非；或应接事物而处其当，皆穷理也。[①]

上述引文论及“穷理”之方法，他认为读书、论古今人物或者应接事物等皆可以“穷理”，而读书之目的在于阐明其中的道德义理，论古今人物之目的在于判断其是非善恶，及至日常生活中的待人接物亦应合乎道德，以上皆是以道德生命的转化与提升为目的。

然而，伊川在论及“格物”之“物”时，又说：“凡遇事皆物也”[②]，“凡眼前无非是物”[③] 即泛指人所面对的一切事物对象，“是涵盖客观宇宙事象和道德世界事象的”[④]。因此，伊川认为：

> 问：“格物是外物，是性分中物？”曰：“不拘。凡眼前无非是物，物物皆有理。如火之所以热，水之所以寒，至于君臣父子间皆是理。”[⑤]
>
> “物则事也，凡事上穷极其理，则无不通。”[⑥]
>
> “物理须是要穷。若言天地之所以高深，鬼神之所以幽显。若只言天只是高，地只是深，只是已辞，更有甚?”[⑦]

在第一条引文中，有人问“格物”之“物”是外在客观之事物，还是“性分中物”，所谓“性分中物”是指人之所固有的道德属性，如孟子所言四端等。伊川对此认为“格物”之对象涵盖了外在客观事

---

① （宋）程颢、程颐：《二程集》，第 188 页。
② （宋）程颢、程颐：《二程集》，第 372 页。
③ （宋）程颢、程颐：《二程集》，第 372 页。
④ 温伟耀：《成圣之道：北宋二程修养工夫论之研究》，河南大学出版社 2004 年版，第 60 页。
⑤ （宋）程颢、程颐：《二程集》，第 247 页。
⑥ （宋）程颢、程颐：《二程集》，第 143 页。
⑦ （宋）程颢、程颐：《二程集》，第 157 页。

物与内在之道德属性，不应该对此作出严格分别，凡是经验所及之事物对象，皆有其理则，“穷理”既是对客观事物之理的认识，也是对道德理性知识的理解与体认。在第二条引文中，伊川认为物即事，“穷理”即穷究“事理”，所谓事理概指人生行为与社会事物之理。第三条引文中，伊川认为“穷理”也需要穷究客观存在物的所以然之理，如天地所以高深之原理。由上可见，伊川对于“格物”之“物”的解释比较宽泛，涵盖了客观存在之物、人生实践之事物以及人之道的属性等，亦即“物理”“事理”和“性理”，其中“事理”与“性理”关乎人生道德实践，而“物理”则是纯粹的天地万物之理。

伊川对“格物”之“物”的宽泛理解以及“穷理”所包含的“物理”“事理”和“性理”所带来的问题是天下事事物物如此繁多，如何才能穷尽其理？如何沟通“事理”“性理”与“物理”，对于客观事物之“物理”的认识如何贯通于对道德世界“事理”和“性理”的理解，是知识与道德的问题。伊川对这两个问题有深入的思考，并以“脱然自有贯通处”以及“万物一理”作出解答。

> 或问：“学必穷理。物散万殊，何由而尽穷其理？”子曰：“诵诗、书，考古今，察物情，揆人事，反复研究而思索之，求止于至善，盖非一端而已也。”又问：“泛然，其何以会通之？”子曰：“求一物而通万殊，虽颜子不敢谓能也。夫亦积习既久，则脱然自有该贯。所以然者，万物一理故也。”①
>
> 或问：“格物须是物物格之，还只格一物而万理皆知？”曰：“怎生便会该通？若只格一物便通众理，虽颜子亦不敢如此道。须是今日格一件，明日又格一件，积习既多，然后脱然自有贯通处。”②

① （宋）程颢、程颐：《二程集》，第1191页。

② （宋）程颢、程颐：《二程集》，第188页。

上述两条引文集中讨论了如何穷尽天下之理以及“事理”“性理”与“物理”如何贯通这两个问题。引文中针对他人对于万事万物之疏繁，如何穷尽其理的疑问，伊川特别提出：读书、考古今、察物情、揆人事四个方面作为“穷理”的实践进路，这四种实践进路其最终目标是“止于至善”，亦即个体生命道德境界的提升。[①] 然而，如何将这四种实践进路会通为一呢？伊川对此提出了重要的论点，认为若只穷究一物之理而贯通全体之理，虽大贤若颜回也难以达到，正确的路径是经过循序渐进的积累，积累久了，自然有贯通之时，所谓“脱然自有该贯”。通过积累而达到贯通一理，实际上涉及道德实践过程中重要的渐、顿之关系。[②] 所谓渐即循序渐进的积累、修习；顿即于刹那间获得生命道德境界的转化与提升，是异质层次的跳跃。伊川认为顿悟是建立在渐修的基础之上的，唯有通过循序渐进的积累，才能获得道德生命的转化与顿悟。

伊川进而认为“脱然自有贯通”的根据在于“万物一理”。伊川严格确立了“天理”作为宇宙万物生化不息的所以然之根据，天理具有本体论之意涵，天地间万事万物之生成变化皆由天理所规定与决定。天理作为宇宙之本源，与阴阳二气共同作用生成天地万物，因此，天下万物皆有其理，每一具体现实之物皆有其理则，此理“是万物各自具有之殊别之理”[③]，然而此殊别之理与本源之天理又具有内在的统一性，“一物之理即万物之理”[④]。因此，所谓“事理”

---

① 关于伊川穷理在实践上的四种进路，温伟耀在《成圣之道：北宋二程修养工夫论之研究》中运用西方哲学，尤其是诠释学的理论对此分别作出深入的解释，认为这四种实践进路最终皆指向道德生命的转化与提升。参见温伟耀《成圣之道：北宋二程修养工夫论之研究》，河南大学出版社 2004 年版，第 70—123 页。

② 渐修与顿悟原是佛教中用作修行实践的方法与观念，在中国佛教传统中存在大量关于顿悟与渐修的争论，以及围绕此而进一步展开的相关问题的讨论。相关研究可参考赖永海《中国佛性论》，江苏人民出版社 2010 年版，杨维中《中国佛教心性论研究》，宗教文化出版社 2007 年版，等书。因佛教尤其是禅宗、华严宗对宋代理学家的影响，其关于道德生命实践的讨论或多或少地借鉴、参考了佛教的修行理论，此处关于积习与贯通之论点，即明显的一例。

③ 劳思光：《新编中国哲学史》第三卷上，广西师范大学出版社 2005 年版，第 180 页。

④ （宋）程颢、程颐：《二程集》，第 13 页。

“性理”与“物理”如何贯通的问题，根本在于无论是作为道德生命的“性理”与“事理”，还是作为宇宙客观存在物的“事理”，其本质上皆源于“天理”。“事理”“性理”与“物理”统一于“天理”本体，是“天理”在具体现实的人、事、物上的呈现。基于“天理”本体与万事万物之间关系的认识，伊川确立了可以通过积累事物分殊之理而贯通、体悟作为万物本体之“天理”的实践进路，所谓“物我一理，才明彼即晓此，合内外之道也”①。

正是基于以上认识，程伊川同时注重对于“物理”与“事理”“性理”的穷究，并强调要将此三者贯通为一。“今人欲致知，须要格物。物不必谓事物然后谓之物也，自一身之中，至万物之理，但理会得多，相次自然豁然有觉处。”② 近至一身之理，远至万物之理，皆是穷理的对象，而此一身之理与万物之理在本质上具有同一性，皆是天理的具体呈现，因此，通过渐次体会事理与物理，而能豁然顿悟天理本源。与此同时，伊川亦强调“格物之理，不若察之于身，其得尤切”③。切己之反省与穷理，对于体悟天理来说更为重要，体悟天理即对于道德生命本源的体认与体验。

以上我们基于对“格物穷理”的目的、对象、范围乃至方法的分析，进一步阐明了“理”的内涵与性质。“穷理”实际上包含三个方面：“性理”“事理”与“物理”，其中“性理”是指人生来所具有的道德属性，“事理”是人生行为与社会事物中呈现的理则，“物理”则是天地万物之理，而这三者又统一于“天理”本体，是“天理”在不同层面、不同层次的具体呈现。

上述问题的阐明，为我们理解“穷理”与“致知”之间的关系提供了理论基础。在前文分析中，我们指出“致知”之“知”特指“德性之知”，而“穷理”所包含三个层面中的“性理”即可通于“德性之知”，“德性之知”是人所具有的对人生行为与社会事物作出道德判断与抉择的智慧与能力，“性理”是人生命道德的根源。然

① （宋）程颢、程颐：《二程集》，第193页。
② （宋）程颢、程颐：《二程集》，第181页。
③ （宋）程颢、程颐：《二程集》，第175页。

而，“性理”“事理”与“物理”皆是贯通于“天理”的，通过穷究“事理”“性理”，乃至“物理”，可贯通于天理本体，彻悟道德生命的根源。因此，通过“穷理”自然可以达到“致知”的结果，可以开显“德性之知”。由上可见在程伊川的诠释中，“格物穷理”是“致知”的基础、前提与条件，具有逻辑上的优先性。

（三）“格物致知”在工夫论中的地位及其价值与意义

通过上文的分析，我们阐明了程伊川对于“格物致知”的诠释，“格物穷理”是“致知”的先决条件与方法途径，“致知”是“格物穷理”的目的与自然结果。此外，他认为“格物致知”在《大学》八条目的工夫纲领中具有根本与基石的地位与作用。

> 《大学》曰：“物有本末，事有终始，知所先后，则近道矣。”人之学莫大于知本末终始。致知在格物，则所谓本也，始也；治天下国家，则所谓末也，终也。……格物者适道之始，欲思格物，则固已近道矣。是何也？以收其心而不放也。①

伊川以《大学》中“物有本末，事有时终”的思想对“致知在格物”在八条目中的地位作出论证说明，为学工夫首要的前提是了知本末始终的次序与层级，“致知在格物”是为学工夫的根本与开端，“治天下国家”是为学的最终目标与理想境界。在此，伊川不仅将“致知在格物”作为个人修身成德工夫的根本与开端，而且进一步将其作为“治天下国家”外王事业的基石，这与宋儒由内圣决定外王的思路一致，认为社会秩序的完善建立在个人德性的基础上，因此，成德不仅仅是个人生命中的问题，亦由此关系到整个社会良善秩序的建立与运行。伊川又进一步指出“格物者适道之始”，将“格物”作为“致知”的开端，同时将其视为整个道学工夫的基石。

---

① （宋）程颢、程颐：《二程集》，第316页。

程伊川之所以将“格物致知”作为个体生命成德工夫的基石与开端，这与其知行观是密不可分的。他认为：“始于致知，智之事也；行所知而极其至，圣之事也。”[①]“君子以识为本，行次之。”[②]在知行关系上，以知为本、为始，行是知之后的实践，知对于行具有指导与规范作用。穷理致知是获得、开显知的工夫。在伊川这里“知”根本上是指“德性之知”，也就是关于道德实践的知识与智慧。此外，伊川还区分了“真知”与“常知”，并认为真知必然导致真行。

> 真知与常知异。常见一田夫，曾被虎伤，有人说虎伤人，众莫不惊，独田夫色动异于众。若虎能伤人，虽三尺童子莫不知之，然未尝真知。真知须如田夫乃是。故人知不善而犹为不善，是亦未尝真知。若真知，决不为矣。[③]
>
> 子曰：未有知之而不能行者。谓知之未能行，是知之未至也。[④]
>
> 学者须是真知，才知得是，便泰然行将去也。[⑤]

所谓真知是个体生命对于“知”的真实体验与体悟，常知只是闻见之知而没有切身之体验。常知只是浅近之知，并不能指引、规范行为，不能切实地将知转化为生命行为；而真知必然能转化为行为，可以指引并规范行为之去恶从善。知若不能转化为具体行为，只是因为未能真正地了知与体悟，其知只是常知，而非真知，真知必然引导出真行。因此，伊川又认为知难行易，如“自古非无美材能力行者，然鲜能明道，以此见知之亦难也”[⑥]。真知的获得在伊

① （宋）程颢、程颐：《二程集》，第1188页。
② （宋）程颢、程颐：《二程集》，第320页。
③ （宋）程颢、程颐：《二程集》，第16页。
④ （宋）程颢、程颐：《二程集》，第1191页。
⑤ （宋）程颢、程颐：《二程集》，第188页。
⑥ （宋）程颢、程颐：《二程集》，第187页。

川看来是不容易的，唯有获得真知才能明道，进而体现、转化为具体行为。

正是基于上述知先行后、真知必然引起真行、知难行易等知行观念，伊川将“格物致知”确立为成德工夫的基石与开端，唯有“格物致知”，才能实现真正的道德行为。“格物致知”是对天理的认识与体悟以及德性智慧的发掘，只有在德性智慧的明觉之下，人之行为才能符合天理本然、合乎道德，才能从善去恶，并进一步成就圣人之道，与天地合其德。

三　结语

文本作者、文本结构与文本义理三者之间存在着紧密的联系，文本作者与文本结构对于文本义理的诠释具有重要的奠基作用。从此三个方面，程伊川以理学视域展开了对《大学》的诠释。他首先将《大学》的作者确立为孔子，认为是“圣人之完书”①，是“入德之门”，这无疑极大地提高了《大学》的经典地位与价值。其次，程伊川认为《大学》文本存在错简，并对其作出改订，这在《大学》改本史、学术思想史上具有深远的影响。最后，程伊川对《大学》义理的诠释集中于“致知在格物”，他以“穷理”诠释“格物”，并将“格物穷理”作为“致知”的先决条件，具有逻辑上的优先性。“致知”是“穷理”的目标与自然结果，是对“德性之知”的开显与推拓，而“知”又是道德践履的基础与前提，唯有真知，方能实现真正的道德践履。“穷理”包含“性理”“事理”与“物理”三个方面，而这三者又统一于“天理”本体，是“天理”在不同层面、不同层次的具体呈现。“格物穷理”与“致知”是成德工夫的开端与基石，其最终目标是成圣，是道德生命的转化与提升。

---

① （宋）程颢、程颐：《二程集》，第311页。

朱熹的天理自然观及其内在张力

肖芬芳

摘　要：朱熹思想中的“自然”以“非人为造作”的意涵与“理”相关联，既表征了“天理”的自发性，也保证了“天理”的终极性。而朱熹构建的“理”和“自然”的关系，扭转了道家“自然”的无为属性和不知所以然而然的状态，使其“自然”观念既指向符合“理”的标准的人为活动，也包含“知其所以然”的工夫论要求。此种自然之理通过“诚”来贯通宇宙界和人生界，“理”之“自然”在人生界呈现为自然的不虚伪的道德生活。但是朱熹的天理自然观在宇宙界和人生界具有不同的行为原则，在宇宙界呈现为“任其自然”，在人生界呈现为“因其自然”。此种不统一将造成体用之间的张力，并在天理自然的建构中走向传统儒家本体论的终结。

关键词：朱熹；天理自然；任其自然；因其自然

作者简介：肖芬芳，湖南大学岳麓书院助理研究员（湖南长沙 410082）。

“天理”是朱熹思想中的重要观念，学界在阐释朱熹的天理观时，已经指出了朱熹将“自然”视为“天理”的属性和本质。[①] 而学界对于朱熹自然观的探究，也出现了将“自然”和“理”联结起来的趋势[②]，诸如杨儒宾指出理学使用的“自然”通常作为“道体”的属性，其实质内涵指向“理之能然、必然、当然”[③]。这表明朱熹思想中的“自然”表征“理”的属性和本质这一基本特点，在近来的研究中已趋于共识。但是这其中依然存在需要进一步探究的问题，即朱熹思想中的“自然”是如何与“理”相关联的？朱熹思想中的“自然”较之道家“自然”，发展出了何种新义？以及朱熹将“自然”融入“天理”所形成的天理自然观是如何展开天人关系的？其中又是否具有内在张力？本文将就这些问题展开具体讨论。

一　自然之理和理之自然：“自然”表征“理”的属性

“自然”是朱熹思想中的常用词语[④]，但“自然”在朱熹思想中没有“自然界”的意涵，诸如“天地自然”中的“自然”指向的亦是“非人为造作”的自然而然，“故知律吕乃天地自然之声

---

① 杨立华指出朱熹论及天理本质的相关概念——当然、自然、必然、所以，在很多情况下是交互使用的，都具有一种“不容已”的必然之义。参见杨立华《天理的内涵：朱子天理观再思考》，《中国哲学史》2014 年第 2 期；杨立华《所以与必然：朱子天理观的再思考》，《深圳社会科学》2019 年第 1 期。赵金刚指出朱子思想中和“自然”连接的“理”不仅指向不加安排的秩序性和规定性，而且指向人们行动和历史所要遵循的规律和法则，具有当然和必然的意味。参见赵金刚《朱熹的历史观：天理视域下的历史世界》，生活·读书·新知三联书店 2018 年版，第 190—192 页。

② 对朱熹自然观的探究，还有一种观点是将朱熹的“自然”概念等同于“自然界”，从而在近代自然科学的发展以及人与自然的和谐这两条路径探究朱熹的自然观。参见［英］李约瑟《中国科学技术史》第 2 卷，科学出版社、上海古籍出版社 1990 年版；［韩］金永植《朱熹的自然哲学》，潘文国译，华东师范大学出版社 2003 年版；徐刚《朱熹自然哲学思想论稿》，福建教育出版社 2002 年版；李涛《朱熹的理学自然观研究》，《陕西师范大学学报》（哲学社会科学版）2013 年第 5 期。

③ 杨儒宾：《理学论述的自然概念》，《中正大学中文学术年刊》2009 年第 2 期。

④ 据笔者检索发现，“自然”一词在《四书章句集注》中出现 42 次，在《朱子语类》中出现 1026 次。

气，非人之所能为"①。其根本特质是在自然之理、理之自然和天理自然的连接中，指向"理"的自然属性。

事实上，"自然"能够表征"理"的属性，是因为"自然"是非人为造作的。而在朱熹思想中，"无人为造作"亦是"天理"的特征。朱熹不仅以"无情意、无计度、无造作"② 来描述"理"，而且指出"天理"是非人所能为，"大抵讲学，只要理会义理，非人所能为乃天理也，天理自然各有定体"③。因此，朱熹在使用"自然之理"和"天理自然"等概念时，明确指出这就是天理的"无人为造作"。既包括不待人的刻意安排："只是天理自然底，不待安排。所以着力不得时，盖为安排着便不自然"④；也包括非人力所能安排："有自然之理……非人力所能安排。"⑤ 于是，朱熹就以"无人为造作"将"自然"和"理"联系起来，"自然"指向的是"理"之自然。

而朱熹将"理"赋予"自然"属性，一是在本体论上保证了"理"的终极性。这种终极性表现为当"自然"是"理"的属性时，"理"就是自然存在的，从而不必追问"理"之所从来，不必在"理"之外寻求更高的根据，因此"自然"保证了"理"作为终极价值的存在。同时，终极性表现为"理"居于"自然"之上的先在性，即朱熹将"理"视为"自然"的根据，只有出于"理"的才是"自然"的。他说："如耳听目视，自然如此，是理也。"⑥ 从而"理"保证了存在物的自然属性，是所有事物的终极根源。

二是在人生界强调儒家制作的礼乐文化不是"人为"的，而是"自然"的。朱熹说："如云'为六畜、五牲、三牺，以奉五味'云云之类，都是做这个去合那天，都无那自然之理。如云'天高地

---

① （宋）黎靖德编，王星贤点校：《朱子语类》，中华书局1986年版，第2237页。

② （宋）黎靖德编，王星贤点校：《朱子语类》，第3页。

③ 朱杰人、严佐之主编：《朱子全书》，上海古籍出版社、安徽教育出版社2002年版，第1733页。

④ （宋）黎靖德编，王星贤点校：《朱子语类》，第965页。

⑤ （宋）黎靖德编，王星贤点校：《朱子语类》，第2237页。

⑥ （宋）黎靖德编，王星贤点校：《朱子语类》，第101页。

下，万物散殊，而礼制行矣；流而不息，合同而化，而乐兴焉'，皆是自然合当如此。"① 这就指出了儒家的人文制作不是强加赋予的人文价值，而是天理对于人世间的自然安排。这就赋予了儒家人文礼乐以"自然"特征，认为"名教"亦是"自然"的。冯友兰曾指出，宋代新儒学并不是将"自然"和"名教"对立起来，而是将"名教"视为"自然"的发展。② 事实上，朱熹扭转了玄学对于名教和自然关系的判断③，认为本于天理、出于天理的名教才是自然的。

朱熹将"自然"视为"理"的属性，是对程颐自然观的进一步发展。唐纪宇指出，程颐使用"自然之理""理自然"等词语，并不意味着"自然"可以被理解为"理"的某种属性，而是表达了"理"与"自然"的某种关系，即便是有人参与其中的活动，只要符合"理"，也被称为是自然的，而与"自然"连用的"理"指向的是存有规律。④ 这就表明，程颐思想中的"理"和"自然"都是根本性的概念，其中没有优先性之别。但朱熹则认为，"理"是"自然"的，不仅表现为符合天理的是"自然"的，还表现为"自然"是"理"赋予的。也就是说，在朱熹的思想中，"理"是比"自然"更为根本的概念。

总而言之，朱熹思想中的"自然"表征"理"的属性，一方面指向天下事物都是天理自然如此的，人文礼乐制作都是天理合当如此的，即宇宙间所有处在"理"的秩序中的事物都是自然的⑤；另一方面表明"理"是终极性的本体，"自然"亦是"理"赋予

---

① （宋）黎靖德编，王星贤点校：《朱子语类》，第 2254 页。

② 参见冯友兰《中国哲学简史》，北京大学出版社 1995 年版，第 248 页。

③ 汪韶军认为，玄学认为本于自然、出于自然的名教才具备存在的合理性。参见汪韶军《郭象论名教与自然——兼驳学界对郭象玄学的一个普遍误解》，《中南大学学报》（社科版）2019 年第 2 期。

④ 参见唐纪宇《程颐〈周易程氏传〉研究》，人民出版社 2016 年版，第 144 页。

⑤ 沟口雄三说朱熹没有区分饮食欲望之自然和道德律之自然，参见［日］沟口雄三著《中国思想史：宋代至近代》，赵士林译，生活·读书·新知三联书店 2014 年版，第 273—274 页。但这其实是对朱熹的误解。因为在朱熹思想中，合理的饮食欲望是自然的，合理的自然即表现为道德律之自然，所以是否合理正是二者的区分。

的，自然如此的根据在于“理”。

二 知其所以然：朱熹“自然”与道家“自然”的区别

朱熹的“自然”概念和道家“自然”概念有密切关联，但朱熹在“理”与“自然”的关系建构中，让“自然”具有了不同于道家“自然”的新义。

宋代理学家对于老子的“自然”思想是有一定讨论的。杨龟山接受了门人以“述而不作”来解释老子的自然思想，“老子五千言以自然为宗，谓之不作可也”[①]。朱熹也引用了杨龟山的这段话，“龟山答胡迪功问中一段，老子五千言以自然为宗，谓之不作可也”[②]。这表明老子的“自然”思想是宋代理学家所熟悉的。刘笑敢曾指出老子的“自然”具有“自然如此、本来如此、通常如此、势必如此”四种意涵。[③] 而这些意涵都包含在朱熹所使用的“自然”概念中，诸如“三者亦皆自然而然，非有意而为之也”[④] 的自然如此之义，“辅其性之自然，使自得之”[⑤] 的本来如此之义，“‘由乎中而应乎外’，这是势之自然”[⑥] 的势必如此之义等。于此，可以看到道家“自然”思想对于朱熹自然观的影响。

但是朱熹并没有照搬道家“自然”概念，而是在对于“自然”和“理”的关系建构中，发展出了和道家“自然”不同的意涵。如前文所指出的，朱熹是以“无人为造作”将“自然”和“理”连接起来。但是，“无人为造作”并没有排除所有的人文活动。朱熹说：“‘孔子与点，与圣人之志同’者，盖都是自然底道理。安

---

① （宋）杨时：《杨时集》，中华书局 2018 年版，第 409 页。

② 朱杰人、严佐之主编：《朱子全书》，第 1293 页。

③ 刘笑敢：《老子之“自然”和“无为”概念新诠》，《中国社会科学》1996 年第 6 期。

④ （宋）朱熹：《四书章句集注》，中华书局 1983 年版，第 373 页。

⑤ （宋）朱熹：《四书章句集注》，第 350 页。

⑥ （宋）黎靖德编，王星贤点校：《朱子语类》，第 1060 页。

老、怀少、信朋友，自是天理流行……盖事事物物，莫非天理，初岂是安排得来！安排时，便凑合不着。这处更有甚私意来？自是着不得私意。"① 即朱熹思想中的"自然"并不指向"无为"，而是包括符合"理"的标准的行为，并且"自然"之"无人为造作"等同于"无私意"。这表明，朱熹扭转了道家"自然"的无为属性，认为"自然"指向纯乎天理、没有私意的人为活动。

同时，当朱熹将"自然"视为"理"的属性时，那么以"理"为根据的"自然"不能只停留在"自然如此"的层面，还必须探究其所以自然如此的原因，即包含着"穷理"的工夫。朱熹说："'只归之自然，更无可观，无可玩索。'上句谓不求其所以然，只说个自然，是颟顸也，谓不可如此尔。"② 这就解释了"自然"不能作为终极本体的原因，即"自然"缺乏对于"所以然"的探究。朱熹还引用杨龟山和学者的对话，"龟山问学者曰：'人何故有恻隐之心？'学者曰：'出于自然。'龟山曰：'安得自然如此！若体究此理，知其所从来，则仁之道不远矣。'"③，指出只停留在"自然如此"的层面是不够的，还必须知其所以然。而对于事物所以然的探究，实质就是格物穷理的工夫论，这也正是道家"自然"概念所缺乏的。王博认为，道家一方面肯定"有所以然"，但另一方面道家的"自然"概念所呈现的是"不知所以然而然"的状态。④ 朱熹亦明确指出，"老佛之学，欲致其知而不知格物所以致其知"⑤，即老佛之学缺乏格物工夫。因此，朱熹将"理"赋予"自然"之上，既指出了"天理"和道家"自然"的区别在于"格物穷理"的工夫论，又表明朱熹思想中的"自然"蕴含了"知其所以然"的格物工夫要求。

而朱熹在述及"下学而上达"时，明确指出作为上达层面的

① （宋）黎靖德编，王星贤点校：《朱子语类》，第 1033 页。
② （宋）黎靖德编，王星贤点校：《朱子语类》，第 2229 页。
③ （宋）黎靖德编，王星贤点校：《朱子语类》，第 1428 页。
④ 王博：《"然"与"自然"：道家自然观念的再研究》，《哲学研究》2018 年第 6 期。
⑤ （宋）黎靖德编，王星贤点校：《朱子语类》，第 2038 页。

“自然”，不是一种想象的“自然”状态，需要经过下学工夫后才具有的境界。他说：“不要理会下学，只理会上达，即都无事可做，恐孤单枯燥。程先生曰：‘但是自然，更无玩索。’既是自然，便都无可理会了。……如‘一以贯之’，是圣人论到极处了。而今只去想象那一，不去理会那贯。”① 这就表明，当“自然”是“理”的属性，而“理”是“自然”的根据时，“自然”状态始终指向的是一种合理的秩序以及随之而来的探究“理”的工夫论要求。

总而言之，朱熹思想中的“自然”扭转了道家“自然”概念的无为属性和不知所以然而然的状态，既包括符合“理”的标准的人为活动，也蕴含“知其所以然”的工夫论要求。

三　“诚”：“自然之理”贯通天人的枢纽

自然之理作为终极存在的真实性，朱熹是用“诚”来表述的，“诚是就自然之理上形容出一字”②。而“诚”不仅指向“理”之真实无妄，还指向“心”之诚实无伪，因此能够将天和人、心和理贯通起来。

首先，朱熹对于“诚”的阐释是综合了汉唐至宋以来的思想观念。③ 他明确指出，程子改变了自汉唐以来的“诚”观念，“诚，实理也，亦诚悫也。由汉以来，专以诚悫言诚。至程子乃以实理言，后学皆弃诚悫之说不观。中庸亦有言实理为诚处，亦有言诚悫为诚处。不可只以实为诚，而以诚悫为非诚也”④。即自汉以来，“诚”指向的是具体德行，至程子开始将“诚”视为“实理”，实

---

① （宋）黎靖德编，王星贤点校：《朱子语类》，第 2811—2812 页。

② （宋）黎靖德编，王星贤点校：《朱子语类》，第 32 页。

③ 乐爱国指出，朱熹对于《中庸》之“诚”的解释不同于汉唐郑玄和孔颖达的注疏，后者将“诚”释为“诚信”，而朱熹将之释为“真实无妄”。参见乐爱国《朱熹〈中庸章句〉“诚”论——与郑玄、孔颖达〈礼记正义〉比较》，《西南民族大学学报》（人文社科版）2012 年第 12 期。但其实朱熹综合了汉唐和程子发展的“诚”观念。

④ （宋）黎靖德编，王星贤点校：《朱子语类》，第 102 页。

理之说自此流行，而作为具体德行的诚悫之说则被遗漏了。因此，朱熹认为，既要以“实理”为“诚”，也要将“诚”视为具体德行。同时，朱熹指出“诚”不仅是“理之实”，也包括“心之实”，“盖诚之为言，实而已矣……有以理之实而言者……有以心之实而言者”①。钱穆因而认为，朱熹扭转了程子言“诚”重于言理而忽于言心的趋势，将心和理，人生界和宇宙界都统一起来了。② 这亦表明，朱熹综合了汉唐言“诚”的道德义和程子言“诚”的宇宙义。

其次，朱熹是如何以“诚”来统一“理”和“心”呢？他说：“诚者，真实无妄之谓，天理之本然也。”③ “诚”是天理本来的特征，即“天理”本体是真实无妄的。同时，朱熹认为“诚”是自然之实，不是人为之实，即“诚是个自然之实，信是个人所为之实”④。而此种“诚”显现在人心上，既表现为“纯一无伪”⑤ 的赤子之心，也表现为人心的诚意工夫。朱熹说：“诚其意者，自修之始也。……欲自修者，知其为善以去其恶，则当实用其力，而禁止其自欺……然其实与不实，盖有他人所不及知而己独知之，故必谨于此而审其几焉。”⑥ 这就表明，诚意工夫是不自欺的慎独工夫⑦，即在自我道德修养中，心之诚实无伪只能自知而他人所不能知，因此不能自欺。而在慎独的诚意工夫中，最终是要让学者消去己之私意，达到自然之实，并于此体究本体之真实无妄。

最后，朱熹以“诚”来贯通本体和工夫，实则意图构建一种自然的道德生活。狄百瑞论及儒家由“自”组成的“自然”观念时，

---

① （宋）黎靖德编，王星贤点校：《朱子语类》，第598页。

② 参见钱穆《朱子学提纲》，生活·读书·新知：三联书店2002年版，第78页。

③ （宋）朱熹：《四书章句集注》，第31页。

④ （宋）黎靖德编，王星贤点校：《朱子语类》，第103页。

⑤ （宋）朱熹：《四书章句集注》，第292页。

⑥ （宋）朱熹：《四书章句集注》，第7页。

⑦ 钱穆指出，刘宗周以“慎独”来解释“诚意”，正是朱子此章注解之意。参见钱穆《朱子学提纲》，第81页。

指出“宋明思想界的一项中心关怀就是如何维持一个自然的、不虚伪造作的道德生活这个问题”①。具体来说，朱熹既需要以“诚”之“实理”来担保儒家礼乐道德的自然本源，又要以“诚”之“心”来消除名教规范的外在束缚和虚伪的道德表象，在社会中建构一种自然的、不虚伪的名教秩序。

四　任其自然和因其自然：朱熹自然观在天道和人道层面的不同行为原则

朱熹思想中的“自然”表征的是“理”的属性，于是在理的世界中，一切都是自然而然的，不须人力安排，不须人为工夫，是一种任其自然的状态。而人文礼乐制作虽然是天理自合如此的，但却是圣人因自然之理而制作的。这就表明朱熹将“任其自然”归于天道，“因其自然”归于人道，即朱熹的自然观在天道和人道层面朝着不同的方向而展开。

朱熹首先区分了两个层面的“任其自然”。其一，天道层面的任其自然，这指向天地无思无虑无为的自然属性。朱熹和门人谈及天地和圣人的区别时②，指出天地是任其自然，圣人是参赞化育，即任其自然指向随顺自然和无须作为。其二，人道层面的任其自然。既指向个体随顺气质之性，不做任何变化气质的工夫。朱熹以读书为例，指出即使资质很差，只要努力精进，也能有所得，如果任其自然，无所作为，则将一事无成。③ 又指向任人心之自然，则

① ［美］狄百瑞：《中国的自由传统》，李弘祺译，贵州人民出版社 2009 年版，第 58 页。

② “又问：‘鼓舞万物而不与圣人同忧。天地则任其自然，圣人赞化育，则不能无忧。’曰：‘圣人也安得无忧？但圣人之忧忧得恰好，不过忧耳。’”参见（宋）黎靖德编，王星贤点校《朱子语类》，第 1795 页。

③ “福州陈止之极鲁钝，每读书，只读五十字，必三二百遍而后能熟；精习读去，后来却赴贤良……凡学者要须做得人难做底事，方好。若见做不得，便不去做，要任其自然，何缘做得事成？”参见（宋）黎靖德编，王星贤点校《朱子语类》，第 2088 页。

将造成顺私意而为的后果。朱熹曾批判佛老的任人心之自然①，认为这会失去“理”的公共性和普遍性，在人心之发用中成为个人私意的表达。

由此可知，朱熹赞同天道层面的任其自然，而批判人道层面的任其自然。究其原因，在于任其自然的主体是否与理为一。诸如天地任其自然，则具有“理”的自然性；而人任其自然，则将受到人所禀赋的气质之性的影响，受到人心私欲的影响，而不能达到“理”之自然。道家赞同人可以“任其自然”，是因为道家之“理”指向的是“各有仪则”的分殊之理，因此个体在任其自然中彰显其价值。而朱熹认为自然之“理”需要经过工夫论的修养才能上达，个体如果任其自然，则将缺乏“格物穷理”的工夫。

因此，朱熹提出在人道层面要因其自然，即要根据天理之自然而进行人世间的建构。他说：“‘形而上者谓之道’一段，只是这一个道理。……圣人因其自然，化而裁之，则谓之变；推而行之，则谓之通；举而措之，则谓之事业。裁也，行也，措也，都只是裁行措这个道。”② 朱熹认为圣人因理之自然，参赞天地化育，举措天下事业。在此，“因其自然”指向的是对于“自然之理”的把握和运用。圣人因理之自然而“变而通之”等同于“修道之谓教”，“‘变而通之’，如礼乐刑政，皆天理之自然，圣人但因而为之品节防范，以为教于天下”。③ 正是因为人不能各任其性之自然，所以需要圣人因理之自然而制作具体的人间法则，诸如礼乐刑政，以此教化民众。

然而，当人道需要因天理之自然而行事，这表明人道并不处于天理自然的状态。前文已经指出，非人为造作的“自然”既指向合

---

① “义刚因问：‘“无可无不可”，皆是无所容心。但圣人是有个义，佛老是听其自然。是恁地否？’曰：‘圣人也不说道可，也不说道不可，但看义如何耳。佛老皆不睹是，我要道可便是可，我要道不可便是不可，只由在我说得。’”参见（宋）黎靖德编，王星贤点校《朱子语类》，第664页。

② （宋）黎靖德编，王星贤点校：《朱子语类》，第1936页。

③ （宋）黎靖德编，王星贤点校：《朱子语类》，第1933页。

乎天理，非人之私意而为，也指向非人之所能为。那么这是否意味着人道层面并没有实然的“自然”状态呢？朱熹虽然用“诚”沟通了宇宙界和人生界，但他也认为“诚”是自然之实，“诚之”是人为之实。即“诚之”是因“自然之理”而做工夫，不是理之自然状态。因此，在朱熹的理之自然中，从宇宙界到人生界是自然如此的，即人世间所有建构都是天理自合如此的，具有其必然性和正当性；但是从人生界到宇宙论，则需要经过格物穷理工夫，因理之自然，才能上达自然之理。

事实上，这是以理之“自然”和“当然”来统贯宇宙界和人生界。而朱熹将“自然”和“当然”都视为“理”的属性和内容，即在“理”的世界中，“当然”不须化为“自然”，“自然”本就是“当然”。但在经验世界中，“自然”是上达层面的，“当然”则显现为下学工夫，要工夫纯熟后才能达到自然状态。并且只有圣人才具有这种不须勉强的自然状态：“学者是学圣人而未至者，圣人是为学而极致者。只是一个自然，一个勉强尔。惟自然，故久而不变；惟勉强，故有时而放失。”① 此种自然是一种永恒的道德境界和自由的道德生活。

因此，在朱熹的天理自然观中，“自然”是“理”的属性，是宇宙界的状态，而不是现实的“人”的属性。现实的人只能因自然之理而行事，并在穷究事物所以然的工夫中，上达天理的自然状态。而“自然”和“人为”之间的张力实质是理的世界（宇宙界）和人生界或者说“天”和“人”之间的距离。如果不能严格区分朱熹思想中的理的世界和现实世界，而将现实世界混同于理的世界，则将导致两种后果：一是认为人世间的建构是天理自会如此的，从而在对于超越世界的追求中忽视现实的工夫；二是以圣人的道德标准要求所有人，并认为这是理之自然如此。

---

① （宋）黎靖德编，王星贤点校：《朱子语类》，第487页。

余　论

朱熹承认理念世界和现实世界的不同[①]，但是他依然要证明理念世界的真实存在，因此以“自然”保证“天理”作为终极存在的自发性和必然性。而在“体用一源、理事无间”的要求下，朱熹所建构的宇宙本体论和人生工夫论之间必须是贯通的。但是“天理自然”在宇宙界和人生界的不同指导原则，则导向了宇宙本体和人生工夫之间的体用张力。其中原因之一[②]，则是朱熹借用道家自然概念建构了儒家本体论存在理论融合困境。

朱熹要融合道家思想建构本体论，是因为在儒家传统思想资源中难以找到理论支撑。[③] 程朱在说及性本体时，曾陷入了“不容说”的境况。程子说：“‘人生而静’以上不容说。”[④] 朱熹是以“此是未有人生之时，但有天理，更不可言性”[⑤] 的理由来解释为什么“性”是不容说的。需要进一步追问的是，在人生之前的“天理”如何言说呢？如何保证难以言说的“天理”的终极性呢？

① 朱熹以天理人欲之相胜为例，“以理言之，则正之胜邪，天理之胜人欲，甚易；而邪之胜正，人欲之胜天理，若甚难。以事言之，则正之胜邪，天理之胜人欲，甚难；而邪之胜正，人欲之胜天理，却甚易”［（宋）黎靖德编，王星贤点校：《朱子语类》，第 1417 页］，指出在理的世界，天理胜人欲容易，在经验世界，要在事事上检验，天理胜人欲很难。

② 朱晓鹏认为，朱熹建构的本体论存在张力的原因，在于理学所区分的理和物的两重世界导致其天人不一贯，并进而导致其本体论在知识论和价值论维度上的不统一。参见朱晓鹏《从朱熹到王阳明：宋明儒学本体论的转向及其基本路径》，《哲学研究》2015 年第 2 期。

③ 叶适曾批判了宋代儒者借用道家思想，来阐发在尧舜孔子等儒家传统中不言之“道”。他说：“虽书自尧舜时亦已言道，及孔子言道尤着明，然终不言道是何物……老聃本周史官，而其书尽遗万事而特言道，凡其形貌朕兆，眇忽微妙，无不悉具……而易传及子思孟子亦争言道，皆定为某物，故后世之于道始有异说，而又益以庄列西方之学，愈乖离矣。”参见叶适《习学记言序目》，中华书局 1977 年版，第 86 页。

④ （宋）程颢、程颐：《二程集》，中华书局 2004 年版，第 10 页。

⑤ （宋）黎靖德编，王星贤点校：《朱子语类》，第 2431 页。

朱熹在传统儒家思想中没有找到相关的理论资源[①]，因此借用了道家“自然”概念。既用“自然”来表征“天理”的“无情意、无计度、无造作”的特点，又用来保证“天理”至高无上的终极性。但是，天理本体的自然属性，并不能担保工夫论中能够达到自然境界，并且容易走入其所批判的道家“有体而无用”[②] 的境地。

当朱熹在本体论上不能彻底融合道家“自然”观念时，将会导致其建构的天理（太极）本体论的不完善。此种不完善，一是体现在体和用容易分割。而当本体论和工夫论具有不同的原则时，确立本体工夫之间的一贯性成为理学此后的发展脉络，阳明心学建立的“心”的即体即用的思想是对此的解决之道。二是终结了儒家本体论的建构。即当“自然”作为“天理”和“良知”的属性时，“天理”和“良知”已经在理论上陷入不能再探究的境地了。余英时曾指出，明清之际考证学的兴起处在儒家“道问学”的发展脉络中，这是因为程朱与陆王在“尊德性”上的争论走到了尽头。[③] 事实上，这也有理学和心学所建构的道德本体论已经再无发展余地的缘由，即传统儒家的本体论建构在“天理自然”和“良知自然”中，已经走到了尽头。

---

① 向世陵指出，理学家用“善”这一赞美之词形容性体，基本解决了本体难言又不得不言的困惑。参见向世陵《宋代理学本体论的创立——从“继善成性”和“性善”说起》，《河北学刊》2008 年第 1 期。但“善”此种赞美之词，难以解决儒家本体论与佛老本体论何者优先的问题。

② （宋）黎靖德编，王星贤点校：《朱子语类》，第 2258 页。

③ 参见余英时《论戴震与章学诚——清代中期学术思想史研究》，生活·读书·新知三联书店 2012 年版，第 319—321 页。

中国与西亚文化研究

从三星堆遗址出土文物看西亚文明的因素*

李远国

摘　要： 三星堆文明是一个非常独特的古文明。自20世纪30年代三星堆遗址被发现，到1986年两个祭祀坑的发掘，三星堆就以历史久远、文物精美、文化独特、神秘莫测，而引起世人的瞩目。据专家推测，三星堆应是成都平原历史最久的古蜀国的中心，而且它处于与之相连续的系列古文化遗址的中心位置，从科学角度来判断，在其周边还会有一系列与之相呼应的遗址群。因此三星堆的发现对考古学、历史学、人类学、宗教学都有着特殊的意义，从而出现了一大批研究成果。这里，我们仅从三星堆遗址出土的一些文物，看西亚文明的因素。

关键词： 三星堆；出土文物；西亚因素

作者简介： 李远国，四川省社会科学院研究员（四川成都610071）。

* 本文是国家社会科学基金后期资助项目“道教神学研究”（项目编号：20FZJA001）的阶段性成果。

一

三星堆遗存共分四期。最早的是新石器时代晚期，其上源与宝墩文化相衔接。最晚的在商末周初。科学检测的结果，这四期的历史年代大约相当于公元前870年至前2900年左右，这应该是三星堆遗址较全面较真实的历史年代。在同一遗址中，历史年代跨度长达2000年之久，又有惊人丰富的历史文化，特别是两个坑埋藏着大量惊世骇俗的青铜器物，可以说在国际国内是史无前例的。

三星堆的考古发现是世界级的考古发现，完全可以列入世界最为著名的考古发现之列。我国著名学者李学勤先生曾经指出："我们对三星堆文化的认识和评价恐怕还没有达到充分的程度"，"像三星堆这么古老、这么大规模遗址的发现，完全可以和世界考古史上一些重要的发现相比，比如特洛伊和尼尼微"。[①] 这是对三星堆文明所具有的世界性意义极其深刻的阐释。特洛伊和尼尼微在早期欧洲文明起源过程中都是具有标志性意义的重大遗址，它们的发现和发掘，对于认识整个西方文明的起源、发展和形成具有重大而深远的影响。荷马时代的特洛伊，在世界文明发展史上被认为对欧洲其他地区文明的发展作出过巨大的贡献。而三星堆文明，虽然是在四川地区发现的，但它既改写了中国青铜时代的历史，改变了中国青铜文化既有的面貌，也是中华文明对于世界文明的重大贡献，所以才具有和世界级的考古发现同等重要的学术价值与重要地位。[②]

1986年7月至9月四川省文物考古研究所对广汉三星堆遗址一、二号坑进行了清理发掘。一号祭祀坑，为长方形，坑的四角基本为正东、西、南、北方向。坑内出土金、铜、玉、石、骨、陶、象牙等质料的文物300余件，以及海贝和约3立方米左右的烧骨碎渣。这些遗物大部分集中堆放在坑的西南、东南部，西北部较少。根据器物的叠

① 参见李学勤《三星堆文化与西南丝绸之路》，《文明》2007年第7期。

② 参见霍巍《三星堆文明的世界性意义》，《四川日报》2018年11月2日。

压情况，推测这些器物是按一定次序放置的：首先投放玉石器，然后投放金杖、铜人头像、铜面具、铜尊、象牙等大型器物，再倒入烧骨渣；最后放置陶盏、陶器座、铜戈等器物。骨渣大多数泛白，一部分呈蓝黑色，并杂有竹木灰烬。坑内不见烟熏痕迹，显然这些骨渣在入坑前就已焚烧砸碎。这些经火燔燎的骨渣，以及同坑出土的金器、铜器、玉石器、陶器、象牙、贝等均有火烧的痕迹，说明这些遗物是在举行一次规模浩大、祭典隆重的“燎祭”活动后瘗埋的。

二号祭祀坑，为长方形，坑底西南高、东北低。根据发掘现场情况分析，坑内的遗物投放也是有一定的先后次序的。表现为三次投放，因此遗物亦可分为三层：下层主要为大量草木灰烬、炭屑、小型青铜器、青铜兽面、青铜树枝、玉石器及大量的海贝等；中层主要为大件青铜器，如大型立人像、太阳器、大型人面像、人头像、树、尊等；上层则为60余枚（节）大象门齿纵横交错在一起。这就是说，首先投放的是海贝、玉石礼器、青铜兽面、凤鸟、小型青铜器和青铜树枝、树干等。这些遗物在清理时，大部分都杂在灰烬骨渣里，并留下明显的烟熏痕迹。其后再投入大型青铜容器、青铜立人像、人面、头像、树座等。最后投入象牙。青铜立人像由腰部折成两段，上半身位于坑的中部，下半身位于坑的西北部，为一青铜树座所压。尊、罍、彝等青铜容器主要位于坑的东南和东北两角，大部分容器外表都涂有朱色，器内都装有玉石器、海贝等。青铜兽面位于坑的西北角，与大量的海贝在一起。青铜人头像、青铜人面像主要分布在坑的四周，有的头像内还装有不少的海贝。头像和面像部分损毁并经过火烧，尤其是人面像，大部分被打坏或烧坏，象牙及骨器之类也明显地有被烧焦的痕迹，有的玉石器被烧裂。从大部分器物被损坏、烧坏的情况分析，推测这些遗物在入坑前已被有意识地损坏。①

三星堆二号坑出土的三株青铜树上，均悬挂着许多飞禽异兽、果

① 参见四川省文物管理委员会、四川省文物考古研究所、四川省广汉县文化局：《广汉三星堆遗址一号祭祀坑发掘简报》，《文物》1987年第10期；四川省文物管理委员会、四川省文物考古研究所、四川省广汉县文化局《广汉三星堆遗址二号祭祀坑发掘简报》，《文物》1989年第5期。

实和其他仿昆虫类的青铜饰件等，铜铃、挂饰的大量出现反映了古人所用的悬祭法。汉代巴蜀出土的众多摇钱树，亦是人们悬祭的器物。祭地是对土地的崇拜，见于世界各地的许多原始民族。祭祀地神时，多采用瘗埋和灌祭的方法。瘗埋是礼器、祭物等火燎后再理入坑中，灌祭则是利用酒、牲血的流动属性，渗透到地下，使为土地所吸收，从而以祭祀地神。三星堆祭祀坑的遗存表明，古蜀的先民采用了这些方法，来祭祀地神。

三星堆祭祀坑中出土的玉器有近400件，其种类主要有玉璋、戈、圭、琮、珠、锛、斧、矛、璧、瑗、凿等，其中又以玉璋为主。这里面的许多器物，都与祭山有联系。二号坑出土的200附4号玉璋，正是一件用于祭山的礼器。玉璋器身近乎平行四边形，射和邸的分界明显，射宽而邸窄。玉璋两面各阴刻两组内容相同的图案，图案分为上、下两幅，每幅又可分为两大组五小组。下组图案分五小幅，第一幅上有两位头戴平顶冠的人，其人站立，双手做半握拳状，两拇指相顶，身着喇叭裙至膝，两脚外撇成一字形，在两人的膝部中间上空有一圆圈，似表示太阳。第二幅由两座大山和“人手”组成，人手做半握拳状，拇指接在山腰处，第三幅由两组“S”形勾连云雷纹组成。第四幅由三个形象相同的人物组成，他们身着喇叭裙至膝，头戴山形帽，帽檐上卷。人像刀眉杏眼，阔口大耳，两耳垂戴双环形耳饰，其面部造型与一号坑出土的一件铜人面像近似。赤膊，双手在胸前做半握拳状，拇指相顶，双膝下跪，做恭敬虔诚之状。第五幅由两座大山组成，山的内部图形与第二幅同，山外两侧各立一“V”形尖牙的边璋，两山之间又悬有一物，其形粗大弯尖。[①] 这种弯尖状物，应与置于山腰两侧的边璋一样，属于祭祀山川的祭品。从形状上看，似为象牙，古代文献常有以象、玉对用祭祀的情况。在三星堆遗址中均出土了大量完整的象牙，图案中的这件器物可以释为悬于山上、用于祭祀山神的象牙。而山上的三位人物，可能是代表主持祭祀神山山

---

① 参见四川省文物管理委员会、四川省文物考古研究所、四川省广汉县文化局《广汉三星堆遗址二号祭祀坑发掘简报》，《文物》1989年第5期。

神的巫祝之类的人物。[①] 玉璋的这些图案，生动反映出古蜀先民对山神的崇祀。

三星堆遗迹中总共出土了超 1000 件的玉器。这些玉器大都是祭祀礼器，其中不乏中原常用的器具，比如玉璋。在三星堆中出土的玉璋，一方面吸收了中原文明，有着射部呈斜刃状的中原样式，同时也有别出心裁的射部呈岔口状、丫字形刃和平行四边形的蜀地发明样式。远在西蜀的三星堆，在社会生活中同样重视玉器，这已足以证明，古蜀文明已经出现向中原文化进程靠拢融合的趋势。

三星堆的考古发现显示，中原地区形成的礼器制度也影响到遥远的古蜀地区。从 1986 年两个祭祀坑出土的 112 件青铜器中，便有尊、瓿、盘等礼器的存在，而且在器形和纹饰上也模仿了中原青铜器。三星堆文化与周围其他文化曾有过某些特定的关系。如三星堆一号祭祀坑出土的骑虎铜人像，经研究其原型可能是良渚文化中盛行的人面神像，说明两地、两个文化之间曾有过某种特殊的关系。三星堆铜牌饰和陶器群的研究证明，它与河南二里头文化有过密切的关系。三星堆铜器群和玉器群研究证明，它与商文化有过直接的关系。

但不能避而不见的是，三星堆同时还存在着以黄金权杖、象征权力与威望大小不等的青铜人像、神像、黄金面具等来表达和显示等级与权力的另一套体系。这就极大地丰富了中华文明起源和形成过程中的文化内涵，让人们第一次认识到，除了中原地区严整、规范的青铜列鼎所代表的礼仪制度之外，在广阔的中国大地上，还有着与欧亚大陆青铜时代相类似的表达社会权力、等级，表达人神之间的沟通，表达人们对宇宙世界崇拜信仰的另样方式，使传统的中国青铜时代文化的面貌有了巨大的改观。

---

① 参见陈德安《浅释三星堆二号祭祀坑出土的边璋图案》，载四川大学博物馆、中国古代铜鼓研究学会编《南方民族考古》第 3 辑，四川科学技术出版社 1991 年版，第 85—90 页。

二

在三星堆遗址中，考古工作者除了找到各种具有浓郁本地特色的青铜雕像之外，还发现另一个过去考古中所罕见的独特器物，这就是金器。在两个祭祀坑中，人们一次性就找到了包括金杖、金面罩、金虎、金叶、金璋、金带等种类繁多的百余件金器，为同时期遗址中一次性出土数量最多。这些金器不仅数量多，而且形体大，制作精美，形成了一种特殊的“黄金文化”。

在所有的黄金制品中，最富有特色的就是一号坑出土的金杖，见图 1。这根金杖长 143 厘米，直径 2.3 厘米，重约 500 克，原本是用纯金锤打呈金皮之后，包卷在木仗上而成，不过由于岁月的冲刷，出土时内芯的木棒已经腐朽碳化，只留下被压扁变形的金皮。

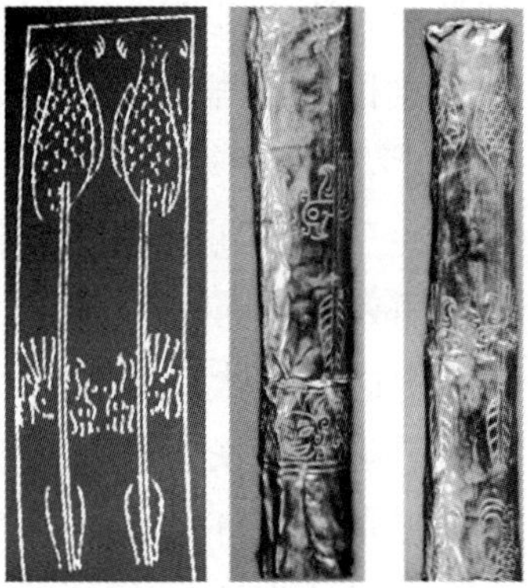

图 1　金杖①

金杖杖身的上端有一段平雕纹饰图案，分为三组：上面两组图案相同，上方为两背相对的鱼，下方为两背相对的鸟，鸟的颈部和鱼的

① 高大伦、陈显丹等主编：《三星堆出土文物全记录》，天地出版社 2009 年版，第 505 页。

头部压有一穗形叶柄。最下一组线刻两个前后对称，头戴五齿高冠，耳垂三角形耳坠的人头图案，与二号祭祀坑所出青铜大立人相同，表明杖身所刻人头代表着蜀王及其权力。这三组图案的意义在于，以鱼和鸟组成的四组规整标准的徽记，置于首领头顶之上，说明它就是古蜀国的“中心图腾”，所代表的可能就是曾在古蜀历史上居于统治地位的“鱼凫”族。而与鱼、鸟同在金杖上那位人物，正是蜀王自身。所以，金杖不仅仅是一具王杖，同时也是一具神杖，是用以沟通天地人神的工具和法器。

图2　金面罩①

金面罩（见图2），纯金皮模压而成，与铜头像面部大小相似，双眉如钩，鼻部凸起，两眼似虎，给人以狰狞威严之感，紧密罩在青铜人像的面部上。金杖，用纯金皮包卷而成，上面有戴冠人头，鸟、鱼、穗形叶柄等线刻纹饰图案。金箔，出自一号坑铜头像内，模压成动物——虎的形状。三星堆一次性就发现金杖、金面罩、金虎、金璋、金叶等100多件金器，可见此时的古蜀国在黄金开采和

① 高大伦、陈显丹等主编：《三星堆出土文物全记录》，第124页。

加工工艺上远超中原。特别是黄金面罩，从制作工艺看，这是古蜀人先将纯金锻打成金箔，然后做成与青铜人头像相似的轮廓，再将眼和眉处镂空后包贴在青铜人像之上，经捶拓、蹭拭、剔除，再使用土漆之类的黏合剂黏合而成，步骤繁复、工艺精湛，可见古蜀人的黄金文化确有独到之处。

不过，三星堆这类黄金器物，在中原、西北或长江流域的商文化区域中都没有发现。人们自然而然地把目光投向了世界，指向了西亚。例如，已有人指出大型青铜雕像曾经发现于古代埃及和古代希腊，而黄金面罩则具有迈锡尼文化的特点。① 霍巍先生指出：在雕像上披以金面罩、金箔的传统，最早在两河流域乌奋克文化娜娜女神殿中出土的那尊真人大小的白色大理石女性头像，从头像残留的痕迹来看，她原先可能有一层金箔或铜箔。叙利亚毕布勒神庙之下的一尊青铜立像，身上也覆有金箔。安纳托利亚（今土耳其阿拉卡胡约克陵墓中）出土的一尊野羚羊铜像，站在树梗上，头部也包有一层金、银箔。此外还有少数人像、鹿等动物形象也采用了这种装饰手法。②

三星堆祭祀坑出土青铜人物雕像有 82 尊，包括各种全身人物雕像、人头雕像和人面像。全身人物雕像有 10 尊，最大者高 260 厘米，最小者仅 3 厘米，其造型奇特。各式人头雕像，他们共置一处，并无主次之分，表明地位基本没有差别，不是用作祭祀礼仪的牺牲，当为各族首领、次级群巫。人像、人头像与礼器共存，同出于祭祀坑，表明都是宗教偶像，在当时都被奉若神明，代表着各式各样的神。正如林向先生所言，“包含着天神、地祇、人鬼、图腾在内的，一种多神的、偶像崇拜的原始宗教的遗物”③。这批青铜雕像极其珍贵，是严格意义上的神灵，是中国宗教史最早的神灵集团。

---

① 参见白建钢《四川广汉出土商周青铜雕像群》，《美术》1987 年第 2 期；范小平：《古蜀的系列青铜人雕像》，《美术》1988 年第 7 期。

② 参见霍巍《广汉三星堆青铜文化与西亚文明》，《四川文物》1989 年第 1 期。

③ 林向：《蜀酒探原——巴蜀的“萨满式”文化研究之一》，载四川大学博物馆、中国古代铜鼓研究学会编《南方民族考古》第 1 辑，四川科学技术出版社 1987 年版，第 73—86 页。

从这些青铜雕像群的造型来看，他们的衣冠、发式、脸型，可以分作几种不同的类型，显然分属于不同族类。这些族类，证之史籍，当包括氐羌和西南夷诸族；也有来自外域的西亚民族，即古文献中所说的“塞种”。

早在20世纪初期，英国牧师陶然士（Torrance Thomas）先后出版了《羌族的历史、习俗和宗教》[①]《中国最早的传教士：古代的以色列人》[②] 等著作，探索了一些有关羌族的习俗与宗教观念，1924年3月12日，他在成都华西边疆研究会上的讲演《羌族宗教的基本观念》中初次提出羌族宗教“只能是一神教，和犹太人的宗教同源”[③]。

造成这种融合现象，可能有历史、地理、民族、经济、军事、政治等诸多方面的原因，其中宗教信仰和祭祀活动形成的联系，应该是不容忽视的重要因素之一。三星堆古城由于经常举行宏大而神圣的宗教祭祀活动，加上它强大的经济文化实力，吸引了远近众多族群和国家前来交往，使三星堆古城成为多种文化交汇在一起的古代文明中心。三星堆铜人像的形象、装束、大小有很多不同，可能反映了参加祭祀者来自许多不同的民族或群体，众多的动物雕像则可能是代表不同氏族部落的图腾。各种文化往来的时间和情况可能有所不同，但大型宗教活动的吸引力产生的强大凝聚作用或许是其中的一个重要原因。三星堆古城大约已经成了一个兴盛的宗教祭祀中心，它以祭祀活动的形式实现了文化的融合和社会的繁荣。正是它以开放的姿态实现了多元文化的撞击和融合，在吸收众多外来因素时，进行了实质性改进和创新，才创造出独具特色而又光彩夺目的古蜀文明。[④]

从三星堆文化中可以看出许多外来文化因素。一是来自中国的

---

① ［英］陶然士：《陶然士作品选译》，吴达民、谌海霞整理，巴蜀书社2016年版，第82—131页。

② ［英］陶然士：《陶然士作品选译》，吴达民、谌海霞整理，第234—425页。

③ 邓宏烈：《羌族宗教文化研究》，巴蜀书社2013年版，第379页。

④ 参见赵殿增《略论古蜀文明的形态特征》，《中华文化论坛》2005年第4期。

中原地区，主要有垒和尊等青铜器、透雕风格青铜牌饰、玉石礼器、陶盉等。综观这些遗物，多数为非日常生活用器，而与祭祀等礼仪活动有关。不难发现，它们中的绝大多数与二里头文化或商文化的同类器十分相似。如三星堆一号祭祀坑出土的骑虎铜人像，经研究其原型可能是良渚文化中盛行的人面神像；三星堆铜牌饰和陶器群的研究证明，它与河南二里头文化有过密切的关系；三星堆铜器群和玉器群研究证明，它与商文化有过直接的关系。这就说明三星堆文化的创造者们，他们曾与中原地区夏商王朝发生较为密切的往来。

一是来自辽远的西亚地区。许多用于祭祀的青铜器，特别是金杖、金面罩、青铜人像、兽面像等，它们具有明显的近东文化风格，可以从美索不达米亚和古代埃及出土文物中找到踪迹。如三星堆一号祭祀坑出土的金杖重500多克，金杖用纯金皮包卷在木杖上而成，长1.42米，高度齐肩而无杖首。从形制上看，它与西亚、埃及较晚时期的权杖相似。在美索不达米亚和古埃及古文明里，权杖象征至高无上的神权和王权。权杖上通常绘制有图案，描绘胜利者的功勋，或叙述某件关乎国家命运的大事。同样，三星堆金杖亦在杖身上端刻有平雕图案，画面为鱼凫王国图腾等，它是蜀王的通神之物，是用以沟通天地人神的法器。众所周知，古代中国文明用“九鼎”象征至高无上的王权，并已形成了与史籍记载的礼制相合的用鼎制度。因此作为古蜀国王权、神权最高的象征物的金杖，其来源并非巴蜀本土或中国其他区域，却同古代近东古代文明的风格一致，功能相同，因而极有可能是吸收了西亚文明再创作而制成。

三

青铜像，二例头顶盘辫者。①为面具，见图3，宽10.8厘米，高13.6厘米，宽2厘米，头顶似盘辫，或软巾缠头，宽额，脸瘦长，两耳上各有三个圆孔。②为人像，见图4，残高2.4厘米，宽

图 3　青铜像①

图 4　青铜像②

2 厘米，一只脚残缺，头似盘辫，双臂平举，双手握物，双膝下跪。头顶盘辫或缠头，这是古蜀羌人的习俗。时至今天，羌族无论男女都喜缠头帕，传说羌人是纪念为抗击外族而牺牲的本

① 高大伦、陈显丹等主编：《三星堆出土文物全记录》，第 105 页。
② 高大伦、陈显丹等主编：《三星堆出土文物全记录》，第 42、94 页。

民族英雄“黑虎将军”。在西南少数民族中，缠头帕的还有彝族、白族、哈尼族、傣族、傈僳族、佤族、拉祜族、景颇族、布朗族、阿昌族、德昂族、苗族、侗族、水族、仡佬族等。可见，用头帕缠头在西南少数民族中，尤其是在男子中是相当普遍的。据此推测，这两尊铜像皆属羌族，面具为羌族供奉的神灵，人像为羌族的巫师。

青铜像（见图5），此二例头露须发。①宽23.8厘米，高51.6厘米，圆头顶，脑后戴有发髻，眉、眼绘黑彩，耳孔、鼻孔、口缝涂有朱砂。②残高23.3厘米，宽15.6厘米，头发，椎髻。二例头像中，皆无特别之处，应为古蜀羌人的神灵。

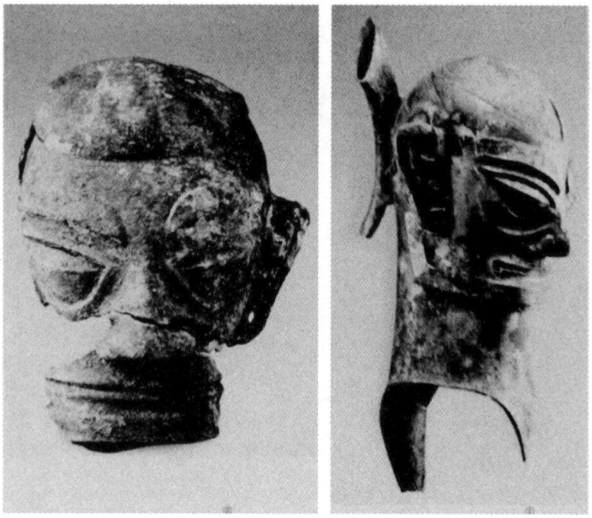

图5　青铜像①

青铜像（见图6），此二例头戴兽冠，非常奇特。①面具宽77.4厘米，通高82.5厘米。面具的额中，嵌铸一龙形饰，双目突出，如两圆柱，大耳阔口，造型奇特。毫无疑问，当为古蜀部落的

---

① 高大伦、陈显丹等主编：《三星堆出土文物全记录》，第103、114页。

神灵。②残高 40.2 厘米。下半身残缺，头戴鹤冠，鹤昂首朝天，双翼展开，似飞翔状。冠高方平，内为中空，两侧有圆环纹、云纹。人像双手呈握物状，身着左衽对襟服，服饰上饰云雷纹，当为古蜀部落的巫师。

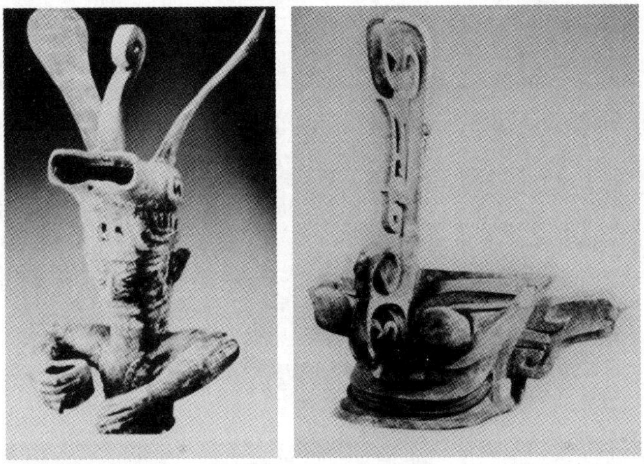

图 6　铜像①

青铜像（见图 7、图 8）中，头为平顶的最多，共计 28 具。这批人像特征基本相同，浓眉大眼，直鼻大嘴，双耳肥大，有的脑后有发辫，当为古蜀部落的神灵。

青铜像，共计 20 具。这批人面像特征基本相同，脸面较方，浓眉大眼，高鼻梁，大嘴，双耳肥大，头上无顶无冠，他们当为“深目高鼻”的塞种族的神灵，西亚民族崇拜的偶像。李复华、王家祐《三星堆宗教内涵试探》指出：“彩陶上的字纹，三星堆的五旋纹两相近似。30 年代认为楚国立鹤莲花壶的莲花是印度文化的代表，中国也有古莲。三星堆挂饰莲瓣铜铃等似有中印文化交流。”

---

① 高大伦、陈显丹等主编：《三星堆出土文物全记录》，第 54、73 页。

图 7　青铜像①

“可称为混合群神的万象神宫中千姿百态。筒眼、大耳、鼻饰的杜鹃瞿灵，鹤腿鸟王，各式大巫，金面天神，虎脸社，各显神通。特别是还有西方高鼻人种（塞种?）。这些神头都没有神身。也许他

① 高大伦、陈显丹等主编：《三星堆出土文物全记录》，第 89、102、117 页。

们是插在木柱上（树桩），用麻衣或兽皮为身服。杜鹃头和立人像是天上鸟母和人间大巫。这样的万象神宫不亚于商周王朝规格档次。也许正是蜀山承继中夏文化的具体象征。无怪乎三星堆玉器与中夏一致。三星堆玉器与良渚文化却具有相同模式。金杖上的并列三人与楚帛画四方十二生肖图中的三头人近似。又与双流机场战国时蜀人铜柔上的三头人类似。特别值得一提的跪坐，发自后反卷向前，棱眼人像。他与良渚文化中的骑虎人像完全一样。足以说明良渚骑虎人与此同一属系。"①

图 8　青铜像②

需要说明的还有，早在安阳殷商文化之前，在中华文明的北部边缘，就出现了冶金业，而那里的人并非华夏族系。在甘肃的齐家文化（公元前 2500—前 1900 年）中出现了中国最古老的大麦和小麦、马匹、锻造的铜锥，及少量铸造的铜锥、刀、铜斧、金戒指、铜镜、饰牌和耳环。内蒙古朱开沟文化的 3、4、5 期（公元前

① 李复华、王家祐：《三星堆宗教内涵试探》，《宗教学研究》1999 年第 3 期。
② 高大伦、陈显丹等主编：《三星堆出土文物全记录》，第 60—71 页。

2000—前1500年），内蒙古东北部及河北的夏家文化（公元前2000—前1600年），中原的二里头文化（公元前1750—前1530年）和山东的岳石文化（公元前2000—前1600年）都出现了早期的生产性经济（养猪和马）与冶金业。在中国，伴随着金属的出现是小麦、大麦和绵羊这些最早出现于近东地区，并于公元前3千纪传入欧亚大陆。马匹的驯化也是在草原地带出现的。这都证明了来自西北方的动力。在生产性经济、马匹饲养和冶金业自北方草原向中原传播的过程中，中国北方地区各族人群发挥了重要作用。①

亓佩成先生在分析考古证据和文献资料的基础上，试图洞察上古西亚和中国文化互动的概况。他说："西亚与中国经济文化互动最早发生在农业领域。植物考古研究和碳14测年的积累为确定两者之间早期农业交流提供了重要依据。两河流域是最早种植大麦和小麦的地区，在土耳其涅瓦里·戈里遗址（Nevali Gori）和叙利亚布胡雷拉遗丘（Tell Abu Hureyra）发现的麦类遗存测年结果距今约1万年。中国最早有直接测年数据支撑的小麦遗存出土于龙山文化遗址，这说明在距今4450年左右小麦传至黄河中下游地区。中国早期麦类遗存大多分布于西北地区，如火石梁遗址、缸缸洼遗址、西城驿遗址和金蝉口遗址，而南疆地区的小河墓地、古墓沟墓地和新塔拉遗址要晚于河西走廊中部地区。这表明西亚麦类作物在东传过程中首先在河西走廊中部地区向两侧传播，然后再进入黄河流域中下游地区。"②

在人类畜牧业发展史上，羊是最早被驯养的动物之一，具体可追溯到公元前11000—前9000年的西亚。当时养羊的主要目的是为人们提供肉食、奶和皮革等产品。约在公元前6000年，伊朗开始豢养绵羊。羊毛一直是苏美尔人、巴比伦人、波斯人和亚美尼亚人的主要贸易商品。随着人类的迁徙，驯化的羊开始向外扩散，在距今7000—8000年东传至中亚的科佩特山脉（Konpt - Dagrange）北

① 参见［俄］爱莱娜·库兹米娜《印度—伊朗人的起源》，邵会秋译，上册，上海古籍出版社2020年版，第273—274页。

② 亓佩成：《上古时期西亚民中国的经济文化互动》，《史学月刊》2020年第9期。

麓，距今4000—5000年传至中亚东部地区，距今4000—5600年进入中国西北地区。甘肃西山坪遗址M5、青海马家窑类型墓葬、陕西零口村遗址和半坡遗址都出土了羊骨遗存。

在西亚农业东渐的同时，中国农业也有向西亚反向传播的痕迹。粟黍农作物最早种植于中国。考古学家在内蒙古东部的兴隆沟遗址和山东月庄遗址得到了目前最早的碳化粟黍种子测年数据，为距今7500—7750年。裴李岗文化、磁山文化、后李文化和白家文化遗址都发现了碳化粟黍种子，这说明前仰韶时期粟黍在中国北方地区得到普遍种植。距今4400年左右，粟黍传至哈萨克斯坦，在柏伽什遗址（Begash）发现的碳化黍测年结果距今4103—4410年，该遗址还同时出土了麦类作物遗存。柏伽什遗址说明西亚和中国的外传农作物至少在公元前2500年前后在中亚东部地区交汇。西亚最早种植粟黍的证据发现于伊拉克尼姆鲁德遗址，时间约在公元前700年。上述考古和碳化测年数据表明，驯化的羊传入中国的时间约在公元前3500年，西亚大小麦传入中国的时间约在公元前2500年，中国粟黍到达西亚的时间约在公元前700年。① 中国与西亚的文化交流，至少已有5000年的历史。这正说明只有在互相交流、互相学习的基础上，才能构建人类命运的共同体。

丝绸是中华文明最为重要的文化符号，也是古丝绸之路上东西方最重要的互动标的。传说丝绸生产是由嫘祖创始和发展起来的，但考古将蚕丝的历史最早追溯到河南贾湖遗址（距今7500—9000年）。黄河流域发现的最早的丝织品出土于河南荥阳青台村仰韶文化遗址，其残片可追溯到公元前3630年。一些西方典籍记载了中国丝绸向西传播至欧亚各地的情况。根据《奥德赛》的描述，奥德修斯从特洛伊返回希腊时，穿了一件像洋葱皮一样轻薄光亮的衣服②，这暗示了奥德修斯所穿的这件衣服可能是一件丝绸制品。如果奥德修斯穿的这件衣服来自中国的话，那么中国丝绸经西亚到达

① 参见亓佩成《上古时期西亚与中国的经济文化互动》，《史学月刊》2020年第9期。

② 参见［古希腊］荷马《荷马史诗·奥德赛》，王焕生译，人民文学出版社1997年版，第358页。

欧洲的时间至少可追溯到公元前12世纪。

以上所述可见，早在张骞通西域之前，西亚与中国之间已经存在长距离贸易通道，考古证据佐证了这一点，例如在巴泽雷克冢墓（公元前4—5世纪）中既发现了产于中国的丝绸，也发现了波斯毛织毡毯。[①] 这说明巴泽雷克人是中国与西方丝绸贸易的中介者。希腊化时期，地中海沿岸各国与中国的接触更加容易，中国的丝绸经中亚、西亚运到西方各地已是不争的事实。[②]

在中国与西亚地区的交流中，新疆成为极其重要的交通中枢。新疆是古丝绸之路必经之地，在张骞凿空西域前，西亚与中国之间就存在草原之路、玉石之路、青铜之路、陶器之路等互动通道。俄罗斯考古学家爱莱娜·库兹米娜（Elena Kuzmina）用了大量的史料，说明中国与西亚文明交流的历史。她指出："安德诺沃文化的影响力远及中国，这种联系可能经新疆，沿着甘肃河西走廊，而进入中原。在新疆北部存在一条横穿阿尔泰山的通道，可与西伯利亚相联系；在西边，通过特尔色克达万走廊与费尔干纳相连接；沿着伊犁河，穿过天山的便捷通道，与七河地区相连接。"[③] 由此可见，新疆的战略地位极其重要，这正是今天中国提倡建设"一带一路"倡议的历史依据。

四

在漫长的历史进程中，西亚经历了多次大规模的人口迁移，尤其是它处于的特殊地理位置，一再受到四周异族的入侵和征服，所有这些都对西亚居民的民族构成产生了深刻影响。西亚位于亚、非、欧三洲交界地带，在阿拉伯海、红海、地中海、黑海和里海之间，联系欧洲、亚洲、非洲，联系印度洋和大西洋，故有"两洋五

---

① 参见邵会秋《巴泽雷克文化在新疆的扩张与影响》，《边疆考古研究》2017年第1期。

② 参见亓佩成《上古时期西亚与中国的经济文化互动》，《史学月刊》2020年第9期。

③ ［俄］爱莱娜·库兹米娜：《印度——伊朗人的起源》，邵会秋译，上册，第274页。

海三洲之地”之称。西亚是世界古代文明发祥地之一，两河文明时代最早的居民是苏美尔人，他们在公元前4000年以前就来到了这里，两河流域的最初文明就是他们建立的。后来的闪米特人、阿卡德人、巴比伦人、亚述人以及迦勒底人，继承和发展了苏美尔人的成就，使两河文明成为人类文明史上重要的一页。其中巴比伦人的成就最大，因此，两河文明又被称为巴比伦文明。西亚也是人类古代文明的发祥地之一，伊斯兰教、基督教、犹太教等世界性和地区性宗教的发源地。自古以来，西亚就是东、西方交通的要道。丝绸之路由中国西安，沿河西走廊出葱岭，经巴基斯坦，再由西亚到欧洲。

葱岭，古代对帕米尔高原的统称。唐司马贞《索隐》曰：“大宛之迹，元因博望。始究河源，旋窥海上。条枝西入，天马内向。葱岭无尘，盐池息浪。旷哉绝域，往往亭障。”① 《汉书·西域传》说：“西域以孝武时始通，本三十六国，其后稍分至五十余，皆在匈奴之西，乌孙之南。南北有大山，中央有河，东西六千余里，南北千余里。东则接汉，阸以玉门、阳关，西则限以葱岭。其南山东出金城，与汉南山属焉。其河有两原：一出葱岭山，一出于阗。”唐颜师古曰：“《西河旧事》云：葱岭，其山高大，上悉生葱，故以名焉。”②《水经注·河水》：“（河水）又南入葱岭山，又从葱岭出而东北流。”注：“河水重源有三，非惟二也。一源西出捐毒之国葱岭之上。西去休循二百余里，皆故塞种也。南属葱岭，高千里。《西河旧事》曰：葱岭在敦煌西八千里，其山高大，上生葱，故曰葱岭也。河源潜发其岭，分为二水，一水西经休循国南，在葱岭西。郭义恭《广志》曰：休循国居葱岭，其山多大葱。”③ 《魏

---

① （汉）司马迁：《史记·大宛列传》，载《二十五史》，浙江古籍出版社1998年版，第1册，第284页。

② （汉）班固撰，（唐）颜师古注：《前汉书》卷九十六，载《二十五史》，第1册，第584页。

③ （北魏）郦道元：《水经注》卷二，《影印文渊阁四库全书》，台北：商务印书馆1986年版，第573册，第27页。

书·西域传》载董琬说："西域本有二道，后更为四出……从莎车西行一百里至葱岭，葱岭西一千三百里至伽倍为一道，自莎车西南五百里，葱岭西南一千三百里至波路为一道焉。"① 葱岭为当时通西域之要路。

葱岭，即今帕米尔高原。公元7世纪初，唐朝高僧玄奘历中亚印度130余国，大致是出印度后自阿姆河上源支流都士河与塔卢坎河交汇处即东入广义葱岭的，然后沿阿姆河南岸东行，抵喷赤河向北急转弯处，入狭义葱岭，沿瓦罕谷地行至喀喇喷赤附近趋东北，溯帕米尔河横越大小帕，途经郎库里湖到塔什库尔干，下葱岭东岗至莎车绿洲。在翻越帕米尔高原时，记下了对它的整体印象："葱岭者，据赡部洲中，南接大雪山，北至热海、千泉，西至活国，东至乌铩国，东西南北各数千里。崖岭数百重，幽谷险峻，恒积冰雪，寒风劲烈。多出葱，故谓葱岭，又以山崖葱翠，遂以名焉。"② 玄奘所记葱岭范围甚广，东起莎车绿洲（即乌铩国），西达今阿富汗昆都士附近（即活国），北起伊塞克湖（即热海），南接兴都库什山（即大雪山）。③

以亚洲视野观之，帕米尔高原位于中央稍偏西南，纵约300公里，横约460公里④，形似扁桃，构成所谓"亚洲心脏"。由于它是亚洲乃至世界著名的两大山结之一（西亚的亚美尼亚山结和中亚的帕米尔山结），我国古时又称之为"诸山之祖"。帕米尔高原东陡西缓，向西毗连着一片广阔的山塬，其间峰谷交错，溪河湖泊分布，有若干通往西方的主峡谷，一般高度在海拔4000米以上，素有"世界屋脊"之称。以帕米尔山结为中心，向四周呈辐射状延伸出五大山系和三大水系。五大山系是向东延伸的天山山脉、向东南延伸的喀喇昆仑山脉、向南偏东延伸的喜马拉雅山脉、向西延伸的

---

① （北齐）魏收：《魏书·西域传》，载《二十五史》，第3册，第325页。

② （唐）玄奘撰，季羡林等校注：《大唐西域记校注》，中华书局1991年版，第964页。

③ 参见（唐）玄奘撰，季羡林等校注：《大唐西域记校注》，第129页。

④ 参见曾问吾《中国经营西域史》，商务印书馆1936年版，第477页。

兴都库什山脉、向西南延伸的吉尔特尔—苏莱曼山脉。接近帕米尔西北部还有一些较小的山脉。三大水系是向西的阿姆河水系、向东的塔里木河水系和向南的印度河水系。在古代，这些山脉是行进于丝路上的商队所仰望的永恒路标，河流流经的谷地又是最佳的旅行线路。

国外最早谈到帕米尔者，当为公元2世纪的希腊地理学家托勒密（Ptolemaios），他在《地理志》中，根据地理学家马利努斯（Marinos）的记述和马其顿商人马埃斯·梯蒂亚努斯（Maës Titianus）所遣商队于公元1世纪亲赴中国贩运丝绸的经历，称帕米尔高原为“伊麻奥斯山”（Imaos），并说古时有两种斯基泰人（Scythias），即“内伊麻奥斯人”和“外伊麻奥斯人”以帕米尔为界岭。他以西方的视角在“伊麻奥斯山外侧的斯基泰人的情况”一节中说：“伊麻奥斯山斯基泰的四至如下：在西部，与伊麻奥斯山内侧的斯基泰及塞种人地区以沿北向山脉的弯道为界；北部是一片未知之地；东部是赛里斯国，沿着一条直线而划分，其边缘地区的经纬度大致分别为150°和63°，160°和35°；在南部是印度河的一部分，按照上述各线边际相接处的纬度为界。”① 英人斯坦因认为，托勒密关于伊麻奥斯山为“内外斯基泰人之界岭说”，相当于现代西方地理学中的“俄属土耳其斯坦”和“支那属土耳其斯坦”之界岭说。②

19世纪末20世纪初，西方学者对亚洲腹地的古丝路及湮没于沙漠中的绿洲城郭产生了浓厚的兴趣。英、俄、瑞典、法、日诸国纷纷派出探险队，赴中国西北考察，帕米尔高原自然是他们必经之地和关注的中心之一。在外国探险者中，著名者有瑞典人斯文·赫定、英国人斯坦因、法国人伯希和、日本人大谷光瑞和橘瑞超等，其他游历帕米尔者还有英国人伍德、戈登、寇松、赛克斯等，但他

---

① ［法］戈岱司编：《希腊拉丁作家远东古文献辑录》，耿升译，中华书局1987年版，第30页。

② 参见 Aurel Stein, *Innermost Asia: Detailed Report of Explorations in Central Asia, Kansu and Eastern Īrān*, Vol. 2 Oxford: Clarendon Press, 1928, p. 850。

们大都是经帕米尔北麓进入中国的。斯坦因于 1924 年 11 月 3 日在英国皇家地理学会例行年会上发表的演说，涉及帕米尔北部的交通："翻越帕米尔通向塔里木盆地的道路，早在古代就是连接阿姆河流域各地和塔里木盆地南北缘各绿洲的贸易和文化动脉。帕米尔高原中间的谷地，一般取东西走向，可能很多人认为它们皆可作为贸易和文化的通道。其实，从地理条件讲，仅有两条路才能承担起东西交流之重任的。第一条是位于帕米尔高原南部的交通线。由巴达克山出发，过瓦罕峡谷，出阿姆河源头，由此或南行通过瓦罕吉尔岭（Wakhjir），或北行翻越小帕米尔，到达慕什塔格峰以南的塔什库尔干，由此再过难行的峡谷路，经塔里木盆地西缘的不毛之地，即丘陵般的山地，到达喀什噶尔或牙儿干特（叶儿羌，今莎车）绿洲……第二条是经过帕米尔高原北部的路线。这条路对西方人来说显得尤为重要。首先由巴克特拉——相当于近代之巴尔赫出发，然后从奎兹尔苏（Qizil-Su）或苏尔克阿布（Surkh Ab）登上阿赖山谷，越过伊克什坦木鞍形山腰，进入喀什噶尔峡谷，最后到达喀什噶尔绿洲。我曾于 1915 年亲自走过这条路的绝大部分路段。对于从事中亚史地研究的人来说，这是让他们特别感兴趣的一条路。正像两位大学者——罗林森（Sir Henry Rawlison）和玉尔（Sir Henry Yule）——所确认的那样：托勒密在其《地理志》中讲到的古代希腊商队，运着赛里斯，正是经帕米尔北部的这条商路，自东徂西穿越高原，然后进入阿姆河流域盆地，走向巴克特拉这个国际商业大都会的。"①

古代丝绸之路的东段和西段在帕米尔被连接在一起；这条路不但早在公元前 2 世纪就为中国人所熟知，而且在两百年后也为希腊罗马的商人和地理学家所了解。在此后许多世纪的国际联系中，帕米尔是中国人西出国境的门户，也是横贯亚欧大陆交通线的连接处，曾经发挥了非常重要的"中介"作用。由喀什绿洲出发，登山至伊克什坦木，由此分道：趋西北经古里察、奥什入费尔干纳盆

① 聂崇岐：《斯文·赫定穿行亚洲述要》，《地理学杂志》1929 年第 1 期。

地；或趋西南入阿赖山谷，沿克孜勒苏河、瓦赫什河直达阿姆河中游。罗林森、玉尔、斯坦因皆认为这条路便是古希腊地理学家马利努斯、托勒密所说的“大夏—石塔—赛里斯”的古代丝路。

自新石器晚期以来，葱岭便成为东方和西方陆路交通的要道。大约从公元前3000年末开始，西亚各族分批从他们的故乡向外迁徙，形成一个规模巨大的、世界性的民族迁徙浪潮。公元前2000余年，西亚族属向中印地区迁徙。他们沿着葱岭——天山，进入新疆。新疆成为西亚、中亚、印度与中国交通的枢纽。在北部，存在一条横穿阿尔泰山的通道，可与西伯利亚相联系；在西边，通过特尔色克达万走廊，与费尔干纳相连接，沿着伊犁河，穿过天山的便捷通道，与七河地区连接，可以进入印巴——南亚次大陆；在东边，通过若羌——格尔木，进入青海，通过敦煌、玉门关，进入甘肃，再通过河西走廊，进入中原，经由武都，沿岷江流域，进入四川；在南边，通过和田——日土——日喀则，进入西藏。西亚各族进入南亚次大陆，进入印度河流域，以后又向恒河流域迁徙，在恒河流域建立了许多小国，这些被称为“雅利安人”，代替了原来的土著居民，而成为南亚次大陆的统治民族。一些部落进入中国大陆，被称为“塞种”，混合于西部的氐羌民族，分居于西域各地。

从战国依始，西亚塞种部落便分居于西域各地。《汉书·西域传》：“西域以孝武时始通，本三十六国，其后稍分至五十余，皆在匈奴之西，乌孙之南。南北有大山，中央有河，东西六千余里，南北千余里。东则接汉，厄以玉门、阳关，西则限以葱岭。其南山，东出金城，与汉南山属焉。其河有两原：一出葱岭出，一出于阗。于阗在南山下，其河北流，与葱岭河合，东注蒲昌海。蒲昌海，一名盐泽者也，去玉门、阳关三百余里，广袤三四百里。其水亭居，冬夏不增减，皆以为潜行地下，南出于积石，为中国河云。自玉门、阳关出西域有两道：从鄯善傍南山北，波河西行至莎车，为南道，南道西逾葱岭，则出大月氏、安息。自车师前王廷随北山，波河西行至疏勒，为北道，北道西逾葱岭，则出大宛、康居、奄蔡焉。西域诸国，大率土著，有城郭田畜，与匈奴、乌孙异俗，故皆役属匈奴。匈奴西边，日逐王置僮仆都尉，使领西域，常居焉耆、危须、尉黎间，赋税诸国，取富给焉。自周衰，戎狄错居泾渭之北。及秦始皇攘却戎狄，筑长城，界中国，然西不过临洮。汉兴至于孝武，事征四夷，广威德，而张骞始开西域之迹。其后骠骑将军击破匈奴右地，降浑邪、休屠王，遂空其地，始筑令居以西，初置酒泉郡，后稍发徙民充实之，分置武威、张掖、敦煌，列四郡，据两关焉。”①

据《汉书·西域传》《通典》《文献通考》记载，西域诸国，多为塞种。自疏勒以西北，休循、捐毒之属，皆故塞种。休循国，在葱岭西，民俗衣服类乌孙，本故塞种。捐毒国，南与葱岭属，亦为塞种。乌孙国，东与匈奴、西北与康居，西与大宛，南与城郭诸国相接，本塞地，故乌孙民有塞种、大月氏种。杜佑《通典》云：于阗，其地多水潦砂石，气候温，土良沃，宜稻麦，多葡萄。有水出玉，曰玉河。国人善铸铜器。王所居加以朱画。其人恭敬，相见则跪，其跪一膝至地。书则以木为笔札，以玉为印。自高昌以西，诸国人多深目高鼻，唯此一国，貌不甚胡，颇类华夏。罽宾在悬度山西，西北与大月氏、西南与乌弋山离接。昔匈奴破大月氏，而塞王南君罽宾。塞种分散，往往为数国。② 马端临《文献通考》云：康居，在大宛西北。旧居祁连山昭武城，自为匈奴所破，西逾葱岭，遂有此国。枝庶各分王，故康国左右诸国，米国、史国、曹国、何国、安国、小安国、那色波国、乌那曷国、穆国凡九国，皆其种类，并以昭武为姓。人皆“深目，高鼻，多须髯”。善商贾，诸夷交易，多辏其国。俗事天神，崇敬甚重。乌那遏国、穆国、何国、史国，亦康国王种类。天竺，即汉时身毒国。在葱岭之南，去月氏东南数十里。其中分为五天竺：一曰中天竺，二曰东天竺，三曰南天竺，四曰西天竺，五曰北天竺，地各数千里，城邑数百，国

① （汉）班固，（唐）颜师古注：《前汉书》卷九十六，载《二十五史》，第1册，第584—585页。

② 参见（唐）杜佑《通典》卷一九二，《影印文渊阁四库全书》，第605册，第642—649页。

并有王。汉时又有捐毒国，衣服类乌孙，随水草，亦属塞种。颜师古云：捐毒即身毒，身毒则天竺，塞种即释种也，盖语音有轻重也。[①] 如此众多塞种部落，定居于西域广大的地区，而他们的先祖可能早在新石器晚期，通过敦煌、玉门关，进入甘肃；再经由武都，沿岷江流域，进入巴蜀，并留下了塞种供奉的神灵，享受着巴蜀先民的供奉祭祀。

依据以上所述，可以推想三星堆出土的青铜面具人像，大致可以分为两类：一类为远古的氐羌族和西南夷诸族，一类为外域的西亚塞种族。塞种族人的相貌特征“深目，高鼻，多须髯”，这亦为解释三星堆出土的部分异族神像提供了依据。中国与西亚的文化交流，至少已有5000年的历史。这亦说明，人类的文明在互相交流、互相学习的基础上，才能得到发展。今天中国提倡建设“一带一路”倡议的历史依据，正是为了构建人类命运共同体，促进人类文明更加辉煌。

① 参见（元）马端临《文献通考》卷三三八，中华书局1986年版，下册，第2651—2654页。

独眼巨人称谓的跨语际溯源*

——兼论阿尔泰语系民族独眼巨人母题的伊朗文化源头

唐　均

摘　要：本文搜集了为数不少的阿尔泰语系关于独眼巨人的种种称谓并尽量逐一解析这些称谓的构词理据，其间掺入的妖魔术语更可以追溯到伊朗语的祆教反派神名，具有深刻的印欧文化渊源。另一方面，希腊文献记载的独目人称谓应该可以追溯到近东人名习见的“爱马”理据，联系《山海经》古老的一目人神话，曲折反映出骑马民族的早期捭阖区域，因而这“独眼”形象或可归结为内亚民族的剺面习俗。而包括蟒古思（及其配偶毛兀思）在内的部分阿尔泰语中的山神或猎神称呼多半源出意指前额的语汇，实际上也就反映了这些神名的独眼巨人底层信息。

关键词：独眼巨人母题；阿尔泰语系；阿里玛斯普人传说；一目人神话；剺面习俗；蟒古思

作者简介：唐均，上海外国语大学全球文明史研究所教授（上海 201620）。

* 本文是广东省哲学社会科学规划2020年度一般项目“赓续绝学：基于语料库的中国塔吉克语描写研究”（批准号：GD20CZY01）的研究成果。

以独眼巨人（或曰独目人）为母题的神话，在阿尔泰语系民族，尤其是突厥语族和蒙古语族诸民族中，流传甚为广泛，当然也在很早就引起了人们的注意，而学者们对其进行科学研究，已有很多成果加以解构并进行解释。

以下列表罗列部分突厥语中关于独眼巨人的称谓[①]：

语种	独眼巨人称谓	称谓字面语义
土耳其语	Tepegöz≈Tübegöz≈Töbököz≈Töpekös	高耸的眼睛
阿塞拜疆语	Təpəgöz	高耸的眼睛
土库曼语	Depegöz	高耸的眼睛
哈萨克语	（Төзекөз） Töbeköz	额头眼睛
尕尕乌孜语	（жепегöз） jepegyoz	鼓出的眼睛
绍尔语	（пағер тайғы） pağer tajğy	瘦长的山妖
维吾尔语	（سئنگاكوزلۈكدىۋە） Singaközlükdiwe	独眼妖怪
吉尔吉斯语	（Ялғизкөзду жалмауз） Yalğizközdu ǰalmauz	独目女妖
哈卡斯语	（Сарсеғ карахтеғ） Sarseğ karahteğ	独目强者
阿尔泰语	（сохор кара） sohor kara	瞎子强者
图瓦语	（Албес） Albes	独眼巨人
	（Чубус） Čubus	
雅库特语	（Аббас） Abbas	独眼巨人

图1　关于独眼巨人的称谓

下面尝试解构上述称谓的字面构成。土耳其语 Tepegöz≈Tübegöz≈Töbököz≈Töpekös，也用来喻指蒙古包的天窗，与之同构的形式包括阿塞拜疆语 Təpəgöz≈depęgöz、土库曼语 Depegöz 以及俄语借词（тепегез）（депегез）等。[②]

---

① 表中各称谓根据郎樱《东西方文学中的独眼巨人母题》（《西域研究》1993 年第 3 期）的搜集并有修订，其间各种突厥语的文字拼写形式为笔者所加。

② 参见 Е. М. Мелетинский （Гл. ред.），*Мифологический словарь*，Москва：Советская энциклопедия，1990，п. 672。

维吾尔语的独眼巨人称谓（سىڭگاكۆزلۈكدىۋە）Singaközlükdiwe 一词，由词根（سىڭغار）Singar“独一”和词根（كۆز）köz“目”①，再加合语词（دىۋە）diwe“（神话中的）魔鬼、妖怪、恶魔”② 所构成。

哈萨克语的独眼巨人称谓（Төзекөз）Töbeköz 一词，由词根（төзе）töbe“额”直接加合词根（көз）köz“目”而成。

吉尔吉斯语的独眼巨人称谓（Ялгизкөзду жалмауз）Yalğizközdu ǰalmauz，其后一词由词根（жал）ǰal“鬃毛”③ 加合专名（Мауз）Mauz“毛兀思、蟒古思之妻”而成——亦可参考（жалмооз）ǰalmooz ≈（желмогуз）ǰelmoguz“妖婆、饕餮”④ 一词的构成。

哈卡斯语的独眼巨人称谓（Сарсеғ карахтеғ）Sarseğ karahteğ，可能由（сарсых）sarsyh“不成对、两者之一”⑤ 引申而来。

阿尔泰语的独眼巨人称谓（сохор кара）sohor kara，可能是由（сохор）sohor 一词引申而来，同源词参考哈萨克语（سوقىر≈соқыр）soqır、图瓦语（согур）sogur、巴什基尔语（hукыр）huqïr 等。

值得注意的是，汉语表达“看不见”的语义，是先有“盲”而后有“瞎”：瞎（郑张尚芳上古拟音）＊＊qʰrɑːd >（中古音转写）＊hˠat˥，同前已涉及的巴什基尔语词首（hукыр）huqïr 音节不无可资对应之处（相应地，“巴什基尔”大致可以对应《北史·突厥铁勒列传》之“北褥九离”以及《旧唐书·回纥传》之“貊歌息讫”——详细信息另文撰述），透露其为借词大有可能。

---

① 廖泽余、马俊民编：《维汉词典》，新疆人民出版社 2000 年版，第 689 页。

② 廖泽余、马俊民编：《维汉词典》，第 569 页。

③ 参见 К. К. Юдахин（гроф.），*Киргизско-русский словарь*，1 Книга А – К，Фрунзе：Главная редакция киргизской советской энсиклопедии，1985，п. 219。

④ 参见 К. К. Юдахин（гроф.），*Киргизско-русский словарь*，1 Книга А – К，Фрунзе：Главная редакция киргизской советской энсиклопедии，1985，п. 222，246。

⑤ 参见 О. В. Субраковой（ред.），*Хакасско-русский словарь*，Около 22 тыс. слов，Новосибирск：《Наука》，2006，п. 449 – 450。

《玉篇》：瞎，一目合也。[1]

《类篇》：瞎，目盲也。[2]

中古时代韵书以“盲”释“瞎”，正是“盲”先于“瞎”见诸汉籍的典型表现之一。

《十六国春秋》：苻生无一目，七岁，其祖洪戏之曰：吾闻瞎儿一泪，信乎？生怒，引刀自刺出血曰：此亦一泪耶！[3]

《世说新语·排调》：桓南郡与殷荆州语次，因共作了语。……殷有一参军在座，云：盲人骑瞎马，夜半临深池。殷曰：咄咄逼人。仲堪眇目故也。[4]

《宋史·仁宗纪》：西蕃瞎毡来贡。[5]

《宋史·神宗纪》：河州首领瞎药等来降。[6]

《集韵》：一作瞎。[7]

较早的用例见于魏晋时期文献，表明五胡乱华时北方阿尔泰语民族对汉语的深刻影响。“瞎”字或于其时入传中原。后期文献《宋史》中以“瞎”字音译羌藏专名，亦是这一语汇舶来因素的曲折反映。

哈卡斯语和阿尔泰语独眼巨人称谓中的共有成分（кара）kara，源出原始突厥语词根 * kara “黑”，后来几经辗转流传，特别是在蒙古语族中逐渐衍生出“强者”的语义来，典型例子可以参见西

① （梁）顾野王：《宋本玉篇》，中国书店 1983 年版，第 83 页。

② （宋）司马光：《类篇》，上海古籍出版社 1988 年版，第 1167 页。

③ （北魏）崔鸿撰，（清）汤球辑辅：《十六国春秋辑辅》卷三十二，中华书局 2020 年版，第 395 页。

④ （南朝宋）刘义庆撰，徐震堮校笺：《世说新语校笺》卷下，中华书局 1984 年版，第 440 页。

⑤ （元）脱脱等：《宋史》卷十二，中华书局 1985 年版，第 230 页。

⑥ （元）脱脱等：《宋史》卷十二，第 282 页。

⑦ （宋）丁度：《集韵》，中华书局 1920 年版，第九卷，第 67 页。

辽的他称“呷辣吸给”亦即西文习见的 Kara-Khitai（Qara Khitai），其中的“呷辣”作为修饰语正取此义。而同蒙古语族毗邻的突厥语族成员，比如这里涉及的哈卡斯语和阿尔泰语之成分，对此语义有所吸收也就顺其自然了。

图瓦语的独眼巨人称谓（Албес）Albes 一词，可能是由（алын）alın≈（арын）arın“脸、页”加合词根（бир）bir“一”的变形而成：前者参见原始突厥语＊ālïn 及其派生词——回鹘文（ʾʾlyn）alïn、喀喇汗文（آلِنْ）alïn、奥斯曼文（آلن）alın≈（آلين）alyn、阿塞拜疆语（آلین≈алын）alın、土耳其语 alın、土库曼语 aalyn 等，词义皆为“前额”①；后者参见原始突厥语＊bir 及其派生词——鄂尔浑突厥文（𐰋𐰃𐰼）b2ir2 = ＊bir、塞尔柱文（بر）bir、维文（بىر）bir、巴什基尔语（бер）ber、西部裕固语 per、楚瓦什语（пěр）pěr 等，词义皆为“一”。② 蒙古人信仰的山居野蛮凶神③称谓，蒙文记作（ᠠᠯᠮᠠᠰ）almas“（迷信中的）妖婆、（传说中的）雪人”或（ᠠᠯᠮᠠᠰ ᠡᠮᠡᠭᠡᠨ）almas emeken“妖婆（直译：妖＋母）”④，应当与该图瓦语词互为音变形式。

图瓦语的另一独眼巨人称谓（Чубус）Čubus 一词，可能由意指“脸”的词根加合词根（бир）bir“一”加以元音和谐的变形而成：前者可以参见哈卡斯语（чӱс）çüs“脸”、吉尔吉斯语（чеке）çeke“前额”、楚瓦什语（çăвар）śăvar“嘴”～（çамка）śamka“前额”、雅库特语（сүүс）süüs、多尔干语（һүүс）hüüs 等，而这些语汇都是历经剧烈的音变而成形的，其较为原初的词汇形式又可以归结于原始突厥语＊yū̆ŕ“脸”及其派生词——鄂尔浑

① 参见 Sergei Starostin, Anna Dybo & Oleg Mudrak (comps.), *Etymological Dictionary of the Altaic Languages*, Leiden: Brill, 2003, p. 284。

② 参见 Sergei Starostin, Anna Dybo & Oleg Mudrak (comps.), *Etymological Dictionary of the Altaic Languages*, Leiden: Brill, 2003, p. 364。

③ 参见陈岗龙《论蒙古族的独眼巨人故事》，《西北民族研究》1996 年第 1 期。

④ 内蒙古大学蒙古学研究院蒙古语文研究所：《蒙汉词典》（修订本），内蒙古大学出版社 1999 年版，第 59 页。

突厥文（𐰔𐰇𐰖）yüz、回鹘文（ywz）yüz、喀喇汗文（يُوزْ）yūz、维文（يۈز）yüz“面容、脸颊”、奥斯曼文（يوز）yüz 等。①

绍尔语的独眼巨人称谓（пағер тайғы）pağer tajğy，大约是由（пағ）pağ“绳子”～（пағла-）pağla“联系”②和（тайға）tajğa“山”③分别派生出来的语汇组合而成。

尕尕乌孜语的独眼巨人称谓（җепегöз）jepegyoz 一词，由词根（җеп）jep“囊袋”加合词根（гöз）gyoz“目”④而成。

《蒙古秘史》卷一第二节：（蒙古族第十二世祖）“都蛙·锁豁儿额中有独眼，能望三程之地焉。”⑤其中汉字记音的“都蛙·锁豁儿”一词，早已可以还原为胡都木蒙文（ᠳᠤᠸᠠ ᠰᠣᠬᠣᠷ）duw-a soqor“巨人+瞎子”，其中的“锁豁儿”对应（ᠰᠣᠬᠣᠷ）soqor“盲、瞎”，源出原始蒙古语词根 * sokar，参考亲缘语汇——喀尔喀蒙语（сохор）sohor、卡尔梅克蒙语（сохр）soxr、东乡语 sugho 等殆无疑虞（跟前述突厥语汇亦有关联，不赘）；而其中的（ᠳᠤᠸᠠ）duw-a 即“都蛙”，已有学者系联于柯尔克孜文（دۅٴو）²дөү“魔法故事中额上只有一只眼的巨人”⑥。但其实这个意指妖怪的柯尔克孜语词有着散见于突厥语中的漫游形式：前述维文（دىۋە）diwe“（神话中的）魔鬼、妖怪、恶魔”、乌兹别克语 dev、哈萨克语（دٵۋ）däw“邪

① 参见 Gerard Clauson, *An Etymological Dictionary of Pre-thirteenth-century Turkish*, Oxford: Clarendon Press, 1972, p. 982。

② 参见 Н. Н. Курпешко-Таннагашева & Ф. Я. Апонькин, *Шорско-русский и русско-шорский словарь*, Кемеровское книжное издательство, 1993, п. 38。

③ 参见 Н. Н. Курпешко-Таннагашева & Ф. Я. Апонькин, *Шорско-русский и русско-шорский словарь*, Кемеровское книжное издательство, 1993, п. 51。

④ 参见 Г. А. Гайдаржи, Е. К. Колца, Л. А. Покровская & Б. П. Тукан (сост.), *Гагаузско-русско-молдавский словарь*, 11500 слов, под редакцией проф. Н. А. Баскакова, Москва: Издательство《советская энциклопедия》, 1973, п. 116, 188。

⑤ 道润梯步：《新译简注〈蒙古秘史〉》，内蒙古人民出版社 1979 年版，第 6 页。

⑥ В. В. Радлов, *Опытъ словаря тюркскихъ нарѣчий*, Томъ III, Частъ 2. С., Петербургъ, 1905, п. 1657. 额尔登泰、乌云达赉、阿萨拉图：《〈蒙古秘史〉词汇选释》，内蒙古人民出版社 1980 年版，第 284 页。另，陈岗龙《论蒙古族的独眼巨人故事》（《西北民族研究》1996 年第 1 期）一文将涉及的吉尔吉斯语词写作“дөө”。

魔、妖怪”、巴什基尔语（дейеү）deyew、诺盖语（деюв）deyuv、鞑靼语（дию）diyu、奥斯曼文（ديو）div“恶魔、精灵、巨人”、土耳其语 dev≈div“妖怪”等，它们还有共同的更为深邃的渊源。

在突厥语民族横亘亚欧大陆的时候，其锋镝和足迹扫遍的文化底层，早已由伊朗语民族加以奠基。上述突厥语汇其实都是原始伊朗语词根 * daiva-“恶魔”在不同历时阶段的孳生和借用产物，参见于阗语 dyū“恶魔”，粟特文（ܕܝܘ）dyw = * δēw“恶魔、不可靠的人”，阿维斯塔文（𐬛𐬀𐬉𐬎𐬎𐬀）daēuua-“恶魔、伪神”①，古波斯文（𐎭𐎡𐎺）daiva-“舶来神、伪神”及其借词——阿拉米文（דיוא）daywā 和古叙利亚文（ܕܝܘܐ）daywā“邪魔、妖精”，波斯文（ليوه）līve“不可靠的人、撒谎精”，中古波斯文（𐭱𐭣𐭩𐭠）ŠDYA = * dēw“恶灵”及其波斯文派生词（ديو）dêv“恶魔、伪神”>（ديوک）dīvok≈dīvak“蚂蟥、寄生虫”，索拉尼库尔德语（دێو）dêw“妖怪”，塔吉克语（дев）dev“妖怪”，普什图语（دېو）dew≈（دېب）deb“巨人”等，再由波斯文语汇向毗邻异族语言入借为阿拉伯文（ديو）diyū 孳生出（دِيُوهَا）diyūhā“拜火教邪神”，亚美尼亚文（ * դէւ） * dēw 孳生出（դեւ）dew“鬼怪、天使、邪魔、异教祭司、偶像”，格鲁吉亚语（დევი）devi“巨人、怪物、邪魔”，孟加拉语（দেও）deo，印地语（देव）dev 等价于乌尔都语（دیو）dev“恶魔、精灵、巨人”，乃至由奥斯曼文借词进而入借为塞尔维亚克罗地亚语（див）div“巨人”等形式。

上述枝繁叶茂的伊朗语汇，原本反映的正是古波斯固有祆教中二元神论负面神祇的能指形式，再行追溯其语源，还可归结于原始印度—伊朗语词根 * daywás“神”，它却以中性甚至偏正面的神祇指称反映在原始印度雅利安语词根 * daywás“神祇、神灵”②，参见梵文（देव）devá“神、天（汉文佛经音译为‘提婆’）；妖怪

---

① 参见 Javier Martínez García & Michiel de Vaan, *Introduction to Avestan*, Leiden: Brill, 2014。

② 参见 Toshifumi Goto, *Old Indo-Aryan Morphology and Its Indo-Iranian Background*, Vienna: Austrian Academy of Sciences Press, 2013, § 1.2.3, p. 22。

（《阿闼婆吠陀》《泰迪黎耶本集》）、偶像”（《毗湿奴本集》）和（देवी）dévī ≈ devī“女神、女妖”。①

原始印欧语词根 * deywós“神”渊源自词根 * dyew-“天空、天庭”②，其神祇义项在后世的派生词包括威尔士语 duw“（男）神”、立陶宛语 dievas、古普鲁士语 dēiwas、原始日耳曼语 * Tīwaz 及其孳生的哥特文（ * 𐍄𐌴𐌹𐍅𐍃） * teiws、古英语 Tīw“战神”孳生出 tiwesdæġ ≈ tīpesdæġ“战神之日”延及中古英语 Tewesday ≈ Tiwesday ≈ Tisday ≈ Tisdæi ≈ Tywysday 乃至英语 Tuesday“星期二”、拉丁文 deus ≈ dīvus 入借伊特鲁斯坎文（TEIFA）teiva——这一语汇见于 20 世纪初出土于瑞士提契诺州朱比亚斯科（Giubiasco）地区、确定为罗马共和国时代晚期（前 150—前 50 年）一座武士墓葬的涅高尔式头盔之上镌刻。③

而其安纳托利亚语族词根 * diu-“白昼之神”及其派生词——吕西亚语（IEF）ziw、吕底亚语（ꓷI1ꓷI）diwi、鲁维文（[illegible]）ti-wa-az = * tiwaz“太阳（神）”、帕莱文（[illegible]）ti-ia-az = * tiyaz ≈ * tiuna，其对应于梵文（सुद्युत्）su-dyút“巨大荣耀”的可能复合词形式 * Aššu-Tiwaz“良善之日（神）”又反映于赫梯文（[illegible]）aššu-šiwattuš 及鲁维文（[illegible]）wa-a-šu ti-wa-az = * wašu tiwaz 中，后为亚美尼亚文（ա ս տ ո ւ ա ծ）astuac“偶像、邪神；（单数且大写首字母）基督教的上帝”④ 一词所传承至今。⑤

---

① 参见 Monier-Williams, *A Sanskrit - English Dictionary*: *Etymologically and Philologically Arranged with Special Reference to Cognate Indo-European*, Oxford: Clarendon Press, 1899, p. 492。

② 参见 Donald Ringe, *From Proto-Indo-European to Proto-Germanic*, Oxford: Oxford University Press, 2006。

③ 参见 Tom Markey, “A Tale of Two Helmets: The Negau A and B Inscriptions”, in *Journal of Indo-European Studies*, vol. 29, issue 1/2, 2001, pp. 69 - 172。

④ 通常使用其缩写形式Ած。

⑤ 参见 E. Г. Хачатурова, “Древнейшие армяно-индо-иранские языковые контакты”, in Ē. B. Ałayan ed., *Hayocᶜ lezvi hamematakan kᶜerakanutᶜyan harcᶜer*, Yerevan: Academy Press, 1979, pp. 373 - 374; Hrach Martirosyan, “Notes on Anatolian loanwords in Armenian”, presented at the international conference “Armenian language contacts through the ages”, 12 - 15 May 2015, St. Petersburg, Institute for linguistic studies, Russian Academy of sciences, p. 8; Hrach Martirosyan, “Traces of Indo-European ‘Father Sky, God’ in Armenian”, in U. Bläsing, J. Dum-Tragut, T. M. van Lint. eds., *Armenian, Hittite, and Indo-European Studies*: *A Commemoration Volume for Jos J. S. Weitenberg*, Leuven: Peeters, 2019, pp. 197 - 201。

可见，在内亚畛域内向四周民族扩散开来的伊朗语词根 * daiva-“恶魔”，深深植根于原始印欧人将上天神格化的自然崇拜之中，而在伊朗语（以及毗邻的安纳托利亚语族）中凸显的是来自上天给予人类的负面影响这样一层语义蕴含特征，这一语义凸显遂以伊朗语民族固有的袄教之恶灵形式加以定型，再于伊斯兰教的涵化和传播中将其扩散至阿尔泰语系的突厥—蒙古民族语言表达中，即便多数蒙古部族仍未皈依伊斯兰教，但这种伊朗语文化底层的固有成分，仍然在充盈着腾格里崇拜的《蒙古秘史》中凝固于其专名之中。

在横亘亚欧大陆的诸多独眼巨人神话传说之中，迄今可见最早的材料见诸希腊史家和剧作家在其传世著作里留下的只言片语。

希罗多德《历史》3：116：1[①]：（πρὸς δὲ ἄρκτου τῆς Εὐρώπης πολλῷ τι πλεῖστος χρυσὸς φαίνεται ἐών: ὅκως μὲν γινόμενος，οὐκ ἔχω οὐδὲ τοῦτο ἀτρεκέως εἶπαι， λέγεται δὲ ὑπὲκ τῶν γρυπῶν ἁρπάζειν Ἀριμασποὺς ἄνδρας μουνοφθάλμους）欧洲以北盛产黄金，因而我不能肯定金子如何出产，据说是为名叫阿里玛斯普的独目人从狮鹫处盗来的。

希罗多德《历史》4：13：1[②]：（ἔφη δὲ Ἀριστέης ὁ Καϋστροβίου ἀνὴρ Προκοννήσιος ποιέων ἔπεα， ἀπικέσθαι ἐς Ἰσσηδόνας φοιβόλαμπτος γενόμενος， Ἰσσηδόνων δὲ ὑπεροικέειν Ἀριμασποὺς ἄνδρας μουνοφθάλμους ὕπερ δὲ τούτων τοὺς χρυσοφύλακας γρῦπας，τούτων δὲ τοὺς Ὑπερβορέους κατήκοντας ἐπὶ θάλασσαν）也有个相关的故事见于普罗康涅索斯岛民卡乌斯特洛比俄斯之子阿里斯忒亚斯的诗作，这位阿里斯忒亚斯归属腓柏斯，也曾造访伊塞顿人，在这一族群之外住着独目的阿里玛斯普人，他们之外又是看护黄金的狮鹫，而他们之外则是极北人，其领土延伸至海上。

---

① Herodotus, *Herodotus in Four Volumes*, Vol. II, with an English translation by A. D. Godley, London: William Heinemann Ltd., New York: G. P. Putnam's Sons, 1921, p. 142.

② Herodotus, *Herodotus in Four Volumes*, Vol. II, with an English translation by A. D. Godley, London: William Heinemann Ltd., New York: G. P. Putnam's Sons, 1921, p. 212.

作为西方的历史之父，希罗多德的文笔却也充满了神奇怪诞的内容，他在这里提及的独目人阿里玛斯普居于北面的伊塞顿人和护黄金的狮鹫之间。这个借助希腊文记载下来的斯基泰语族名后来传入拉丁文 Arimaspus 及其复数形式 Arimaspī，现代为英语 Arimaspi 及其形容词形式 Arimaspian 所继承。

希罗多德《历史》4：27：1①：（γινώσκονται μὲν δὴ καὶ οὗτοι，τὸ δὲ ἀπὸ τούτων τὸ κατύπερθε Ἰσσηδόνες εἰσὶ οἱ λέγοντες μουνοφθάλμους ἀνθρώπους καὶ χρυσοφύλακας γρῦπας εἶναι: παρὰ δὲ τούτων Σκύθαι παραλαβόντες λέγουσι， παρὰ δὲ Σκυθέων ἡμεῖς οἱ ἄλλοι νενομίκαμεν καὶ ὀνομάζομεν αὐτοὺς σκυθιστὶ Ἀριμασπούς: ἄριμα γὰρ ἓν καλέουσι Σκύθαι， σποῦ ὀφθαλμόν）对此我们也了解，但关于其北面，从伊塞顿人处传来的讯息涉及独目人和看护黄金的狮鹫，这是斯基泰人说的，他们又听自独目人，我们根据斯基泰人而认为是真的，将这些民族以斯基泰语称为阿里玛斯普人，在斯基泰语中“阿里玛”是独一，而“斯普”为眼睛。

希腊文记录斯基泰语（Αριμασπος）Arimaspos 及其复数形式（**Αριμσασποι**）Arimaspoi “阿里玛斯普人”，在希罗多德笔下就已用斯基泰语作出了语源解释：（ἄριμα）árima “独一” +（σποῦ）spoû “眼睛”。

埃斯库罗斯《被俘的普罗米修斯》803—806②：（ἄλλην δ’ ἄκουσον δυσχερῆ θεωρίαν：/ ὀξυστόμους γὰρ Ζηνὸς ἀκραγεῖς κύνας / γρῦπας φύλαξαι， τόν τε μουνῶπα στρατὸν / Ἀριμασπὸν ἱπποβάμον’，οἳ χρυσόρρυτον / οἰκοῦσιν ἀμφὶ νᾶμα Πλούτωνος πόρου）请听另一种

---

① Herodotus, *Herodotus in Four Volumes*, Vol. II, with an English translation by A. D. Godley, London: William Heinemann Ltd., New York: G. P. Putnam’s Sons, 1921, p. 226.

② Aeschylus, *Aeschylus in Two Volumes*, Vol. I, with an English translation by Herbert Weir Smyth, London: William Heinemann Ltd., New York: G. P. Putnam’s Sons, 1926, p. 288. 汉译文引自罗念生《罗念生全集》第2卷《埃斯库罗斯悲剧三种·索福克勒悲剧四种》，上海人民出版社2004年版，第118页。

可怕的景象。你要防备宙斯不叫唤的尖嘴狗格律普斯，防备那些独眼人，骑马的阿里马斯波斯，他们住在普路同冲出沙金的河流旁边。

在希腊悲剧之父埃斯库罗斯的笔下，阿里玛斯普独目人以骑马为其显著特征，故而现代的研究认为希罗多德对该族名的语源解释仅仅是一种流俗词源，而真正的语源可能归结于斯基泰语 * ariama “爱” + * aspa “马”——前者源出原始印欧语词根 * hırem- “休息”，同源词参考梵文（रमते）rámate “平息、享用、欢爱”、希腊文（ἔρᾰμαι）éramai “爱欲”、立陶宛语 rimti “平息”、哥特文（𐍂𐌹𐌼𐌹𐍃）rimis “安静”等[1]；后者源出原始印度—伊朗语词根 * Háĉwas，同源词参考吕西亚文（𐊁𐊖𐊂𐊁）esbe、梵文（अश्व）ásva 入借胡里特文（𒀸𒋗𒉿）aš-šu-wa、阿卡德文（𒀸𒉺𒀀）as-pa-ᵓ 借自古波斯文记录米底语（𐎠𐎿𐎱）aspa- = * áspǝ h > * asp、阿维斯塔文（𐬀𐬯𐬞𐬀）aspa、大夏文（ασπο）aspo = * asp、中古波斯文（𐭮𐭥𐭮𐭩𐭠）SWSYA = * asp 等。[2]

此外，另有一个斯基泰部落名见诸希腊文（’´Αριμοι）Árimoi。荷马《伊利亚特》2：780 － 785[3]：（οἳ δ’ ἄρ’ ἴσαν ὡς εἴ τε πυρὶ χθὼν πᾶσα νέμοιτο: / γαῖα δ’ ὑπεστενάχιζε Διὶ ὣς τερπικεραύνῳ / χωομένῳ ὅτε τ’ ἀμφὶ Τυφωέϊ γαῖαν ἱμάσσῃ / εἰν Ἀρίμοις, ὅθι φασὶ Τυφωέος ἔμμεναι εὐνάς: / ὣς ἄρα τῶν ὑπὸ ποσσὶ μέγα στεναχίζετο γαῖα / ἐρχομένων:

---

① 参见 Donald Ringe, *From Proto-Indo-European to Proto-Germanic*, Oxford：Oxford University Press, 2006。

② 参见 Manfred Mayrhofer, *Etymologisches Wörterbuch des Altindoarischen*, Heidelberg：Carl Winter Universitätsverlag, 1992 – 2001, pp. 139 – 140；В. С. Расторгуева & Д. И. Едельман, *Этимологический словарь иранских языков*, Москва：Восточная Литература, 2000, pp. 243 – 246；S. L. Nikolayev & S. A. Starostin, *A North Caucasian Etymological Dictionary*, Moscow：Asterisk Publishers, 1994。

③ Homer, *The Iliad*, Vol. I, with an English translation by A. T. Murray, London：William Heinemann Ltd., New York：G. P. Putnam’s Sons, 1924, p. 108. 汉译文引自罗念生《罗念生全集》第 5 卷《荷马史诗〈伊利亚特〉》，上海人民出版社 2004 年版，第 60 页。

μάλα δ' ὦκα διέπρησσον πεδίοιο）他们进军，整个土地就像着了火一样，／大地在脚下呻吟，就像在发怒的雷神／宙斯脚下一样，当他在阿里摩人的国境内／鞭打土地时，据说提福欧斯就睡在下面。／大地就是这样在军队进行时呻吟，／他们行军，很快就踏过特洛亚平原。

赫西俄德《神谱》304—305①：（ἣ δ' ἔρυτ' εἰν Ἀρίμοισιν ὑπὸ χθονὶ λυγρὴ Ἔχιδνα，／ἀθάνατος νύμφη καὶ ἀγήραος ἤματα πάντα）可怕的厄客德娜，这个长生不老的自然神女就守卫在阿里玛的地下。

在今土耳其西部地区，原属古波斯帝国的卡帕多西亚行省范围内，曾有古波斯的父子两代总督，各自名为（Δατάμης）Datámēs和（Ἀριάμνης）Ariámnēs——这后一人名也是源出前述“爱”的词根②。既然人名（Ἀριάμνης）Ariámnēs可以自“爱”孳生，那么族名（Ἄριμοι）Árimoi自“爱”孳生也是顺理成章的。

实际上，至少在环黑海民族文化圈中，对马的态度非比寻常，故而以“爱马”为人命名就比较普遍。

古波斯帝国鼎盛的大流士时代，有一位波斯官员名叫（𐎠𐎿𐎱𐏂𐎴𐎠）a-s-p-c-n-a = ∗Aspacanāh，即由古波斯文（𐎠𐎿𐎱）aspa-“马”加上（𐏂𐎴𐏃）canah-“爱”而构成，该人名入借伊朗地区更为古老的埃兰文（[illegible]）áš-ba-za-na ≈（[illegible]）áš-ba-zí-na以及彼时近东地区国际通行的阿卡德文（[illegible]）as-pa-ši-ni ≈（[illegible]）a-sa-pa-ši-in，从而流传到阿拉伯半岛南端的纳巴泰文（[illegible]）ʾspsʾn以及帝国阿拉米文（אספשן）ʾspšn，乃

① Hesiod, *The Homeric Hymns and Homerica*, with an English Translation by Hugh G. Evelyn-White. Cambridge, MA.: Harvard University Press, London: William Heinemann Ltd. 1914, p. 100. 汉译文引自［古希腊］赫西俄德《工作与时日·神谱》，张竹明、蒋平译，商务印书馆1991年版，第36页。

② 参见William Smith ed., *A Dictionary of Greek Biography and Mythology*, London: John Murray, 1848。

至进入希腊文（Ἀσπαθίνης）Aspathínēs 和拉丁文 Aspathines[①]。

另外，广泛流传于现代欧洲语言中的人名 Philip“菲利普”，追根溯源可以联系至希腊文（Φίλιππος）Phílippos，亚历山大大帝的强悍父亲腓力二世也以该名享誉于世，该人名来自（φίλιππος）phílippos，是由（φιλέω）philéō“爱”加上（ἵππος）híppos“马”而合成的。而且，这一人名亦流传于不同阶段的伊朗语中：帕提亚文（𐭐𐭉𐭋𐭉𐭐𐭅𐭎）Filipōs、中古波斯文（𐭯𐭩𐭫𐭩𐭯𐭥𐭮）Firipōs、波斯文（فيليپ）filip，不绝如缕。

这样看来，可能最早源出伊朗语民族的独眼巨人神话母题，反映出来的实际上是骑马民族的曲折讯息。在前工业化时代，马匹的驯化和骑乘，其快速的机动性使得人类的移动和文明的迁徙速度大大提高，故而骑马民族之于其他民族的恐怖感也就显著加深。

不独于内亚出现了丰富多彩的独眼巨人神话传说，远迨先秦时代的汉籍也有类似的神话母题得以保留下来。

> 《山海经·大荒北经》：西北海之外，赤水之北，有章尾山。有神，人面蛇身而赤，直目正乘，其瞑乃晦，其视乃明，不食，不寝，不息，风雨是谒。是烛九阴，是谓烛龙。……有人一目，当面中生，一曰是威姓，少昊之子，食黍。[②]
>
> 《山海经·海内北经》：鬼国在贰负之尸北，为物人面而一目，一曰贰负神在其东，为物人面蛇身。[③]
>
> 《山海经·海外北经》：一目国在其东，一目中其面而居。一曰有手足。[④]

---

① 参见 Manfred Mayrhofer, *Die altiranischen Namen*, Vienna: Verlag der Österreichischen Akademie der Wissenschaften, 1979, § 15, p. 15。

② （晋）郭璞传，（清）郝懿行笺疏：《山海经笺疏》，齐鲁书社 2010 年版，第 5017—5018 页。

③ （晋）郭璞传，（清）郝懿行笺疏：《山海经笺疏》，第 4944 页。

④ （晋）郭璞传，（清）郝懿行笺疏：《山海经笺疏》，第 4907 页。

这样的一目（直目）神话都记载于《山海经》的诸种《北经》之中（海内、海外、大荒北经），这可能与其最早流传于生活在现今中国版图对应的大西北古代内亚民族神话有关。从商周时期的鬼方，到西周时期的猃狁，再到秦汉时期的匈奴，其族群并未改变，而仅仅是族称的变更，或许正是所谓鬼（威）国的一目国。

从汉字古音视角审视，鬼（白一平—沙加尔上古拟音）＊＊k-ʔuj？≈（郑张尚芳上古拟音）＊＊kul？≥（中古音转写）＊kʉiˣ、威（白一平—沙加尔上古拟音）＊＊ʔuj≈（郑张尚芳上古拟音）＊＊qul≥（中古音转写）＊ʔʉi，二者皆可辗转归结于原始汉藏语词根＊s/m-kwar“回、还”，参考藏文动词（འཁོར）vkhor 及其过去式词干（སྐོར）skor“回、还”。①

> 《淮南子·地形训》：八殥之外，而有八纮，亦方千里，自东北方曰和丘，曰荒土……西北方曰一目，曰沙所……凡八纮之气，是出寒暑，以合八正，必以风雨。②

上古时代汉籍记载的一目形象，显而易见都是源出中原地区的西北方向，而这个西北方向位居内亚且深达伊朗，其间的独眼巨人母题全无干系显然是说不过去的。

至于骑马民族被视若独目形象的缘由，似乎可以跟内亚民族中广泛存在的剺面习俗关系匪浅。古代匈奴、鲜卑、回鹘等内亚民族遭遇大忧大丧，则以刀划面表示忠诚悲戚。

> 《东观汉记·耿秉传》：南单于举国发丧，剺面流血。③

---

① 参见薛才德《汉语藏语同源字研究——语义比较法的证明》，上海大学出版社2001年版；Feng Wang，“On Initial Correspondences of Sino-Tibetan Related Words”，*Language and Linguistics*，Vol. 8，No. 3，2007，pp. 821－834。

② 刘文典：《淮南鸿烈集解》，冯易、乔华点校，中华书局2013年版，第138页。

③ （汉）刘珍等撰，吴树平校注：《东观汉记校注》，中华书局2008年版，第361页。

> 《魏书·孝文五王传·清河王怿传》：夷人在京及归，闻怿之丧，为之劈面者数百人。[①]

这种以刀割开面部皮肤、流出血液的形象，在外族人看来显得面目狰狞，从而辗转产生“一目”意象的过程，加上对于骑马民族高速机动的恐惧感，或许就是内陆欧亚地区独眼巨人母题形象得以形成的根本因素。

关于独眼巨人在部分阿尔泰语言中的山神称谓，绍尔语记作（падыкан）padykan≈（мадыкан）madykan“山神”，吉尔吉斯语记作（Мадыкан）Madykan =（Пакел дөө）Pakel döö ≈（Макел дөө）Makel döö“《玛纳斯》中的独眼巨人”[②]，而苏联时代编纂出版的著名两卷本《吉俄词典》则记作（Мадыган）Madygan 并注释为“神话中独眼巨人之名（миф. Мадыган（имя одноглазого великана））”[③]。

注意到伊朗吉尔吉斯语的南部方言另有（мадышек）madyşek“驴”一词，由（мады）mady 一词加上（эшек）eşek 复合而成[④]，由于后者乃是源出原始突厥语 * elgek“家驴”（Equus africanus asinus）的固有词根[⑤]，再行参考吉尔吉斯语词（мадыл）ma-

---

① （北魏）魏收：《魏书》卷二十二，中华书局 1974 年版，第 592 页。

② 陈岗龙：《论蒙古族的独眼巨人故事》，《西北民族研究》1996 年第 1 期。其间（Накел）Nakel 应当修正为（Пакел）Pakel，盖因基里尔字母的（П）P 跟拉丁字母的 n 颇为形似，容易混淆；而在阿尔泰语中 m—n 的音变远较 m—p 的音变来得稀罕。

③ К. К. Юдахин（гроф.），*Киргизско-русский словарь*，2 Книга Л – Я，Фрунзе：Главная редакция киргизской советской энсиклопедии，1985，п. 9.

④ 参见 К. К. Юдахин（гроф.），*Киргизско-русский словарь*，2 Книга Л – Я，Фрунзе：Главная редакция киргизской советской энсиклопедии，1985，п. 9、10。

⑤ 参见 Sergei Starostin，Anna Dybo & Oleg Mudrak（comps.），*Etymological Dictionary of the Altaic Languages*，Leiden：Brill，2003，p. 503。参考其同源词——喀喇汗文（اشكك）eşgek、奥斯曼文（اشك）eşek、阿塞拜疆语（ايششك ≈ ешшәк）eşşə k、巴什基尔语（ишәк）išäk、哈萨克语（ەسەك≈есек）esek、楚瓦什语（ашак）ašak、土库曼语 eşek、乌兹别克语 eshak，乃至入借俄语的（ишак）išak、塞尔维亚克罗地亚语（ешек）ešek、西西里意大利方言 sceccu 等语汇。

dyl“野猫”①，可以推知吉尔吉斯语词根（мады）mady 或为“荒野”之义②。

与之同源的表述，还有蒙文（ᠮᠠᠨᠠᠬᠠᠨ ᠲᠩᠷᠢ）manaqan tngri“（民间传说中的）狩猎神”以及喀尔喀蒙语（Манаахан）Manaahan ≈（Маныхан）Manyhan“猎神”等蒙古语族语汇。

上述山神的核心词根，跟突厥语族和蒙古语族中指称“前额”的语汇甚为音近：参考突厥语族的巴什基尔语（маң лай）mañlay ≈（маң дай）mañday、哈萨克语（маң дай）mañday、吉尔吉斯语（маң дай）mañday、乌兹别克语 manglay、土库曼语 maňlay、维文（ماڭلاي）manglay、蒙古语族的卡尔梅克蒙语（маң на）mañna、蒙文（ᠮᠠᠩᠨᠠᠢ）mangnai 以及喀尔喀蒙语（магнай）magnaj、蒙文（ᠮᠠᠩᠯᠠᠢ）manglai 以及喀尔喀蒙语（манлай）manlaj。

这一系列语汇的进一步孳生，就是突厥语族的鞑靼语（ма н гай）ma н gay“前额”以及蒙古语族的蒙文（ᠮᠠᠩᠨᠠᠢ）mangnai“额头、天头”，衍生出（ᠮᠠᠩᠭᠠᠷ）mangγar“头脑简单”和（ᠮᠠᠩᠭᠤᠳ）mangγud（书面语）≈（ᠮᠠᠩᠭᠤᠰ）mangγus“（神话故事中的）魔鬼”③音译即蟒古思，蒙文神话传说中的反派形象（ᠮᠠᠩᠭᠤᠰ ᠤᠨ ᠬᠠᠭᠠᠨ）mangγus-un qaγan“（神话故事中的）魔王”，乃至（ᠮᠠᠩᠭᠤᠰ ᠤᠨ ᠦᠯᠢᠭᠡᠷ）mangγus-un üliger“科尔沁史诗（蟒古思之故事）”其实都可以归结于词根“额头”，亦即蟒古思形象脱胎于独眼巨人母题。而其

① К. К. Юдахин（гроф.），*Киргизско-русский словарь*，2 Книга Л – Я，Фрунзе：Главная редакция киргизской советской энсиклопедии，1985，п. 9. 其同源词包括回鹘文（m’nw）manu“野猫”、蒙文（ᠮᠠᠨᠤᠤᠯ）manuul“兔狲”、喀尔喀蒙语（мануул）manuul ≈（малар）malar“兔狲”、卡尔梅克蒙语（манл）manl“兔狲”、达斡尔语 manuu“野猫”等。

② 亦可参见吉尔吉斯语汇（бадирек）badirek ≈（бадылек）badylek ≈（бадырек）badyrek“粗鲁、流氓”，参见 К. К. Юдахин，（гроф.），*Киргизско-русский словарь*，1 Книга А – К，Фрунзе：Главная редакция киргизской советской энсиклопедии，1985，п. 92 – 93。

③ 参见内蒙古大学蒙古学研究院蒙古语文研究所《蒙汉词典》，内蒙古大学出版社 1999 年版，第 803 页。

妻毛兀思之称谓（ᠮᠠᠭᠤᠰ ᠡᠮᠡᠭᠡᠨ）maγus emeken“（神话故事中的）妖婆”①，也是蟒古思这一术语的变形。

由此可见，以突厥和蒙古语族为代表的阿尔泰语民族中独眼巨人的诸种称谓，大多直接刻画“额上一目”形象，其中的身体部位名称“前额”遂成为独目人意象的关键词，从而音近混同于由词根“荒野”派生出来的山神称谓，使得独眼巨人有时冠以山神的名号；而独眼巨人这一神话母题最终可以归结于内陆欧亚核心位置中伊朗语民族的杜撰，是内亚民族剺面习俗在文学传说中的曲折表现，也深刻反映了先行驯马并驱驰的印欧语民族纵横亚欧大陆的强悍特征。而突厥语中妖怪核心词的伊朗语源以及蒙古语中反派角色的称谓变形，亦是独眼巨人称谓源自伊朗文化圈、流传于阿尔泰文化圈的一种典型繁衍表现。

---

① 参见内蒙古大学蒙古学研究院蒙古语文研究所《蒙汉词典》，内蒙古大学出版社1999年版，第806页。亦有认为该称谓中的（ᠮᠠᠭᠤᠰ）maγus一词源出帝国阿拉米文（𐡌𐡂𐡅𐡔）mgwšʾ，最终借自古波斯文（𐎶𐎦𐎢𐏁）maguš“祭司”源出古波斯文记录米底语（𐎶𐎦𐎢𐏁）Maguš“祭司、巫师、米底部落”的，但因直接接触因素不见、中介语言环节难觅等因素，故暂不采纳这一见解。

一个天主教文化史学家眼中的犹太文化

林　婧

摘　要：天主教历史学家克里斯托弗·道森是20世纪重要的文化哲学家、历史哲学家和文化史学家，写过许多关于宗教、文化和历史的著作。对道森而言，基督教文化是西方文明的基础之一，也是世界历史的动力之一。在他的作品中，可以清楚地看到一名信仰坚定的思想者如何努力地去平衡革新与信仰的关系：一方面积极应对不断变化的社会，一方面牢牢地守住个人传统。本文基于道森晚年发表的关于犹太文化的演讲稿，分析他如何将自己对于宗教文化的观点扩展到基督宗教世界以外更为广泛的文化和历史语境当中，一窥道森的方法论和历史观。文化与宗教、传统与现代、变革与传统之间充满着张力，对每个时代和社会都是挑战，道森的思想和方法可能为我们今天思考和理解犹太文化史提供一条思路，也为我们清楚地认识自身所处的时代环境带来启发。

关键词：克里斯托弗·道森；犹太；宗教文化

作者简介：林婧，北京大学哲学系2018级博士研究生、北京外国语大学亚洲学院讲师（北京100089）。

1889年，克里斯托弗·道森（Christopher Dawson，1889—1970）生于英国，其父曾任布雷肯的副主教，因而他从小就生活在浓厚的基督教氛围中。在牛津大学三一学院完成大学学业后，道森曾去瑞典学习经济，但不久就返回三一学院学习历史学与社会学。后来道森读了恩斯特·特罗伊奇（Ernst Troeltsch，1865—1923）探讨宗教与文化问题的著作，深受吸引，便将自己的学术研究也转到了这一领域。道森的研究领域虽然十分广泛，但他的主要兴趣却在文化哲学，尤其是在宗教信仰与文化变迁的关系方面。道森一生写过20多本著作，阐述宗教、历史与文化的关系，其中主要著作有《神祇时代》（1928）、《进步与宗教》（1929）、《基督教与新时代》（1931）、《中世纪宗教》（1934）、《宗教与现代国家》（1935）、《宗教与西方文化的兴起》（1950）、《理解欧洲》（1952）、《中世纪论文集》（1953）和《世界历史的动力》（1958）等。

道森思想的独特之处在于他对宗教与文化关系的认识，他认为宗教是理解文化的关键，在文化的形成中起着重大作用，“甚至连一种注重来世、看似全盘否定人类社会的价值与标准的宗教，也会对文化产生能动作用，并为社会变革运动中提供动力”①。他推崇英国历史学家阿克顿的名言“宗教是历史的钥匙”，试图通过探究宗教与文化的深层联系把传统史学引向更为全面的文化研究视野。

在以往对于道森思想的讨论中，他的天主教背景和相对“保守”的观念曾被人诟病，批评者认为道森在其经典著作中提出只有天主教能够使西方文明摆脱困境，是他的历史观为神学观念所局限的表现。不可否认，道森思想的形成过程的确借鉴了传统天主教神学观念，他承认受到奥古斯丁著作的很大影响，尤其继承了奥古斯丁的历史研究方法：“圣奥古斯丁的思想对基督教历史

---

① ［英］克里斯托弗·道森：《宗教与西方文化的兴起》（Christopher Dawson, *Religion and the Rise of Western Culture*, Image Books, 1958），长川某译，四川人民出版社1989年版，第14—15页。

观的发展和整个西方史学传统的影响是无可比拟的。”[①] 他称赞奥古斯丁将历史的概念定义为一个线性的、动态的过程，以实现上帝的天意为终止，而人的尊严是这一过程的核心。在道森看来，奥古斯丁的宗教观是一种“精神体验的哲学”，是“西方神秘主义的根源”。[②] 正是由于看到与奥古斯丁历史研究方法中的相似性，道森的批评者们断言他的世界观“本质上是奥古斯丁式的”[③]。

然而，如果研读道森更多的作品，便可领略他的眼界不止于此。道森对于早期神学并非全盘继承，对奥古斯丁和托马斯主义者的追随者也并非全无批评。他一方面能够看到自己所处的时代与更早的时代存在相似之处，另一方面又对每个时代的变化都很敏感，强调以古论今的局限性，对于基督宗教世界之外的社会文化背景亦有细致思考。这种敏感尤其体现在他较晚期的文字当中。例如，他认为当时的托马斯主义者过于关注形而上学，而对社会理论的关注不够，还曾告诫同时代的学者们在借鉴奥古斯丁和托马斯·阿奎那的原则时，应该以新的方式加以表达，以适应截然不同的文化环境。[④]

具体到对待犹太人的问题上，道森的观点显然与奥古斯丁式的传统天主教犹太观有着很大分歧。奥古斯丁对犹太人的看法主要来自《圣经》，也继承了拉丁教父们的态度，认为基督教和犹太教的关系是“新”与“旧”的对立，犹太人是杀害耶稣基督的凶手，甚至称犹太人为“撒旦之子”[⑤]。以往的基督教神学中存在着以

---

① Christopher Dawson, “The Christian View of History”, *Blackfriars*, Vol. 32, No. 376 – 7, 1951.

② Christopher Dawson, *The Making of Europe*, London: Sheed & Ward, 1932, p. 63.

③ Adam Schwartz, *The Third Spring: G. K. Chesterton, Graham Greene, Christopher Dawson, and David Jones*, Washington: Catholic University of America Press, 2005, p. 245.

④ 参见 Christopher Dawson 与 John J. Mulloy、Dom Bede Griffiths 的通信（Dawson to John J. Mulloy, 30 July 1954, Dawson to Dom Bede Griffiths, 24 August 1957, *Dawson Correspondence.*），转引自 Adam Schwartz, *The Third Spring: G. K. Chesterton, Graham Greene, Christopher Dawson, and David Jones*, p. 247。

⑤ 周伟驰：《作为基督见证者的犹太人——奥古斯丁的犹太观》，载傅有德主编《犹太研究》第 3 辑，山东大学犹太教与宗教研究中心 2004 年版。

“取代论”为中心的圣经观念，奥古斯丁在教父的犹太观基础上还发展出了“见证人”理论，即犹太人不识基督，犯下大罪，但《圣经》并不主张消灭他们，而要让他们流亡各地，这样犹太人才会看到《旧约》中的预言在耶稣身上实现了，见证基督和《新约》。“见证人”理论既强调保存犹太人，又强调要让他们谦卑，广泛地影响了后世的法律和神学思想。直到（第二届梵蒂冈大公会议，本文简称梵二会议）后，天主教官方发布《我们的时代》宣言，提出改善与犹太教的关系，加强宗教间真诚友好对话，鼓励学者和教育工作者关注和研究犹太问题，天主教神学才开始倾向于强调奥古斯丁犹太观中积极的一面。而道森在看待犹太文化时则摒弃了带有传统基督神学优越感的“取代论”和“见证人”理论，并不执着于圣经时代犹太人的角色，体现出开放的心态和渊博的学识，承认犹太教的历史意义，对犹太人的遭遇充满同情，甚至为他们的使命赋予了希望。本文基于道森晚年发表的演讲稿[①]，分析他如何将自己关于宗教哲学文化的观点扩展到犹太历史的语境当中，一窥道森的方法论和文化史学观。

一　犹太文化研究的重要性和特殊性

1959 年，道森在美国第一所由犹太人创立的大学布兰迪斯大学（Brandeis University）发表演讲，阐述他对犹太历史的看法。

演讲开篇，道森先以一首诗歌做引，提出了犹太文化的重要性和特殊性。

> 任何一个像我这样致力于研究文明史或西方文化的人，如果不了解犹太人的重要性，就不可能做得深入。然而，在我们开始理解犹太历史的意义之前，我们还有很长的路要走。我们

---

① 参见 Christopher Dawson,“On Jewish History”, *Orbis*, Winter 1967, pp. 1247 - 1256。

习惯于研究人类和文化的历史，因为巨大的实体在时间和空间中持续存在着。它们出现，又消失，当它们重新出现时就会换一个不同的名字，变成一种新的意识和文化传统。正如英国诗人威廉·布莱克（Wiliam Blake）①写的那样：

城市，王位，权力
伫立在时间的眼里，
不过如花期
一日便消逝。
但当新芽萌出
去迎接新人，
无人问津的废土上，
城市再次崛起。

但犹太人的历史却并非如此。犹太人总是存在着，但又从来不是在完全意义上地存在着。我的意思是，与阿拉伯文化、波斯文化或中国文化不同的是，在任何时候（至少在过去的1900年里），都没有一个完全由犹太文化主导的社会环境。历史上有过一系列不连续的犹太文化，每一种文化都产生了丰富的知识成果，但没有一种是独立的社会和政治整体。②

道森敏锐地指出，对犹太文化的研究还不够充分，并不是由于缺乏材料，或者缺少犹太历史学家，而是因为历史学家们过于倾向模仿19世纪的历史民族主义模式，将犹太人的历史写成像普通的现代民族国家一样的政治和领土单位，但是这样写违背了向来使以色列与“国家”分离和对立的真正犹太传统。

实际上，道森在《宗教与西方文化的兴起》一书当中就对史学家的研究方法产生过质疑，他认为西方宗教和文化的研究遇到的困

① 道森引用的诗歌为英国鲁德亚德·吉卜林（Joseph Rudyard Kipling，1865—1936）的《城市、王位与权力》，但在讲稿中他误认为此诗为威廉·布莱克（Wiliam. Blake）所作。

② Christopher Dawson，“On Jewish History”，*Orbis*，Winter 1967，p. 1247.

难不是因为资料太少而是过多，导致不断专业化细分与割裂，使得学者无法全面把握宗教与文化的关系问题。而在社会方面，专家越来越成为意识形态的咨询工具，可能导致在研究中丧失精神自由。①

在对待犹太研究的问题上，道森清醒地认识到犹太人的历史是与世界历史联系在一起的，而不属于任何单一的政治或领土单位。犹太人保持民族传统延续不仅事关其民族自身，且在历史上的每一个时代都肩负着与世界局势紧密相关的特定使命。将犹太历史与文化等同于某个地方史或某种民族志来加以研究，显然无法窥其全貌。他主张将历史置于其自身发展过程与背景中加以考察，尤其犹太历史本为一个独立的整体，它不是某个事物的先导或后继，也不是某种文化的衍生和附庸。

在道森看来，犹太人的历史，与一切其他历史迥然不同，应涉及两种不同的探究。首先，必须把四五种犹太文化或文化时代作为不同的实体来研究，试图在不参考外部标准的情况下，以它们各自的标准和价值来理解它们。其次，需要对它们进行整体比较，从而发现它们在多大程度上遵循着一个共同的发展模式或线路，以及它们如何彼此相关。

> 当然，第一个任务相对简单一些，但研究的趋势一直是跟随着世俗国家的传统史学，例如研究罗马帝国的犹太人历史，或是在罗斯帝国的犹太人历史，要么是某个特定历史时期的犹太人状况，而并不是以文化形态作为划分标准。第二项研究要困难得多，我怀疑还没有人充分细致地去做这种比较工作，有的只是一些百科全书式的铺陈。②

随着近几十年犹太研究的不断深入，已有多部引入比较视野的犹太史作品呈现在我们面前，弥补了道森意识到的研究缺陷。例如

---

① 参见［英］克里斯托弗·道森《宗教与西方文化的兴起》，长川某译，成都：四川人民出版社1989年版，第4页。

② Christopher Dawson, "On Jewish History", *Orbis*, Winter 1967, p. 1248.

社会学家艾森斯塔特的《犹太文明：比较视野下的犹太历史》，就是以文明史的定义来解释犹太历史，从比较社会学的视角考察犹太文明模式从古至今的变迁，揭示文明间交往、碰撞与融合对犹太文明发展产生的影响。①

二　犹太语言与边界文化

接下来，道森在演讲中提出了犹太语言与文化关系的独特理论，并在后面的论述中加以详细分析。

> 对于文化研究而言，关键因素不是政治因素，而是语言因素。只有遵循语言学线索，我们才能追溯犹太文化连续时期的真正发展路线。②

这个分析视角在现今看来都可谓独树一帜，除历史语言学家之外鲜有犹太研究学者对此研精钩深。讲稿正文的第一部分，道森根据语言学的标准将历史上繁盛的犹太文化划分为四个时期。

> 第一，希腊化的犹太教，七十子译本圣经、斐洛和托勒密世界的文化。第二，东阿拉姆语犹太教，巴比伦和塔木德的文化。第三，中世纪西班牙的犹太文化，这是一种阿拉伯语和西班牙语并存的文化，经由这种文化，希腊和阿拉伯的科学和哲学渗透到了中世纪的欧洲。第四，16、17 世纪东欧的犹太文化，虽然在语言上使用的是德语或意第绪语，但其中心在波兰和立陶宛，并在近代向东、向南传播到俄罗斯和罗马尼亚。
>
> 尤其最后一个犹太文化时代，非犹太世界最不熟悉。一些

① 参见［以色列］S. N. 艾森斯塔特《犹太文明：比较视野下的犹太历史》，胡浩等译，中信出版社 2019 年版。

② Christopher Dawson, "On Jewish History", *Orbis*, Winter 1967, p. 1249.

> 伟大的通史类合写著作，如《剑桥近代史》，几乎没有提及这一段的犹太文化。然而，无论是对犹太人自身，还是对整个现代世界，这段历史都具有长久的重要性。它的影响一直延续到今天，因为它是现代美国犹太文化的主要来源。
>
> 在比较这四种文化时，我们会发现它们有许多共同的社会学特征，尤其后三个阶段，对此道森提出了“边界文化”的概念。
>
> 边界文化，是在两种不同文明的边界中成长起来的，并充当着它们之间的中介。巴比伦的犹太教在波斯帝国和罗马帝国之间的边界发展起来，西班牙的犹太教在基督教和伊斯兰教之间的边界发展起来，而东欧的犹太教则是在西方和东方基督宗教之间的边界发展起来——在波兰和俄罗斯之间。①

每一种情形下，敌对文明之间都存在着差距，当整体局势业已稳定，而敌对文明获得了不确定的力量平衡时，犹太文化发展得最为繁荣。但是，一旦这种平衡被严重打破，其中一个竞争对手获得了永久的优势，犹太文化就往往与被打败的文明落得同样的下场。

与相当一部分爱为犹太人遭受的排挤打抱不平的史学家不同，道森似乎是以一种乐观积极的眼光看待犹太文化的中介地位。犹太文化确实可能在相当长的一段时间里得以生存，甚至绵延几个世纪，但前提是它必须接受文化和社会地位低下的现实。然而，即使处在这样的不利条件下，犹太文明也产生了卓越的智力和精神成果。最重要的是，在这些受到压制的时期当中，犹太文化从以往的中心传播到了犹太人流散的其他省份和地区，例如在 16、17 世纪西班牙犹太文化扩张到了荷兰，并在同一时期向东回归，到达了土耳其帝国。

因此，一开始，西班牙的犹太文化是阿拉伯科学文化传入西欧的重要媒介，而最终又成了西方文化传入土耳其、地中海文化传入北欧的渠道。

---

① Christopher Dawson, “On Jewish History”, *Orbis*, Winter 1967, p. 1250.

接下来，道森着重探讨了犹太文化中的多语性，认为犹太人卓越的语言技能助力造就了中世纪犹太文化的“黄金时代”。

所有伟大的犹太文化时代都有一个最显著的特征，就是其多语性。历史上有很多双语文化——事实上，世界上大多数伟大的文化都是双语的。但我谈的这些犹太文化使用三种语言来表述，这是不寻常的，可能也是独一无二的。在希腊化的世界里，他们使用的语言有希伯来语、阿拉姆语和希腊语；在美索不达米亚，他们使用希伯来语、阿拉姆语，受到穆斯林征服后，又使用阿拉伯语；在西班牙，使用希伯来语、阿拉伯语和西班牙语；在东欧，希伯来语、德语（或者更确切地说是意第绪语）和波兰语。

每一种情况下，他们的经典语言，即神圣语言，都是一样的，那就是希伯来语。在之后不同的犹太文化阶段中，希伯来语的地位相当于印度的梵语、伊斯兰教的经典阿拉伯语和西方基督教世界的拉丁语。但除希伯来语外，犹太人使用的其他两种语言的地位有些不寻常。

它们可能被视为异族方言，就像 11 世纪伊本·盖比鲁勒（Ibn Gabirol）[①] 谴责萨拉戈萨（Saragosa）的犹太人，称他们一半说的是以东语（即西班牙语），另一半说着晦涩难懂的基达语（即阿拉伯语）。但随着时间的推移，其中一种语言可能会被接受为半民族语言，在神圣的希伯来语和外部世界的语言之间占据一个中间位置，因此我们有了三种语言等级。阿拉姆

---

① 西班牙伊本·盖比鲁勒，全名所罗门·本·耶胡达·伊本·盖比鲁勒（Shelomo ben Yehuda ibn Gabirol，约 1021 年—约 1058 年），11 世纪安达卢斯犹太学者，出生于马拉加（Malaga），曾在萨拉戈萨（Saragosa）接受高等教育。他是一位重要的新柏拉图主义哲学家，被誉为西班牙第一位哲学家，其代表作《生命泉》对犹太教神秘主义喀巴拉派和基督教的经院哲学产生较大影响。同时，他还创作了极其丰富的诗作，代表了当时希伯来宗教诗和世俗诗的顶峰。参看 *Vulture in a Cage*：*Poems by Solomon Ibn Gabirol*, trans. Raymond Scheindlin, New York：Archipelago Books, 2016。

> 语就是一个例子，它是通过塔库姆①译注引入仪典本身当中，其结果是“译员”，即所谓的“迈图尔格曼”②，成了犹太教堂里一个固定的职务。
>
> 同样的，西班牙语成为南部塞法迪犹太人的语言，德语成为北部阿什肯纳兹犹太人的语言，尽管这两种语言都没有像阿拉姆语那样被完全地同化，但它们都处于神圣语言和方言之间的中间位置。但准确地说，这些中间语言才是犹太人真正的方言（是摇篮里的和家里的语言），介于希伯来语（学校和犹太教堂的语言）和第三种语言（街道和乡村的语言）之间。③

作为中世纪文化史的研究专家，道森非常看重犹太语言在中世纪文化传承和传播过程当中的作用。他认为犹太人熟练掌握的三重语言关系使他们理所当然地成了译者，介于他所接触的两种外来文化之间的“迈图尔格曼”或“德拉格曼”④。犹太教育向来非常重视密集的语言学研究，尤其是在西班牙时期，这为发展奠定了基础。在大部分的人口都是文盲的时代，犹太人以一种“超强的读写能力”享有了独特的地位，他们不仅掌握了许多的语言，还能读懂各种不同的文本，理解不同的文学和哲学传统。

犹太文化作为两个文明之间的传输通道这一功能在 12 到 13 世纪的西班牙达到了顶峰。彼时犹太译者在阿拉伯科学哲学传统和希腊知识传入西方的过程当中充当着首要的中介，而像伊本·盖比鲁

---

① 塔库姆译本（或译“塔古姆”，英语：Targum）是《希伯来圣经》的阿拉姆语（Aramaic）意译本。“塔库姆”一词原意为“翻译、解释”。公元 1 世纪前后犹太人散居波斯各地时，阿拉姆语成为他们的通用语言，除了在学校里和崇拜的场合中，已经很少人使用希伯来语，因此在诵读希伯来语经卷时必须同时把经文翻译成阿拉姆语。这种口语意译经文虽是希伯来文圣经的意译而非精确的译本，却为理解古代犹太人的释经提供了丰富的资料。

② 迈图尔格曼，希伯来语 methurgeman 的音译，即希伯来语与阿拉姆语之间的“传译者”。

③ Christopher Dawson, “On Jewish History”, *Orbis*, Winter 1967, p. 1251.

④ 德拉格曼，闪语 dragoman 的音译，即通晓阿拉伯语、波斯语和土耳其语等中东语言的翻译员。

勒这样的犹太哲学家也被西方学术思想体系视为权威。西班牙犹太文化时代不仅以科学哲学见长，而是在许多不同领域都独树一帜，尤其在犹太宗教诗歌方面，可谓到达了一个黄金时代。

三　犹太文化与欧洲启蒙运动的相遇

在接下来的一段时间里，犹太文化的地位则有所变化。在东欧，犹太人在两个敌对文化之间获得了与前相似的社会地位，但他们无法以更高的文化水平来扮演译员和中介的角色，这是由于他们总是与当时落后的民族联系在一起——立陶宛人、白俄罗斯人和乌克兰人。因此，他们必须在还没有中产阶级文化的土地上履行中产阶级的职能。这直接导致了犹太人历史上最大的灾难之一。作为波兰、立陶宛地主和乌克兰、白俄罗斯农民之间的中间人，犹太人成了 1648 年哥萨克暴力起义①的主要受害者。

1648—1658 年的大屠杀已经相当严重了，但强迫犹太人口向西和向南迁移到波兰和摩尔达维亚所造成的经济影响则对犹太社会产生了更大的破坏，当时波兰自身正经历一场严重的政治和经济危机。波兰和立陶宛犹太教延续了几个世纪，此时日渐贫困，虽不至于像 1492 年西班牙对犹太人的驱逐那样摧毁犹太文化在东欧的连续性，但从长远来看，因为在东部有更大规模的犹太人口，这种贫困状况可能造成范围更大、程度更深的苦难。事实上，波兰和立陶宛的犹太教仍然保留其社会自治权和独立的社会机构，这最终证明是弊大于利，因为现行的税制和摊款制度把自治机关变成了压迫的工具。

道森看到尽管边界文化这种传统模式在犹太历史上发挥了 2000 多年的重要作用，但长时期的持续萧条使人们产生了一种深深的沮丧和厌恶情绪。

---

① 哥萨克暴力起义，又称赫梅尔尼茨之乱，1648 年起发生在乌克兰的哥萨克。这次起义使得乌克兰从波兰独立，并根除了波兰贵族对乌克兰的统治。1385 年波兰立陶宛联盟建立，将立陶宛大公国南部地区并入波兰王国领地，当地贵族被波兰文化同化，与低下阶层不合，并引进了反宗教改革传教士，使用犹太租赁人来经营土地。

> 今天提到犹太人，我们的共识并不是来自15世纪的波兰、12世纪的西班牙或3世纪的美索不达米亚这些犹太文明最繁荣、最有创造力的时期，而是源于18世纪和19世纪早期东欧贫民区的生活。在那个时代，许多犹太人，也许是大多数，不再崇尚过去的知识型文化，转而寻求弥赛亚运动或神秘主义的理念。这个时期的代表人物不是学富五车的拉比，如明斯克的耶歇·哈佩林（Jehiel Halperim，1670—1746）或维尔纳的加昂（Gaon，1720—1797），而是一些富有个人魅力的领导者，如假弥赛亚沙巴太·泽维（Sabbatai Zevi，1626—1676）和雅各·弗兰克（Jacob Frank，1726—1791），或者是神秘主义教派哈西德派[①]的领导者，一些创造奇迹的“圣徒”[②]。[③]

到了这个阶段，似乎犹太文化开始走入歧途，但道森认为这条道路并不是犹太历史的归宿，而更像是一个时代终结和一种传统枯竭的标志。然而，革新的曙光已经出现。在18世纪，已经有迹象表明一种新的精神即将到来，到了19世纪，犹太社会和文化经历了深刻的变化。犹太人和非犹太人史上第一次在一个共同的文化体系中平等地相遇，那就是启蒙运动的文化。它在欧洲和美国都激发了政治、经济和哲学上的自由主义运动。

这些思想在正统犹太人看来无疑是诅咒，正如保守的基督教徒也无法接受这类革新。然而，犹太人难以漠视这一运动，它带来了解放的希望，使得废除隔离区（ghetto）及其一切限制性法律和习俗成为可能，并让所有的大学和专业向一切有才之士敞开。此外，

---

① 哈西德教派是犹太教正统派的一个分支，于1750年左右由东欧拉比巴阿尔·谢姆·托夫（Baal Shem Tov）创立，受犹太神秘主义影响很深。

② 圣徒（希伯来文：Tzaddi），词根原意为“正直、正义之人”。17世纪晚期，哈西德教派将宗教神秘主义与社会运动结合起来，宗教组织结构也有所创新，引入了“圣徒”这一宗教神职人员的概念，使之成为上帝和人之间的媒介。参见白玉广《犹太哈西德运动历史初探》，《世界宗教研究》2010年第4期。

③ Christopher Dawson，“On Jewish History”，*Orbis*，Winter 1967，p. 1252.

启蒙主义的信条中有一种弥赛亚理想主义的元素，正与犹太人的气质相投，并在一定程度上决定了犹太思想家和政治家在现代改革和维新运动中的地位。

四　犹太民族主义运动与犹太文化的新纪元

到了19世纪下半叶，民族主义力量增长，而自由主义的影响普遍下降。起初这两种运动是紧密相连的，意大利爱国主义者马志尼（Giuseppe Mazzini，1805—1872）就是一个例子。在德国，自由党是支持民族团结事业的首要力量。然而，在东欧和中欧，民族主义几乎不可避免地与当地的反犹太主义者结盟。德国民族自由主义者是现代反犹主义的鼻祖，而俄罗斯的亲斯拉夫民族主义者继承并强化了该国的传统反犹太主义——这构成了一个坚实的宗教偏见集团，几乎没有因启蒙运动而有所改观。

这些针对中东欧犹太人的民族主义和种族主义反应并没有削弱启蒙运动对犹太文化的影响；相反，这种影响在整个19世纪不断扩大，并在20世纪初达到顶峰：克劳德·蒙蒂菲奥里（Claude Montifiore，1858—1938）发起了自由主义犹太运动。但这些反应确实改变了犹太人的历史进程。它为东欧的犹太人大量逃往西方提供了动机。因此，大约1885年至1914年这一代人的时期，美国成了犹太人的主要聚居地之一，为新的英语犹太文化打下了基础。近五十年来，这种文化稳步发展壮大，并变得越发有影响力。

没有任何一个国家的犹太人像法国那样被彻底同化，种族和宗教偏见几乎被遗忘又突然复活，对思想界造成了巨大的冲击。诗人查尔斯·佩吉（Charles Peguy，1873—1974）就是重要的参与者。他将犹太民族主义运动领导者伯纳德·拉扎尔（Bernard Lazare，1865—1903）尊为以色列的先知之一。为纪念这位朋友，他写下了几页令人难忘的文字，并在其中描述了德雷福斯事件的后果。他写到对于世俗的历史学家来说，德雷福斯事件只是一件小事——一名军官因受到不公正的指控并最终被证明无罪，一个无辜的人获得了平反。然而，它却成了世界历史上的一个转折点。它标志着一场历时百年的休战结束，伴随着启蒙运动和解放时代的到来，一场新的“出埃及记”旋即启程，将以色列带回沙漠，最终带回应许之地。

道森认为，在很大程度上，引领这场精神大逃亡的人是启蒙运动和同化主义传统的代表人物：法国的伯纳德·拉扎尔、奥地利的马克斯·诺尔道（J. Max Nordau，1849—1923）、英国的以色列·赞格威尔（Israel Zangwill，1864—1926）和美国的布兰迪斯大法官。最重要的一个人是现代犹太复国主义运动的创始人西奥多·赫茨尔（Theodore Herzl，1860—1904）。赫茨尔接受的训练和所处的环境是同化主义文化的典型产物，他是一名思想自由的维也纳自由主义记者，作为《新自由报》驻巴黎的记者，在正常的工作中报道了德雷福斯案件。但德雷福斯案件之惊人改变了他的整个看法。

从那以后，赫茨尔把自己的一生都奉献给了建立犹太民族国家这项事业，他的领导能力非常强，很快就成功地建立了世界范围内的犹太复国主义运动。1897 年，第一届犹太复国主义代表大会在瑞士巴塞尔召开。道森在演讲中引用了赫茨尔的日记：

> 如果让我用一个词来概括巴塞尔会议，那就是：我在巴塞尔建立了犹太国家。如果我今天这样说，全世界都会笑我。或许在五年之内，最长在五十年之内，每个人都将看到犹太国家。从人们对于建国的意愿上讲，本质上这个国家已经建立了。①

从来没有一个政治改革家或革命家的预言如赫茨尔所言的这般被完全实现过。他自己民族内部的反对声音，来自正统犹太人和反对政治犹太复国主义者的异见，似乎足以让他失败。尽管他经历了

---

① Christopher Dawson, “On Jewish History”, *Orbis*, Winter 1967, p. 1254.

无数的失望，并于1904年英年早逝，他的计划和犹太政治民族主义理想最终还是通过现代以色列国的建立而实现了。1917年11月2日的《贝尔福宣言》使犹太人在巴勒斯坦建立民族家园成为可能，这是赫茨尔多方游说的直接结果。他团结了所有来自世界各地的知识分子型犹太人，为实现复国这一共同目标携手合作。

但是，犹太复国主义成功的关键因素是：在纳粹恐怖主义盛行的十二年中，一场毁灭性的灾难淹没了中欧和东欧的犹太文化，亟须用一种激进的、民族国家的方案来解决犹太问题。1948年以色列宣布成为主权国家，标志着犹太复国主义理想的全面实现，标志着犹太历史和世界政治新纪元的开始。这标志着兼具西班牙与东欧犹太历史特征的欧洲犹太文化时代就此结束，甚至标志着两千年来犹太文化在两种对立文明之间作为中介和桥梁的独特功能也就此告终。

> 诚然，以色列的新文化站在东西方两个世界的边界上。但它不再是他们之间的桥梁：它是一个为仇敌环伺的坚固堡垒，一个如800年前耶路撒冷基督教王国一般的十字军东征国家。①

自以色列建国以来中东持续不断的战火恰恰印证了道森的担忧。他敏锐地指出现代犹太世界是双轴心的，一个中心在以色列，另一个在美国，犹太民族主义未来的发展取决于这两个中心如何相互联系和融合。这是一个很困难的问题，因为犹太文化在启蒙时代表现出来的发散趋势并没有因为欧洲犹太教受到的暴力摧毁而被削弱。用纯粹的政治和民族主义的办法来解决犹太问题，这的确是犹太复国主义的核心思想，但这种思想即使在以色列也没有被完全接受。

---

① Christopher Dawson, "On Jewish History", *Orbis*, Winter 1967, p. 1255.

五　道森的宗教观与犹太观

不难发现，道森的写作背景与其所处的时代变革息息相关。他的作品大部分发表于20世纪20年代到30年代，其余的则集中发表于“二战”之后。道森身处两次世界大战之后世界格局巨变的旋涡，目睹了欧洲的地缘政治格局被打破。英国的汤因比、罗素和美国的卡尔·贝克尔等许多同时代的西方学者，都试图从哲学的立场去反思时代变革。而从宗教的维度切入社会问题的症结所在，则是道森一直强调的观点：

> 宗教与文化的问题，好比一张复杂而广泛的关系网，它把社会生活方式跟精神信念、价值观念联系起来了，这些精神信念和价值观念被视为社会生活的最高法则，以及个人和社会行为的最高准则；要想研究上述关系，只能从具体的背景入手，也就是如此种种关系所归属的整个历史实在。①

所谓的宗教，在道森看来，“并非一种抽象的意识形态，也不仅是一种古老的精神资源，而且是一种绵延历史的文化传统和潜移默化的文化习俗”②。在如何定义犹太教这一古老的文化传统上，他犀利地提出犹太教一直有三件未决之事：它是一种人还是一个民族？是一种文化还是一种生活方式？是一个世界宗教还是一种精神理想？任何试图把“犹太”与其中一个问题等同起来并把其他问题排除在外的尝试都必然导致被忽视的一方奋起反对和要求恢复。

在汤因比（Arnold. Toynbee）等许多历史学家看来，欧洲这个整体崩溃的主要原因可能是民族国家的竞争造成社会分裂，其根源

---

① ［英］克里斯托弗·道森：《宗教与西方文化的兴起》，长川某译，第12页。

② 张志刚：《宗教学是什么》，北京大学出版社2008年版，第137页。

可以追溯到资本主义秩序的贪婪本质。而对于道森而言，这仅仅是症状，而不是原因本身。他认为欧洲的不团结问题远比纠缠民族国家的影响更为深刻，核心矛盾是由于创造出欧洲局面的先前因素与现代社会和政治理想之间的裂痕所致，不能将历史简化为争取民族和经济自治的斗争，过分强调与国家利益相关的经济和政治问题。在这个问题上，道森有着一以贯之的思想观念，在看待犹太民族主义问题时体现得尤为鲜明：

> 即使在今天，即使在以色列这片小小的土地上，也有政治犹太复国主义、文化犹太复国主义和宗教犹太复国主义等不同流派分野共存。显然，如果把犹太复国主义设想成纯粹的民族主义和政治概念，那么犹太复国主义在以色列的胜利必将带来同化主义或自由主义犹太教在美国大行其道。
>
> 过去，欧洲宗教犹太教和文化犹太教的力量是帮助团结美国和以色列的共同因素。既然东欧的犹太教，连同其古老的文化传统和根深蒂固的宗教生活已经被摧毁，美国和以色列将不得不寻找一种更紧密、更直接的联盟方式。布兰迪斯法官谈起数年前的欧洲大灾难——我想是在 1915 年——建议可以完全沿美国其他各个族群的惯例来解决问题，因为美国犹太群体与未来要在巴勒斯坦建立的国家之间的关系将“与世界各地拥有别国国籍的人与其祖国的关系完全一样”。
>
> 但是，显然今天以色列与流散地的关系完全不同于葡萄牙与巴西，或独立的爱尔兰国与美国爱尔兰人之间的关系。无论我们怎么看待犹太复国主义，我们都无法否认，犹太人的历史超越了政治，犹太人仍然像过去一样肩负着世界使命。
>
> 在这一点上，像已故的亚舍·金斯伯格（Asher Ginsberg，1856—1927）等文化犹太复国主义者和东方犹太人①等宗教犹

---

① 东方犹太人，即米兹拉希（Mizrachi）犹太人，指原居于西亚北非等中东地区的犹太人后裔。

> 太复国主义者是一致的；即使是政治犹太复国主义者自己也不完全否认这一点。因为如果把犹太复国主义设想为纯粹的政治民族主义，显然它就不能再声称代表整个犹太传统，而只能成为一种新的、更复杂的同化主义。[①]

可以看到，道森的犹太观既非因循守旧，也非超尘出世，而是与社会现实紧密相连的，顺应了时代的变化。

演讲的最后，道森对犹太人在新时代的使命寄予厚望。他认为在迄今为止的犹太历史各个连续时期中，“现代以色列国”迅速掌握了犹太文化全球性使命的精髓，发挥了将几个世纪以来历经兴衰变迁成为不同形式的犹太文化统一起来的作用。新时代翻天覆地的变化使得现在这一代人可能不容易看到这项使命在未来有何种表现。但是，这项使命并没有随着以色列政治国家的建立而结束。无论如何，目标尚未实现，以色列和美国——或者美国犹太人——都必须为之作出自己的贡献。

这篇演讲稿于 1967 年发表于《奥比斯》（*Orbis*）杂志，此时道森的重要论著如《宗教与西方文化的兴起》和《世界历史的动力》等均已出版多年，并获得巨大的社会反响，他的思想观念业已成熟，他对于宗教历史和社会文化的洞见已形成体系。面对 20 世纪上半叶世界格局的巨变以及越来越严重的世俗化倾向，这位天主教历史学家借鉴社会学研究方法，从天主教的角度反思西方近代文明，系统论述了天主教对西方文明的意义。他的大部分作品强调传统价值观，在改革派看来过于保守，其思想被认为是梵二会议前天主教拒绝融入现实世界的例证。梵二会议之后，天主教官方立场开始走向开明，倡导宗教间的坦诚对话，然而这种转向不可能是横空出世的，战争带来的伤痛不断提醒学者们更多地关注当下，对社会和人性的反思酝酿出天主教内部的变革思潮，最终才实现了梵二会议带来的思想解放。即使一度被视为“过时守旧”的道森也在顺应

① Christopher Dawson, “On Jewish History”, *Orbis*, Winter 1967, pp. 1255 – 1256.

时代的变化，以文化研究而非宗教神学的眼光看待犹太人和犹太历史，他的观点和研究方法对我们今天如何协调传统与革新的问题仍然具有借鉴意义。

六　结论

克里斯托弗·道森曾被誉为“当代第一流的文化大师。就其对形成不断变化和文明模式的种种力量的把握之宽广与确切而言，甚至汤因比也没有超过他”①。天主教神学的传统价值观构成了道森作品的思想内核，与世俗主义者的观点相比，他认为从宗教出发，确切地说是从基督宗教出发，才能提供对历史和文化发展更广泛、更准确的解读，同时又不牺牲学术性。然而，道森对宗教文化史的关注不仅仅局限于基督宗教之内，他把文化定义为“特定民族适应特别环境的生活方式”②，认为“文化研究”应该以综合的、跨学科的态度为基础，在人类学、社会学和历史学之间建立起一座桥梁。

道森的宗教观并不缺乏活力，他始终带着对历史和宗教文化成果的崇敬之情踏上精神之旅。他强调宗教对人性、历史和文化的中心地位，将这一观点用于分析他所研究的各种文化模式，加上他对研究对象抱持同情，进而形成了一种普世的情感，这种情感使他拒绝退回到天主教的地堡中，转而重视不同信仰之间的对话。通过研读道森对犹太文化的论述，我们领略到他的学识之渊博，见解之独到。作为天主教徒，道森并没有受自身的神学观念制约，不仅能公允地认识到犹太文化在历史上所起的重要中介作用，还独创性地提出了犹太语言对于文化传播的意义，分析了欧洲启蒙运动对传统犹太文化的冲击，敏锐地注意到犹太民族主义

① 参见何光沪为道森《宗教与西方文化的兴起》中译本所做序言，四川人民出版社 1989 年版，第 2 页。

② Adam Schwartz, *The Third Spring: G. K. Chesterton, Graham Greene, Christopher Dawson, and David Jones*, Washington: Catholic University of America Press, 2005, p. 260.

运动为新时代的犹太文化带来机遇和挑战，并对于犹太人的全球性使命充满期许。

作为独树一帜的文化史学家，道森常被拿来与汤因比进行比较。在谈到文化历史研究方法时，这两位学者可谓惺惺相惜。道森欣赏汤因比的研究范式，赞同他将文明定义为独立的实体，进而构成一个合理的历史研究领域。他认为这是真正的史学概念，为历史研究提供了宝贵和必要的标准，并且肯定汤因比在对历史的整体研究中处理了跨文化和非物质的问题。然而，他也批评汤因比对于早期文化的分析过于相对主义，解释的框架过于简化，在材料不足的情况下试图过度解析，因此没有做到准确和充分。① 关于犹太文明，汤因比有一个著名的观点，即犹太教是一种“化石文明”，更像是古代文化的遗迹，而不是一种鲜活的文明。汤因比认为，流散中的拉比犹太文明已经僵化，仅强调了律法和仪式，几乎与主体文明完全隔离。犹太人最好被理解为他们所在国家当地人中的一个族群，他们的“犹太人”身份也只是死亡文明和灭绝社会的“化石”。② 汤因比的这一观点遭到了犹太人的强烈批评，例如神学家埃利泽·博科维茨发表过著作批评汤因比的“犹太化石”论，认为犹太人在许多城市文明中持续扮演着“有创造力的少数民族”的角色。③ 社会学家艾森斯塔特也在《犹太文明：比较视野下的犹太历史》中举出实例反驳汤因比的犹太文明僵化观点，提出犹太文明除了具有不变的核心外，还在不同历史时期以哲学、诗歌等各种各样的形式出现。④ 这些论述恰恰与道森的犹太观遥相呼应，也印证了道森看到的汤因比研究中的缺

---

① 参见 Christopher Dawson, “Arnold Toynbee and the Study of History”, in *Dynamics of World History*, New York: Sheed & Ward Inc., 1956, p. 392, p. 397。

② 参见［英］阿诺德·汤因比《历史研究》（修订插图本），刘北成、郭小凌译，上海人民出版社 2000 年版，第 25—30 页。

③ Eliezer Berkovits, *Judaism: Fossil or Ferment*? New York: Philosophical Library, 1956, p. 147.

④ ［以］艾森斯塔特著：《犹太文明比较视野下的犹太历史》，胡浩、刘丽娟、张湍译，中信出版社 2019 年版，第 14—15 页。

陷，即他在文化比较研究的基础尚未奠定的情况下，就试图一举构建出一个完整的、包罗万象的世界历史体系，必然会导致对某些文明形式的认知偏差。

尽管在一些看法上存在分歧，汤因比仍然对道森表示十分敬重："他的作品一直都富有独创性且非常真诚。他的思想和感情总是他自己的，并非从别人处拿来的二手观点，而这个特点让他的论述很有价值。即使是曾被前人探讨过的话题，道森也能提出新的观点，将原创性和真挚性很好地融合在一起。有些作家会有意识地标新立异，而道森直截了当地告诉他的读者他真正的感受和他的思考。他的宗教，以及他的人生观和历史观是清晰明确的。"① 读史之乐趣不仅在于了解过去，更在于读懂史家的世界，我们需要在历史和文化身份的基础上理解当下，把握未来。道森的思考应能为我们提供一些借鉴或启发。

---

① 参见汤因比为道森的《变革之神》所写的序言。Christopher Dawson, *The Gods of Revolution*, London: Sidgwick & Jackson, 1972, p. 9.

《东方哲学与文化》稿约

《东方哲学与文化》是由老子道学文化研究会、南京大学道学与东方文化研究中心共同主办的学术集刊。每年出版两辑，向国内外发行。

本刊旨在繁荣和推进包括中国传统文化在内的东方学研究，构建具有鲜明特色的东方哲学与文化研究的学术平台，开展专题和比较研究，发掘东方文明的精神内涵与时代价值。

本刊常设栏目包括：理论前沿、专题研究（道学研究、佛学研究、儒学研究、印度哲学研究、犹太学研究、日本哲学研究等）、比较研究、书评讯息等。

本刊来稿以 1 万—1.5 万字为宜，要求观点明确、论证严谨、语言流畅。来稿请附中英文题目、中英文摘要（200—300 字）、中英文关键词（3—5 个），作者简介及地址、邮箱、电话等联系方式，国外学者须注明国籍。

本刊来稿请采用夹注和脚注两种注释方式，引文、注释务必校对无误，参考文献请附文末。

1. 夹注，适用于在正文中征引常见古籍，格式如（《庄子・逍遥游》）。

2. 脚注，请使用①、②、③……标示，每页重新编号。

（1）引用古籍示例：（清）姚际恒：《古今伪书考》卷三，光绪三年苏州文学山房活字本，第 9 页 a。

（2）引用专著示例：朱伯昆：《易学哲学史》，北京大学出版

社 1986 年版，第 100 页。（国外作者加国籍，译著在书名后加译者，西文专著书名用斜体）

（3）引用期刊论文示例：陈国符：《〈道藏〉经中若干可供研究中国古代自然科学与技术之史料》，《自然科学史研究》1983 年第 3 期。（西文期刊论文加引号，期刊名用斜体）

（4）引用文集中文章示例：杜维明：《从“文化中国”的精神资源看儒学发展的困境》，载《杜维明文集》第 5 卷，武汉出版社 2002 年版，第 469 页。

本刊实行匿名审稿制，审稿期限一般为三个月。三个月后如未接到采用通知，作者可自行处理。因本刊人力所限，恕不办理退稿，请自留底稿。

来稿文责自负，切勿一稿多投，本刊不承担论文侵权等方面的连带责任。对采用的稿件本刊有权删改，不同意删改者请申明。

（本刊不收取任何版面费用，并对采用的文章支付相应的稿酬，对高水平文章稿酬从优。）本刊电子邮箱：orientalstudies@ 126. com。

本刊通信地址：江苏省南京市栖霞区仙林大道 163 号南京大学哲学系 313 室《东方哲学与文化》编辑部，邮编：210023，联系电话：025 – 89681610。

《东方哲学与文化》编辑部